Schuld und Sühne im Gelobten Land

LIBANON

MITTELMEER

Golan-
höhen

SYRIEN

Haifa

Westjordanland
Tulkarm

Jenin

Nablus

Kalkilja

PALÄSTINA

Tel Aviv/Jaffa

Ramallah

Amman

Jericho

Jerusalem

Abu Dis

Betlehem

Totes Meer

Aschkelon

Gaza-Stadt

Hebron

Gaza-Streifen

Beerscheba

ISRAEL

JORDANIEN

ÄGYPTEN

- jüdische Siedlungen

0 10 20 30
          km

Eilat

Marcel Pott

Schuld und Sühne im Gelobten Land

Israels Sonderrolle im Schutz
der westlichen Welt

Kiepenheuer & Witsch

1. Auflage 2002

© 2002 by Verlag Kiepenheuer & Witsch, Köln
Umschlaggestaltung: Rudolf Linn, Köln
Umschlagfotos: © Bill Lyons und Melanie Grande
Gesetzt aus der Garamond (Stempel)
Satz: Greiner & Reichel, Köln
Druck und Bindearbeiten: GGP Media, Pössneck
ISBN 3-462-03137-6

Für Simmi und Laura

Inhalt

Reise durch ein heimgesuchtes Land

Die Fahrt von Amman hinunter ins Jordantal verläuft ohne Hindernisse. Es gibt kaum Verkehr auf der Straße an diesem grauen Apriltag. Das Morgenlicht ist diesig und lässt das Frühlingsgrün der Gräser erblassen. Hier und da schimmert es blau und gelb in der kargen Landschaft. Die Sonne bleibt hinter der Wolkendecke verborgen, und in den Olivenhainen an den vorbeiziehenden Hängen verteilen sich die Bäume wie schwarze Tupfer. Wir sind auf dem Weg zur Allenby Bridge, dem Kontrollpunkt zwischen Jordanien und dem israelisch besetzten Westjordanland. Schwarzweiß gefleckte Milchkühe überqueren in aller Ruhe die Fahrbahn und sammeln sich am Rande einer Bananenplantage. Ein paar Dattelpalmen recken sich gegen den abweisenden Himmel. Eine Gruppe dunkelhäutiger Ghoranis, der alteingesessenen Bewohner des Jordantals, wartet am staubbedeckten Straßenrand auf Arbeit. Nichts deutet darauf hin, dass nur wenige Kilometer weiter, auf der anderen Seite des Jordan, Ausnahmezustand und Krieg herrschen. Die jordanischen Grenzbeamten zeigen kein besonderes Interesse an uns. Innerhalb kurzer Zeit werden wir abgefertigt. Eine halbe Stunde später besteigen wir einen Bus, der uns zusammen mit sechs indonesischen Pilgern durch das Niemandsland in den israelischen Herrschaftsbereich bringt. Wir überqueren den Jordan, einen unscheinbaren kleinen Fluss, der braun und träge dahinfließt. Das Tote Meer ist nicht mehr weit, und die drückende Schwüle erinnert uns daran, dass wir uns 373 Meter unter dem Meeresspiegel befinden. Kurz hinter der neuen, unförmig wirkenden Betonbrücke hält der Bus. Ein israelischer Soldat sammelt die Pässe der Passagiere ein. Wir müssen aussteigen. Der Bus und das Gepäck werden durchsucht. Dann geht es weiter. Die Passabfertigung am israelischen Checkpoint wird fast ausschließlich von jungen Frauen erledigt. Vor uns schiebt ein grau melierter älterer Herr in Anzug und Krawatte seinen amerikanischen Pass durch die Öffnung unter dem Sichtglas. »Marwan Jad?«, fragt die junge israelische Beamtin. »Sie sind in Bethlehem geboren«, stellt sie sachlich fest, »was ist der Grund Ihres Besuches in Israel?« – »Ich will meine 90-jährige Mutter besuchen«, lautet die Antwort des palästinensischen Amerikaners. Die israelische Grenzbeamtin steht auf, nimmt den Pass und geht in ein Büro am Rande der Halle, um den Fall ihren Vorgesetzten zu schildern. Wir kommen ins Gespräch. Marwan erzählt mir, dass er seit 35 Jahren in Florida lebt. Er ist 66 und Pensionär. Deshalb hat er Zeit und macht einmal im Jahr die weite Reise von Amerika nach Palästina. »Wegen meiner alten Mutter nehme ich den Weg auf mich, aber auch, um die palästinensische Heimat wieder zu sehen«, sagt er.

Zehn Minuten später passiert Marwan die Passkontrolle, und mein Freund Bill Lyons ist an der Reihe. Bill ist Fotograf und amerikanischer Staatsbürger. Er ist mit einer Palästinenserin verheiratet und lebt seit Jahrzehnten in der jordanischen Hauptstadt. Warum er in Amman lebe, will die junge Grenzbeamtin wissen. »Weil ich mit einer Palästinenserin verheiratet bin«, antwortet er. »Was wollen Sie in Israel?«, lautet die nächste Frage. »Ich fahre nicht nach Israel, sondern nach Ost-Jerusalem.« – »Jerusalem ist die Hauptstadt Israels«, entgegnet die Beamtin forsch. »Aber nicht die ganze Stadt«, insistiert Bill und betont damit, dass die israelische Annektion Ost-Jerusalems international nicht anerkannt ist. Wiederum verschwindet die junge Frau mit dem Pass.

Nach einer Viertelstunde werden wir gebeten, im Wartebereich Platz zu nehmen. Es dauert lange, ehe uns zwei junge Offiziere getrennt voneinander befragen. Die beiden sind sehr höflich. Sie fragen nach unserem Reiseziel. Ich erkläre Ihnen, dass wir uns über die Lage in den besetzten palästinensischen Gebieten informieren und einen israelischen Historiker in Tel Aviv interviewen wollen. Als ich mich über den barschen Ton der Passbeamtin beschwere, bitten sie um Nachsicht. Sie verweisen auf die angespannte Lage und den seelischen Druck, dem die kaum zwanzigjährigen Frauen ausgesetzt sind. »Sie wollen keinen Fehler machen. Sie würden unverzeihliche Schuld auf sich laden, wenn es einem Attentäter wegen ihrer Nachlässigkeit gelänge, hier durchzuschlüpfen.« Nach diesem Gespräch können wir gehen.

Draußen stehen fünf oder sechs palästinensische Taxifahrer etwas verloren herum. Es gibt in diesen Tagen kaum Reisende, die den Jordan in westlicher Richtung überqueren. Wir nehmen ein Sammeltaxi nach Ost-Jerusalem. Nach 40 Minuten und fünf Straßensperren sind wir am Ziel, dem Pilgrim's Palace Hotel, einen Steinwurf vom Damaskus-Tor entfernt. Für die gut 80 Kilometer von Amman bis hierher haben wir acht Stunden gebraucht.

Mein erster Gang führt mich in die Altstadt. Schon, als ich die Treppen vor dem Damaskus-Tor hinabsteige, merke ich, was sich im Vergleich zu früher verändert hat. Es sind fast keine Touristen zu sehen. Die Zahl der fliegenden Händler, die ihre Kurzwaren, Schuhe und T-Shirts auf den Stufen ausbreiten, ist viel geringer als zu besseren Zeiten. Die burschikosen palästinensischen Bauersfrauen in ihren rot bestickten schwarzen Trachten, die sonst – trotz ihrer offensichtlichen Armut – so stolz und selbstbewusst wirken, schauen mit müdem Blick auf ihre paar Zucchini, Gurken und Tomaten, die sie auf dem Steinboden zum Kauf anbieten. Es liegt eine gedrückte Atmosphäre über den Mauern der alten Stadt. Die einzigen Touristen, die ich an der Via Dolorosa sehe, gehören zu einer kleinen Gruppe amerikanischer Juden, die von zwei bewaffneten Israelis begleitet werden. Überall stehen oder gehen junge israelische Soldaten mit schussbereiten Schnellfeuergewehren. Sie sind kaum zwanzig Jahre alt und fallen besonders auf, weil nur wenige Palästinenser unterwegs sind. Aber es gibt noch andere bewaffnete Israelis. Männer in Jeans und Sporthemden, über denen sie schusssichere Westen tragen. Sie strahlen etwas Martialisches aus, obwohl sie zivil gekleidet sind. Über den Gesäßtaschen haben sie ihre Pistolen ostentativ in den Gürtel gesteckt. Ihre schmalen, elliptisch geformten Sonnenbrillen wirken wie ein Erkennungszeichen. Manche von ihnen tragen die Sonnenbrille nicht auf der Nase, sondern im Nacken. Ihre

Blicke sind weniger musternd als herausfordernd. Auftreten und Aufmachung dieser durchtrainierten Männer hat etwas Aufgesetztes an sich. Schon auf dem breiten, abschüssigen Weg, der kurz hinter dem Damaskus-Tor beginnt und hinunter zu den verwinkelten Gassen des Souks (Bazars) führt, erlebe ich eine viel sagende Szene. Ein vielleicht 16-jähriger Junge bugsiert vorsichtig seinen vollbeladenen Obstkarren nach unten. Dabei blickt er nicht auf und ist so konzentriert bei der Sache, dass er die israelischen Soldaten nicht bemerkt, die genau auf ihn zusteuern. Kurz, bevor sie den Karren erreichen, brüllt ihr Anführer: »Aus dem Weg mit deinem Gerät oder du kannst was erleben«, und dabei stößt er sein Gewehr mit einer aggressiven Geste in die Luft. Völlig verängstigt, schubst der Junge seinen Obstkarren zur Seite und verliert so die Kontrolle. Der Karren kippt um, und die Bananenstauden rutschen ein gutes Stück den Weg hinunter. Der israelische Soldat, höchstens zwei Jahre älter als der Junge, schaut sich nicht einmal um, als das geschieht.

Am Ende meines Rundgangs werde ich selbst in eine Auseinandersetzung verwickelt, die typisch ist für die Verhältnisse in Ost-Jerusalem. Vier israelische Soldaten umringen einen etwa 40-jährigen Mann in einem blauen Overall, aus dessen Schenkeltasche ein Zollstock hervorragt. Auf dem Kopf trägt der Palästinenser eine gelbe Schirmmütze. Der Mann wirkt eingeschüchtert. Einer der jungen Burschen, er ist höchstens neunzehn Jahre alt, zerrt ihn grob am Ärmel und drückt ihn dann herunter auf einen steinernen Vorsprung. Als ich näher komme, sehe ich die Schweißperlen auf der Stirn des palästinensischen Handwerkers. Plötzlich schlägt der Soldat dem Mann mit einer kurzen Bewegung die Kappe vom Kopf. Der Palästinenser zuckt zusammen. Er wirkt verängstigt und hilflos, in seiner rechten Hand hält er einen Ausweis. Ich trete auf die Gruppe zu und frage den jungen Israeli, was der Mann verbrochen habe. Der Soldat schnauzt mich an, ich solle verschwinden, sonst nehme er mich fest. Ich gehe ein paar Schritte zurück und warte an der nächsten Ecke. Schließlich lassen sie den Palästinenser laufen und schlendern davon. Jetzt erfahre ich, dass es praktisch um nichts ging. Der palästinensische Handwerker hatte einfach seinen Personalausweis nicht schnell genug aus der Tasche gezogen. »Die Demütigung hat Methode«, sagt mir ein amerikanischer Geistlicher, der in der Altstadt lebt. »Sie wollen den Palästinensern das Leben in Ost-Jerusalem vergällen. Aber hinter der Arroganz steckt auch eine Menge Unsicherheit dieser Teenager, die hier als Soldaten auftreten und sich offenbar in ihrer Haut nicht wohl fühlen.«

Am nächsten Morgen fahren wir von Jerusalem nach Tel Aviv. Kurz hinter einer Kurve müssen wir stark bremsen. Vor uns kriecht eine endlose Autoschlange durch die hügelige Landschaft. Es dauert fast eine Stunde, ehe wir eine Straßensperre erreichen, die aus riesigen Betonquadern besteht. Die Soldaten kontrollieren jedes ihnen verdächtig erscheinende Fahrzeug. Weniger die großen Lkws, vielmehr die kleineren Lieferwagen und Pick-ups. Mitten auf der Autobahn, im Herzen Israels, suchen sie nach palästinensischen Attentätern, die es auf israelische Bürger abgesehen haben.

In Tel Aviv gehen wir nach meinem Interview mit dem Historiker Moshe Zuckermann in eine russische Kuchenbäckerei. Sie liegt am Rande einer Geschäftspassage, die ausschließlich russische Firmen beherbergt. Die kleinen Tische und Stühle des Cafés sind zur Hälfte besetzt. Als sich ein junger Mann mit dunklem Teint und einer großen Reisetasche den Tischen nähert, gibt der Inhaber laut und deutlich auf Russisch ein Kommando, und sofort steht ein bewaffneter Wachmann neben dem Verdächtigen. Er untersucht den Inhalt der Tasche mit wenigen Handgriffen, dreht sich um und verschwindet wieder, als er nichts Verdächtiges findet. Falscher Alarm. Die Anspannung bei den Gästen im Café lässt nach. Aber die Furcht vor einem Bombenanschlag ist fast körperlich spürbar. Israelis und Palästinenser sind in diesen Zeiten auf dramatische Weise einander ausgeliefert. Keiner scheint dem anderen entrinnen zu können.

Was hat der Westen, was haben die Deutschen mit dem Palästina-Konflikt zu tun?

Die palästinensischen Selbstmordattentate haben unsägliches Leid über die Menschen in Israel gebracht. Im Frühjahr und Sommer 2002 erschüttern Dutzende von Anschlägen die israelische Gesellschaft, und die Regierung Sharon schlägt daraufhin immer härter und rücksichtsloser auf die palästinensische Zivilbevölkerung ein. Israelis und Palästinenser versinken in einem »Whirlpool der Gewalt«,[1] wie es der palästinensische Philosophieprofessor Sari Nusseibeh nennt. Sharon raubt den Palästinensern mit seiner gnadenlos eingesetzten Militärmaschine den Rest ihrer Würde. Die Bomben der Attentäter wiederum vertiefen das historische Trauma der Wehrlosigkeit der Juden. Beide Völker sind Opfer, aber auch Täter.

Ginge es nicht um das Gelobte Land, sondern um Sri Lanka, der Westen hätte sich längst achselzuckend abgewandt. Doch der Kampf um Palästina hat seinen Ursprung in Europa und ist untrennbar mit der Geschichte der westlichen Politik verbunden. Am Anfang steht die »Erbsünde«[2] der Europäer: der Antisemitismus und die gescheiterte Emanzipation und Integration der Juden. Lange vor der Machtergreifung der Nationalsozialisten entwickelte sich als Reaktion auf diese »Erbsünde« die Idee der nationaljüdischen Lösung der »Judenfrage«. Quasi als Ersatz für die gescheiterte Emanzipation, wie der israelische Historiker Moshe Zimmermann[3] meint. Die europäische Grundhaltung gegenüber Juden brachte die Zionisten – die Verfechter der nationaljüdischen Lösung – dazu, nach Palästina auszuwandern. Sie siedelten sich in dem von Arabern bewohnten Land an und hatten dabei nationalistische, völkische und teilweise auch rassistische Vorstellungen im Gepäck.[4] Alles Ideen, deren Wurzeln im europäischen Nationalismus liegen. Allerdings hätten sich die Zionisten nach dem Ersten Weltkrieg (1914–1918) ohne die Förderung und die Protektion des britischen Empire niemals in so großer Zahl in Palästina ansiedeln können. Denn das geschah gegen den erklärten Willen der dort seit über tausend Jahren lebenden Araber, die den Verlust ihrer Heimat fürchteten.

16

Die britische Herrschaft über Palästina fußte auf dem Mandat des Völkerbundes. London hatte sich mit den Zionisten noch vor Ende des Ersten Weltkrieges verbündet, um die anderen europäischen Konkurrenten um die »Kolonie Palästina« aus dem Feld zu schlagen – auf Kosten der Palästinenser. Die Engländer wollten sich nach dem Zusammenbruch des Osmanischen Reiches in Palästina festsetzen, um eine Landverbindung zwischen dem britisch beherrschten Ägypten und dem künftig von London kontrollierten Bagdad herzustellen. Palästina wollten sie sich dadurch sichern, dass sie als »Schutzmacht« die »nationale Heimstätte« der zionistischen Juden garantierten.

Ein weiteres wichtiges Glied in der Ursachenkette für den Nahost-Konflikt ist der Völkermord an den europäischen Juden durch die Nazis. Er bestimmt das Verhältnis zwischen Israel und Deutschland in konstitutiver Weise. Das hat in den vergangenen Jahrzehnten in der Bundesrepublik den Blick auf den Palästina-Konflikt erheblich beeinflusst. Es war üblich, den Konflikt vorwiegend durch die »israelische Brille« zu betrachten. Das war politisch korrekt bei Christ- wie Sozial- und Freidemokraten und führte zu Äußerungen von Politikern wie dem heutigen Bundespräsidenten Johannes Rau: »Israel ist wie meine zweite Heimat.«

Die veröffentlichte Meinung in Deutschland nahm ganz überwiegend denselben proisraelischen Standpunkt ein wie die politische Klasse. Hinzu kam, dass Israel im Kalten Krieg auf der »richtigen« Seite stand, nämlich der des Westens. Erst mit Beginn des Friedensprozesses von Oslo im September 1993 setzte allmählich eine Veränderung ein, und die PLO und Yassir Arafat wurden auch in Bonn salonfähig. Der Blick richtete sich jetzt zum ersten Mal seit 1948 (erster arabisch-israelischer Krieg) ernsthaft auch auf das Selbstbestimmungsrecht des palästinensischen Volkes. Zuvor waren die Palästinenser vor allem als »Flüchtlingsproblem« aufgefasst worden. Als eine bedauerliche, aber wohl unvermeidliche Folge der rechtmäßigen Staatsgründung Israels auf dem Boden des historischen Palästina. Ein Problem, für dessen Lösung im Grunde die arabischen Staaten sorgen sollten, für die es »ohne weiteres möglich gewesen wäre«, diese »wenigen Millionen Menschen bei sich zu integrieren«, wie Israel argumentierte. Eine Meinung, die auch in Europa und in den USA ein positives Echo fand. Der israelische Standpunkt schien nicht nur plausibel, sondern sogar politisch-moralisch gerechtfertigt, weil es ja letztlich »die arabischen Staaten waren, die für das Los der Palästinenser Verantwortung trugen«. Denn sie hatten die Teilungsresolution 181 des UN-Sicherheitsrates von 1947 und die daraus folgende Staatsgründung Israels nicht anerkannt – stattdessen Israel den Krieg erklärt und die Palästinenser angeblich aufgefordert, ihr Land zu verlassen und nach dem unvermeidlichen Sieg der arabischen Armeen in ihre Heimat zurückzukehren.

Die britische Kolonialpolitik wurde mit der Entstehung des Palästina-Konfliktes bei uns öffentlich nicht ursächlich in Zusammenhang gebracht. Ebenso wenig wie die Verfolgungs-, Vertreibungs- und Vernichtungspolitik der Nazis, die den Zustrom europäischer Juden nach Palästina zusätzlich anschwellen ließ. Die Tatsache, dass der Palästina-Konflikt durch die imperialistische Politik des britischen Empire hervorgerufen und die Teilung Palästinas durch die UNO unter dem Eindruck des deutschen Völkermordes an den europäischen Juden erfolgte – das Problem also quasi in Europa von den Europäern geschaffen worden ist –, hat der Westen jahrzehntelang ignoriert und totgeschwiegen.

Begünstigt durch den Kalten Krieg, wurde das »westliche Baby« Israel nicht nur zum Vorposten gegen die »prosowjetischen« Araber, sondern genoss als »David im Kampf gegen Goliath« auch jede Sympathie im Westen – als ein Land, das Europa kulturell eng verbunden war, ganz anders als die arabischen Staaten der Region, die mit revolutionärem Eifer begonnen hatten, sich von den Fesseln der europäischen Kolonialmächte zu befreien. Das Bild von den »guten Israelis« gegen die »bösen Araber« bestimmte fortan das kollektive Bewusstsein im Westen. Vor diesem Hintergrund ist es an der Zeit, den Konflikt in und um Palästina differenzierter, also mit kritischeren Augen zu betrachten. Vor allem die Phase vor Ausbruch des palästinensischen Aufstandes im September

2000 zwingt uns dazu, die Gründe für das Scheitern des »Oslo-Prozesses« genauer zu untersuchen. An dieser Stelle sei zunächst nur soviel gesagt: Wenn ein Friedensprozess zu mehr Hass, Wut, Angst und Enttäuschung führt und Gewalt statt gegenseitige Annäherung hervorbringt, dann stimmt etwas Grundsätzliches nicht. Denn viele jener Palästinenser, die sich heute voller Ingrimm in die Gewalt gegen Israel flüchten, waren ursprünglich für den Frieden. Aber die Jahre nach dem Vertrag von Oslo 1993 nährten keine Hoffnung, sondern sie schürten die Verzweiflung. Als der Aufstand begann, ächzten die Palästinenser unter dem Joch der israelischen Besatzung – trotz des Friedensprozesses. Der Alltag im Zangengriff der israelischen Armee, die die arabische Bevölkerung bei jeder Gelegenheit spüren ließ, wer Herr in Palästina ist, machte den Glauben an ein bevorstehendes Ende der Fremdherrschaft zunichte. Denn Israel hatte die jüdischen Siedlungen – das Haupthindernis für einen tragfähigen Frieden – nicht abgebaut oder eingefroren, sondern die Zahl der Siedler seit 1993 von 100 000 auf ca. 200 000 verdoppelt. Das hat das Vertrauen der Palästinenser in die israelische Friedensbereitschaft zerstört. Da die EU und die USA die expansive Siedlungspolitik tatenlos hinnahmen, verstärkte sich auf palästinensischer Seite das Gefühl, dem mächtigen Israel hilflos ausgeliefert zu sein.

Provokante Besatzungspolitik

Der Aufstand der Palästinenser geht vor allem auf die tiefe Enttäuschung der Menschen zurück, dass Israel längst einen eigenen Staat auf dem Boden des historischen Palästina hat, den Palästinensern aber dieses Recht im Westjordanland, im Gazastreifen und in Ost-Jerusalem vorenthält. Stattdessen sehen sich die Palästinenser dem israelischen Versuch gegenüber, die Westbank in vier Kantone aufzustückeln, durchsetzt mit neuen Siedlungen und zusätzlichen Straßensperren. Drei Millionen Palästinenser leben auf einem Bruchteil ihrer ursprünglichen Heimat. Ein weitläufiges Straßennetz, das nur jüdische Siedler und die israelischen Besatzungstruppen benutzen dürfen, durchschneidet die Wohngebiete der einheimischen arabischen Bevölkerung. Die Palästinenser müssen sich mit immer weniger Land zufrieden geben und sind gezwungen, den Israelis Wasser aus dem Boden ihrer Heimat für teures Geld abzukaufen. Die Palästinenser in Ost-Jerusalem waren jahrelang Opfer einer schleichenden »ethnischen Säuberung«. Wer wegen eines Studiums oder eines Jobs für längere Zeit ins Ausland ging, verlor sein Wohnrecht, wenn sein Personalausweis ablief, bevor er nach Hause zurückkehren konnte. Immer wieder walzten Bulldozer der israelischen Armee Häuser palästinensischer Familien nieder. Formale Begründung: fehlende Baugenehmigung. Tatsächlich hatte die israelische Militärverwaltung die entsprechenden Anträge alle abgelehnt, um das Land konfiszieren und per Dekret enteignen zu können. Jüdische Siedler oder das israelische Militär kommen in den Genuss palästinensischen Eigentums, das kurzerhand zur Sicherheitszone erklärt wird. Diese alltägliche Schikane verbittert selbst die Gutwilligsten.

Die Sonderrolle Israels

Die große Mehrheit der Araber und Muslime weltweit fühlt sich vom Westen missachtet und nicht ernst genommen. Das manifestiert sich für sie vor allem im Palästina-Konflikt. Die einseitige Parteinahme zugunsten Israels durch die USA vermittelt ihnen ein gefährliches Ohnmachtsgefühl, das einen Nährboden für Gewalt und Terror bildet. So wurde noch nie eine israelische Regierung zur Verantwortung gezogen, wenn sie auf dem besetztem Land der Palästinenser Siedlungen gebaut und damit die Genfer Konventionen gebrochen hat. Weder von Amerika noch von Europa.
Der amerikanische Präsident George W. Bush geißelt zu Recht die entsetzlichen Selbstmordanschläge von Palästinensern gegen wehrlose israelische Bürger. Er kritisiert zu Recht den palästinensischen Präsidenten Yassir Arafat, weil dieser für die Eskalation der Gewalt seit September 2000 eine Mitverantwortung trägt. Doch für die Menschenrechtsverlet-

zungen der israelischen Armee an der wehrlosen palästinensischen Zivilbevölkerung im April 2002 hat er – trotz entsprechender Vorwürfe der in New York beheimateten Menschenrechtsorganisation Human Rights Watch – keine Worte. Den Bruch des humanitären Völkerrechts und des Kriegsvölkerrechts in den palästinensischen Städten Jenin und Nablus übergeht Präsident Bush mit allgemeinen Floskeln. Für ihn ist der israelische Ministerpräsident ein »Mann des Friedens«, obwohl Sharon faktisch die gesamte zivile Infrastruktur der Autonomieverwaltung, einschließlich des Kulturministeriums, hat zerstören lassen. Ganz zu schweigen von den palästinensischen Krankenhäusern, die von marodierenden israelischen Soldaten heimgesucht wurden. Die Kritik des Internationalen Roten Kreuzes am Vorgehen der israelischen Streitkräfte ignoriert George W. Bush.

Vandalismus, Plünderungen und Diebstahl – alles im Namen des *Kampfes gegen den Terror*?[5] Die israelische Armee hat sich während der »Operation Schutzwall« im Frühjahr 2002 teilweise aufgeführt wie eine Söldnertruppe im Dreißigjährigen Krieg[6]. Aber all dies bleibt folgenlos, weil sich Amerika schützend vor Ariel Sharon stellt. Die UN-Kommission zur Untersuchung der israelischen Militäraktion im Flüchtlingslager Jenin hat der israelische Premierminister noch nicht einmal ins Land gelassen. Und er hat auch offen gesagt, warum: »Keine Nation der Welt hat das Recht, den Staat Israel oder seine Bürger vor Gericht zu stellen.«[7] Damit setzt sich Sharon über den bindenden Beschluss des UN-Sicherheitsrates hinweg und macht die Vereinten Nationen lächerlich. Das hat die Regierung Bush öffentlich bedauert, mehr nicht. Hier kommt die Sonderrolle Israels ins Spiel, die es ihm erlaubt, sich über alle internationalen Vereinbarungen hinwegzusetzen.

Hätte ein arabischer Führer dasselbe Privileg der grenzenlosen Immunität beansprucht, obwohl er verdächtigt wird, das internationale Recht gebrochen zu haben, er wäre wohl nicht so glimpflich davongekommen. »Israel hat immer Recht«, sagen die Araber. Selbst dann, wenn es in eklatanter Weise die Menschenrechte verletzt und willkürlich palästinensische Wohnhäuser niederwalzt.

Mitten im kalten Winter und in stockfinsterer Nacht voll-
streckt die israelische Regierung Kollektivstrafen an 600 Frau-
en, Männern und Kindern, die ihr Dach über dem Kopf verlieren – ohne Aufschub, sodass sie zitternd und frierend ihr
Hab und Gut unter den Trümmern der eigenen Häuser begraben sehen. So geschehen im Gazastreifen im Januar 2002.
Die israelische Regierung meint, sie handele immer in gerech-
ter Selbstverteidigung. Auch, wenn sie »gezielte Liquidierungen« militanter Kämpfer und Politiker durchführt – im Klar-
text: ermorden lässt. Damit – so behauptet Ariel Sharon –
könne man Terrorakte gegen israelische Bürger vorbeugend
verhindern. Doch fast immer bewirkten die Morde genau das
Gegenteil. Als ein Kommando der Volksfront für die Befreiung Palästinas (PFLP) im Oktober 2001 den israelischen Tourismusminister Rehavam Zeevi in einem Jerusalemer Hotel er-
mordete, nannte Ariel Sharon das zu Recht einen Terrorakt.
Er verschwieg dabei allerdings, dass dieser politische Mord
auch ein Racheakt der PFLP war, deren politischer Führer zuvor von der israelischen Armee im Auftrag der Regierung
Sharon an seinem Schreibtisch umgebracht worden war. »Terroristen sind immer die anderen«, sagt die israelische Regierung. Das treibt den Arabern die Zornesröte ins Gesicht. Und
sie fühlen sich durch die amerikanische Palästina-Politik erniedrigt.
Amerika beschützt Israel um jeden Preis. Auch, wenn sich die
israelische Regierung gegenüber der palästinensischen Bevölkerung ins Unrecht setzt, verhindert Washington eine Verurteilung Israels im UNO-Sicherheitsrat. Amerika misst im Nahen Osten mit zweierlei Maß – zu Lasten der Araber. Solange
den Palästinensern ein souveräner und lebensfähiger Staat in
ihrer Heimat an der Seite Israels verwehrt bleibt, wird dies
eine blutende Wunde im arabisch-islamischen Fleisch und der
Nährboden für junge, zornige Terroristen sein.
Das müssen die Politiker in den USA und Europa bedenken.
Denn die politische Temperatur im Nahen Osten wird in Palästina gemessen. Terror kann man nur erfolgreich bekämpfen, wenn dessen Ursachen beseitigt werden. Der Krieg gegen
die Taliban und ihre Al-Qaida-Verbündeten war notwendig,

um die Terrornester in Afghanistan auszuheben. Doch mit dem Fall von Mullah Omar und Osama Bin Laden ist das Übel nicht ausgemerzt. Wer denkt, das Problem sei zu lösen, indem charismatische Führerfiguren wie Bin Laden ausgeschaltet würden, irrt sich gewaltig. Andere »islamische Helden« werden nachwachsen, wenn die amerikanische Politik in der Region sich nicht ändert. Das ist nur eine Frage der Zeit. Der Westen insgesamt muss den Mut haben, die eigenen Fehler zu korrigieren.

Amerikanische Strategien

Für die politische Klasse in Washington ist der palästinensisch-israelische Konflikt jedoch nur ein lästiger Nebenschauplatz, wo die Konflikte eingedämmt werden müssen, ohne den Machtanspruch Israels allzu sehr zu beschneiden und ohne die geostrategischen Interessen der USA in der Region insgesamt zu verletzen. Die Existenz des modernen jüdischen Staates Israel auf dem Boden des historischen Palästina besitzt aus amerikanisch-westlicher Sicht eine doppelte Legitimation: die Bibel – Israel, das »biblische Land« der Juden – und den Holocaust, die millionenfache Vernichtung jüdischer Menschen durch die Nazis. Da mittlerweile der Einfluss christlichfundamentalistischer Kreise aus dem »Bibelgürtel« der Vereinigten Staaten auf den rechten Flügel der republikanischen Partei erheblich gewachsen ist, hat das Argument vom »biblischen« Anspruch Israels auf »Judäa und Samaria« (biblische Bezeichnung für die Westbank) auch im Umfeld von Präsident George W. Bush viele Fürsprecher gefunden.
Entscheidend bleibt aber auch für die gegenwärtige US-Regierung die regionale Rolle Israels im geopolitischen Zusammenhang. Israel ist für die USA ein strategischer Brückenkopf, von dem aus der Nahe und Mittlere Osten in Schach gehalten wird, egal wer in West-Jerusalem an der Macht ist. Dabei geht es unter dem Stichwort »free flow of oil« um die Kontrolle der Energiereserven am Persisch-Arabischen Golf, damit die »Sicherung der westlichen Öl-Versorgung« gewähr-

leistet ist. Zum anderen soll sichergestellt sein, dass im Mittleren Osten keine der Regionalmächte zu stark wird und sich der amerikanischen Umklammerung entzieht. Israels Bedeutung für die USA kann im Blick auf den Iran, den Irak oder auch auf ein eines Tages von Washington abgefallenes Saudi-Arabien gar nicht hoch genug eingeschätzt werden. Israel ist die einzige Nuklearmacht der Region. Experten schätzen die Anzahl seiner atomaren Sprengköpfe auf mindestens 150 bis 200. Die Staaten am Persisch-Arabischen Golf aber haben sich in den letzten zwanzig Jahren in mehreren Kriegen gegenseitig geschwächt (erster Golfkrieg 1980–1988; zweiter Golfkrieg 1991). Zum Vorteil der USA, die inzwischen von Kuwait über Saudi-Arabien bis nach Oman Truppenstützpunkte und hochmoderne Befehlszentren unterhalten. Dabei dienen Saddam Hussein und sein Regime auch heute als willkommene Rechtfertigung. »Wären die US-Truppen nicht am Golf, würde der Mann in Bagdad seinen Expansionsgelüsten freien Lauf lassen«, so oder ähnlich äußern sich amerikanische Politiker, um dann seit dem 11. September hinzuzufügen: »Solange Saddam an der Macht ist und Massenvernichtungswaffen in seinen Besitz bringen will, kann der Krieg gegen den internationalen Terrorismus nicht gewonnen werden.«

Vor diesem Hintergrund tritt die »ethisch-moralische« und die »historisch-religiöse« Legitimation für den jüdischen Staat Israel im machtpolitischen Sinne zurück, obwohl sie innenpolitisch in den USA eine eminent wichtige Rolle spielt. Das Muster amerikanischer Realpolitik ist simpel: Die strategische Allianz mit Israel genießt Priorität vor den völkerrechtlich verbrieften Rechten der Palästinenser. Nur, wenn die israelische Besatzungsmacht die palästinensische Bevölkerung zu sehr drangsaliert und damit die Massen in der arabischen Welt auf die Barrikaden bringt – was die Machtbasis des pro-amerikanischen Regimes in der Region bedrohen könnte –, verordnet Washington der israelischen Regierung als »Vermittler« etwas mehr Zurückhaltung, ohne allerdings die Verhältnisse grundlegend zu ändern. Diesem Zweck dient auch das Wort von Präsident George W. Bush, dass die USA heute für die »Vision eines palästinensischen Staates« einträten.

Selbst die Partnerschaft mit »arabischen Freunden« wie Ägypten, Jordanien und Saudi-Arabien unterliegt im allgemeinen der israelischen Priorität. Allerdings ist diese amerikanische Politik nur möglich, weil die arabische Staatenfamilie uneins ist und die arabischen Herrscher unverändert miteinander konkurrieren. An einer Demokratisierung und vor allem einer Emanzipation der arabischen Gesellschaften oder einer »Reformation« des orthodoxen Islam haben die USA kein Interesse. Das könnte ihren Einfluss schmälern. So bleibt es dabei: Der reiche, aber relativ bevölkerungsarme Süden (Golf-Region) steht dem armen, aber bevölkerungsreichen Norden gegenüber. Und genau das wollen die Islamisten ändern, auf Kosten des amerikanischen Einflusses. Die Palästina-Frage dient ihnen dabei als Vehikel ebenso wie die desolaten sozialen Verhältnisse in faktisch allen arabischen Ländern.

So sehr die Legitimation für den Staat Israel wegen des Holocaust und der »biblischen Wurzeln« für Amerika und Europa außer Frage steht, so deutlich verweisen die Araber darauf, dass diese Sichtweise des Westens rein selbstbezogen ist. Der Völkermord an den europäischen Juden ist ein Verbrechen, mit dem die Araber weder tatsächlich noch moralisch etwas zu tun haben. Auch die jahrhundertelange kollektive Verfolgung der Juden durch die europäischen »Christen« im Mittelalter und in der Neuzeit steht mit der historischen Existenz arabisch-islamischer und auch arabisch-christlicher Volkskultur in Palästina in keinerlei Zusammenhang. Die 1947 – mit Zustimmung der Sowjetunion – getroffene Entscheidung des Westens, das seit über tausend Jahren von Arabern bewohnte Palästina in einen jüdischen Staat und in einen arabischen Staat zu teilen (UNO-Resolution 181), ist von den Betroffenen als Angriff auf die arabisch-islamische Integrität und die arabische Identität durch das christliche Abendland empfunden worden. Ein Angriff, der für die Araber mit besonderer Willkür verbunden ist, weil Europa und Amerika mit diesem Teilungsbeschluss offensichtlich eine »christliche« Schuld an den Juden kompensieren wollten – auf Kosten der Araber.

Ohne Zweifel, Israel muss seine Bürger vor dem palästinensischen Terror schützen. Wenn jedoch israelische Offiziere im besetzten Westjordanland palästinensische Bürger hilflos in ihrem Blut liegen lassen und ihnen die medizinische Versorgung versagen – dann kann das nicht mit dem »Kampf gegen die Infrastruktur des Terrors« gerechtfertigt werden. Wenn israelische Soldaten palästinensische Bürger, manchmal sogar Kinder, als menschliche Schutzschilde missbrauchen, dann ist es angebracht, die Dinge beim Namen zu nennen.[8] Auch in Deutschland.

Aus der deutschen Schuld an der Vernichtung der Juden in Europa folgt eine ethisch-moralische Pflicht, den Rassismus zu bekämpfen und dem Völkerrecht und den Menschenrechten möglichst weitgehend Geltung zu verschaffen. Doch diese humanistische Pflicht verlangt von uns Deutschen eine aufrichtige Solidarität mit dem jüdischen Volk in Israel – keine bigotte Leisetreterei. Aufrichtig heißt kritisch, wenn es nötig ist. Nötig ist ein offenes Wort dann, wenn die Gefahr besteht, dass im Konflikt um Palästina aus ehemaligen Opfern Täter werden.

Wenn israelische Streitkräfte in der Westbank teilweise so vorgehen wie Milosevics Truppen im Kosovo,[9] dann dürfen wir nicht schweigen. Wir schulden den Opfern des Holocaust tätige Reue durch glaubwürdiges Tun. Glaubwürdig sind wir nur dann, wenn wir Unrecht beim Namen nennen. Das gilt nicht nur für arabische Terroristen, sondern auch für die israelische Besatzungsmacht. Nur so können wir der Verantwortung im Gedenken an die Opfer des Holocaust gerecht werden. Keine israelische Regierung steht über dem Recht. Ebenso wenig wie die jungen Palästinenser, die ahnungslose junge Israelis mit sich in den Tod reißen. Solche Verbrechen sind, wie auch die Untaten der israelischen Besatzungsmacht an der palästinensischen Zivilbevölkerung, nicht zu rechtfertigen. Wir Deutschen tragen historisch im Blick auf Israel und Palästina eine doppelte Verantwortung: Das Schicksal der Juden hat das Schicksal der Araber bestimmt.

1 ISRAEL – EIN EUROPÄISCHES BABY IM ARM DER USA

Wir schreiben das Jahr 1948. Mimi und Raymond Deeb fahren im Frühling von Rom nach Florenz und von dort nach Lucca und Siena. Sie genießen ihre Hochzeitsreise, obwohl beide ständig die bange Frage quält, ob es in ihrer Heimat Palästina bald Krieg gibt. Drei Wochen lang ist das junge Paar unterwegs, und immer steigen Mimi und Raymond in den besten Hotels ab. Mimi stammt aus Haifa, und ihr Vater ist italienischer Honorar-Konsul. Sie ist das jüngste von drei Mädchen, die alle mehrsprachig aufgewachsen sind. Italienisch und Französisch beherrschen sie wie ihre arabische Muttersprache, aber auch Englisch sprechen die Schwestern fließend. Ihre Erziehung gleicht der höherer Töchter in Europa. Raymond kommt aus einer alteingesessenen Familie in Jerusalem. Er hat in London Betriebswirtschaft studiert. Sein Vater Edward hat ihm außerdem ermöglicht, kaufmännische Erfahrungen zu sammeln, damit er in der Lage ist, eines Tages den elterlichen Betrieb zu führen. Es handelt sich um eine Handelsfirma mit internationalen Verbindungen, nicht nur nach Kairo, Beirut und Damaskus, sondern auch nach London und Paris.

Das junge christliche Paar aus Palästina ist weder besonders religiös noch politisch sehr interessiert, obwohl beide in den 30er Jahren aufgewachsen sind, die in Palästina durch den wachsenden Gegensatz zwischen den Juden und den Arabern geprägt waren. Allerdings sind sich die jungen Leute durchaus der Tatsache bewusst, dass sie auch als christliche Araber in Palästina vor einer ungeklärten Zukunft stehen. Als sie in Mailand – kurz vor Ende ihres Aufenthalts in Italien – Möbel für ihr neu einzurichtendes Haus in Jerusalem kaufen und mit dem Schiffsagenten verhandeln, der dafür sorgen soll, dass ihre Sachen wohlbehalten im Hafen von Haifa eintreffen, schieben sie alle düsteren Gedanken beiseite. Doch die Wirklichkeit holt sie wenig später ein. Wenige Tage, nachdem sie ihre Seereise zurück nach Palästina angetreten haben, bricht der erste arabisch-israelische Krieg aus. Es ist der 15. Mai 1948. Mimi und Raymond sollten die Heimat und ihre Elternhäuser in Jerusalem und Haifa niemals wieder sehen. Ihre wertvollen italienischen Kacheln und die sorgfältig ausgewählten Möbel ebenso wenig. Sie sind vermutlich auf den Hafen-Kais von Haifa zerbombt oder zum Beutegut geworden. Mimi, die heute als Witwe in Amman lebt, spricht nur ungern darüber. Auch über die tieferen Ursachen für den Krieg von 1948 möchte sie nicht reden, obwohl das doch alles schon so lange zurückliegt. »Es verbittert mich zu sehr – immer noch«, sagt sie leise.

Land ohne Volk?

Der Krieg von 1948 ist nicht zu erklären ohne die britische Kolonialpolitik in Palästina (1916–1939) und die daraus folgenden Konsequenzen. Aber der Kampf um Palästina währt im Grunde schon über einhundert Jahre. Solange gibt es bereits den Zuzug jüdischer Siedler aus Europa ins Gelobte Land. Die Besiedlung war eine Folge der Pogrome in Russland und der Unterdrückung der Juden in anderen osteuropäischen Ländern, insbesondere in den Jahren 1882 bis 1903.
Am Vorabend dieser ersten jüdischen Einwanderungswelle lebten in Palästina nur rund 24 000 Juden. Und dies von alters her. Damals spielte die Zionistische Organisation von Theodor Herzl noch keine Rolle, denn sie wurde erst 1897 gegründet. Bis zum ersten Zionistenkongress in Basel waren 18 jüdische Siedlungen entstanden, in denen 5000 Menschen lebten. Die meisten Siedlungen konnten nur überleben, weil sie finanziell von Baron Edmond de Rothschild unterstützt wurden.
Der Beginn des Ersten Weltkriegs 1914 fiel mit dem Ende der zweiten jüdischen Einwanderungswelle nach Palästina zusammen, die wiederum durch die Judenverfolgung in Osteuropa

ausgelöst worden war. Von den 47 neuen jüdischen Siedlungen standen jetzt aber schon 14 unter dem Einfluss der Zionistischen Organisation. Bemerkenswert ist, dass von den verfolgten Ostjuden nur etwa zwei Prozent den Weg nach Palästina fanden. Die überwältigende Mehrheit wanderte nach Amerika und Westeuropa aus. Das lag vor allem an der Haltung der osmanischen Regierung in Konstantinopel, unter deren Oberhoheit Palästina damals stand. Sie wollte eine stärkere jüdische Einwanderung verhindern, weil sie die Gefahr eines jüdischen Staates im Staate und den Widerstand der arabischen Bevölkerung fürchtete.

Die Behauptung, Palästina sei ein »Land ohne Volk« gewesen, bevor es die zionistischen Zuwanderer aus Europa in Besitz nahmen, hat nichts mit der Wirklichkeit zu tun, wie die Zahlen belegen. Denn 1914 lebten in Palästina 85 000 Juden. Das waren jedoch nur 12,3 Prozent der Gesamtbevölkerung von 689 000 Menschen.[10] Die Juden stellten zu diesem Zeitpunkt also eine kleine Minderheit dar im Verhältnis zu der fast 90-prozentigen arabischen Mehrheit.

Lange bevor Theodor Herzl seine programmatische Schrift »Der Judenstaat« verfasste, verstand sich das britische Empire als besondere Schutzmacht der Protestanten und der Juden Palästinas. Die anderen europäischen Mächte hatten das »Heilige Land« in der zweiten Hälfte des 19. Jahrhunderts ebenfalls im Visier. So trat Frankreich als Beschützer aller Katholiken im Vorderen Orient auf, während Russland sich auf eher zurückhaltende Art um die orthodoxen Christen in Jerusalem kümmerte. Da keine dieser rivalisierenden Mächte damals den Bestand des Osmanischen Reiches aufs Spiel setzen wollte, fiel es auch niemandem ein, Palästina ganz für sich zu beanspruchen. Das sollte sich gegen Ende des Ersten Weltkriegs ändern.

Das britische Interesse an Palästina hatte noch eine besondere religiöse Ausprägung. Sie wurzelte in dem Glauben, dass Christus unmittelbar vor Ende der Welt mit den auferweckten Gerechten ein Tausendjähriges Reich des Friedens errichten werde. Dieses anglikanische Konzept des Messianismus gipfelte in dem Glaubenssatz der »restoration of the Jews«.[11] Das heißt, die »Rückführung« der in der Welt zerstreuten Juden in das Land ihrer Väter wurde als unbedingte Voraussetzung für die Erfüllung der biblischen Prophezeiung über das Ende der Zeiten betrachtet. Dabei war ausdrücklich die Rede von dem »unveräußerlichen Recht der Juden auf das biblische Land«. Es ging also um die Rückkehr der Juden nach Palästina – verbunden mit der Annahme der christlichen Botschaft, um das Königreich Christi am Ende der Welt zu ermöglichen. Doch wie war diese historisch einmalige Bekehrung der Juden zu bewerkstelligen? Durch göttliche Inspiration. Und das könne durchaus erst geschehen – so meinten die Verfechter dieser Ideen –, nachdem die Juden das Land als ihr gottgebenes Eigentum wieder in Besitz genommen hätten.

Dieser obskur anmutende Endzeitglauben soll erwähnt werden, weil er politische Folgen hatte, die über das Religiöse hinausgehen. Nicht die Doktrin als solche, aber die darin enthaltene Kernidee, dass Palästina ausschließlich das angestammte Land der Juden sei, entwickelte sich zu einer allgemein verbreiteten Überzeugung in Großbritannien. Bis zum Beginn des 20. Jahrhunderts hatte sich dort die Idee von der selbstverständlichen »Rückführung« der Juden in ihre »gottgegebene Heimat« zu einem Gemeinplatz entwickelt.[12]

Die einheimische arabische Bevölkerung wurde damals in vielen der englischen Palästina-Veröffentlichungen mit rassistischen Vokabeln belegt und z. B. als »verheerend unwissend, fanatisch und vor allem eingefleischte Lügner«[13] bezeichnet. Man betrachtete sie als nützliche Diener der »wahren Eigentümer« des Landes, vorausgesetzt, sie entwickelten die dafür erforderlichen Qualitäten durch entsprechende Anleitung.

Die Idee von der »gottgewollten Rückführung« der Juden nach Palästina ist keineswegs nur von religionshistorischer Bedeutung. Es gibt eine direkte Verbindungslinie von den evangelistischen Erweckungsbewegungen des 19. Jahrhunderts zu den »christlichen Zionisten« in den heutigen USA. Diese bibelgläubigen »evangelicals« unterstützen Israel rückhaltlos und glauben unverbrüchlich an die beschriebene Endzeitlehre. Sie erwarten die zweite Erscheinung Christi – allerdings erst dann, wenn die Juden wieder in das Gelobte Land zurückgekehrt sind. So kommt es, dass Millionen dieser Christen in Amerika das israelische Besatzungsregime in den palästinensischen Gebieten für richtig und notwendig halten – und die Siedlungspolitik gar als göttliche Fügung verstehen, die das Ende der Zeiten einleitet, bevor der Messias zum zweiten Mal erscheint. Die christliche Rechte hat inzwischen erheblichen Einfluss innerhalb der Republikanischen Partei und damit auch im amerikanischen Kongress, der im Frühjahr 2002 Sharons Militäroperationen gegen die Palästinenser nicht nur nachträglich rechtfertigt, sondern ihm sogar einen Freibrief für die Zukunft ausgestellt hat.

Doch zurück nach Großbritannien am Vorabend des Ersten Weltkriegs. Zu dieser Zeit hatte sich dort nicht nur das Verständnis vom unveräußerlichen Recht der Juden auf Palästina verfestigt. Immer deutlicher entwickelte sich gleichzeitig die Vorstellung, dass dem Empire bei der »Rückführung« der Juden die entscheidende Rolle zukommen müsse. Vor diesem Hintergrund ist die britische Palästina-Politik zu sehen, die auf einer britisch-zionistischen Partnerschaft beruhte, in der die imperialistischen Interessen Londons mit der Rückführungsideologie und den Zielen der Zionisten verschmolzen.
So gab am 2. November 1917 Außenminister Balfour in London eine Erklärung ab, in der er im Namen der britischen Regierung sein Wohlwollen für die Errichtung einer »nationalen Heimstätte« für das jüdische Volk in Palästina ausdrückte. Balfour erklärte zudem, seine Regierung wolle ihr Bestes tun, um die Erreichung dieses Ziels zu erleichtern. Dies geschah, ohne die einheimische arabische Bevölkerung befragt zu haben. Lord Balfour begründete diese Haltung zwei Jahre später mit den Worten, der Zionismus sei von »weit tieferer Bedeutung als die Wünsche und Vorurteile der 700 000 Araber, die jetzt das uralte Land bewohnen«.[14]
Mit der »Balfour-Deklaration« verfolgte Großbritannien mehrere Ziele. Kurzfristig sollten – der Erste Weltkrieg war noch nicht beendet – die jüdischen Gemeinschaften in aller Welt auf die britische Seite gezogen werden. Der Hauptgrund für diese »Sympathieerklärung« bestand aber in dem Willen des Em-

pire, sich jenseits des Suez-Kanals festzusetzen und die alleinige Kontrolle über Palästina zu erringen. Deshalb wollten die Briten die Rolle des Schutzherrn für die »nationale Heimstätte« der Juden übernehmen. Hier unterstützte London die Bestrebungen der Zionisten, die genau wussten, dass sie sich in Palästina nur im Schutz einer Großmacht niederlassen konnten. Denn wie konnte sonst die überwältigende arabische Bevölkerungsmehrheit dazu gebracht werden, etwas hinzunehmen, das gegen ihren Willen geschehen würde.

Palästina sollte die Landverbindung zwischen dem britisch beherrschten Ägypten und dem künftig von London kontrollierten Mesopotamien – das Gebiet des späteren Irak – darstellen. Und zwar ohne dass sich eine andere europäische Macht dazwischenschieben konnte.

Es steht heute fest, dass die verantwortlichen Politiker bei der Balfour-Deklaration daran dachten, in Palästina durch Einwanderung eine jüdische Mehrheit zu schaffen, was dann die Gründung eines jüdischen Staates in Palästina nach sich ziehen würde.[15] Die Araber – jene 90 Prozent der Bevölkerung Palästinas – betrachtete man in London als eine zu vernachlässigende Größe, als ein »Problem«, mit dem das Empire fertig zu werden hatte.

Im Juli 1922 erhielt Großbritannien das Palästinamandat vom Völkerbund. Der Mandatsvertrag umfasste auch die Balfour-Erklärung. Damit waren die britischen Verpflichtungen gegenüber den Zionisten in Palästina rechtlich verankert und das Selbstbestimmungsrecht der Araber ausgeschlossen. Nun war das eingetreten, wovor Lord Curzon – der Gegenspieler von Lord Balfour in der britischen Regierung – eindringlich gewarnt hatte: die Anerkennung der historischen Verbindung der Juden mit Palästina. Dadurch würde dem Zionismus Tür und Tor für unabsehbare Ansprüche und Forderungen geöffnet.[16]

Die Unruhen von 1929

Im September 1928 führte ein Vorfall an der Klagemauer in Jerusalem, die ein jüdisches Heiligtum und Teil der Umfassungsmauer der islamischen heiligen Stätten ist, zu einer Zuspitzung im Streit um die religiösen Heiligtümer.[17] Die Juden hatten bei ihren Kulthandlungen zum Jom Kippur-Feiertag ihre gewohnheitsmäßig bestehenden Rechte überschritten. Daraufhin waren die jüdischen Kultgegenstände von der britischen Polizei gewaltsam entfernt worden. Das veranlasste die Zionisten zu heftigen Protesten. Das Vorgehen der Briten erleichterte es ihnen wie auch den arabischen Nationalisten, den Konflikt in Palästina in einem religiösen Licht erscheinen zu lassen.

Die Zionisten wollten auf diese Weise die Juden in aller Welt für das zionistische Projekt in Palästina interessieren. Die arabische Nationalführung wiederum sah die Chance, nationale mit religiöser Propaganda zu verknüpfen, um die breite Landbevölkerung zu mobilisieren. Vor allem der Mufti von Jerusalem nutzte die Gelegenheit, um sich als nationaler Führer zu profilieren. Er machte die Al-Aksa Moschee und den Felsendom zum Symbol des Kampfes gegen den vordringenden Zionismus in Palästina. Das war eine bessere Methode, den Palästinensern die drohende Gefahr zu verdeutlichen, als die abstrakten Parolen von Selbstbestimmung und Mehrheitsrechten.[18]

Im Jahr 1929 brachen größere Unruhen in Jerusalem und in anderen Landesteilen aus, nachdem es an der Klagemauer zu neuen zionistischen Provokationen gekommen war.[19] Durch die Betonung des religiösen Aspekts, der die nationalistische Propaganda überlagerte, richtete sich die Wut der unzufriedenen Massen vor allem gegen die Juden als Angehörige der anderen Religionsgemeinschaft und nicht gegen die britische Kolonialmacht als Garantin des Zionismus in Palästina. Denn das wollte die arabische Nationalführung vermeiden. Ihr Interesse lag mehr in der Erweiterung von Pfründen im Rahmen des britischen Systems.

Im Laufe der Unruhen wurden viele jüdische Siedlungen angegriffen. Die meisten Juden wurden in Hebron und Safed getötet, wo die alten jüdischen Gemeinden mit dem Zionismus ursprünglich nichts zu tun hatten.[20] Eine große Anzahl der alteingesessenen Juden in Hebron wurde allerdings von ihren arabischen Nachbarn vor dem Zugriff der wütenden Meute gerettet. Ein Zeichen dafür, dass sich diese Araber nicht von ihren jüdischen Mitbürgern bedroht sahen, wohl aber von den zugewanderten Zionisten. Schließlich wurden die Unruhen nach rund einer Woche von den Engländern mit Flugzeugen und Panzerwagen blutig niedergeschlagen. Insgesamt wurden 133 Juden und 116 Araber getötet und Hunderte auf beiden Seiten verwundet.

Die Furcht der arabischen Bevölkerung vor dem Zionismus war die entscheidende Ursache für diesen Ausbruch der Gewalt. Die Araber hatten Angst davor, ihr Land an die Zionisten zu verlieren, oder sie bangten um ihre wirtschaftliche Existenz. Manche sahen auch ihre angestammten religiösen Rechte in Jerusalem bedroht. London setzte eine Kommission ein, deren Erkenntnisse zunächst zu einer gewissen Revision der britischen Palästina-Politik zu führen schienen.

Doch die in dem »Passfield-Weißbuch« empfohlenen Beschränkungen für den Aufbau der zionistischen »nationalen Heimstätte« wurden zwar angekündigt, aber nicht verwirklicht. Denn der damalige britische Premierminister Ramsay MacDonald beugte sich schließlich der Kampagne der Zionisten, die nicht ruhten, bis der Premier das Weißbuch in einem Brief an Chaim Weizmann, den Präsidenten der Zionistischen Weltorganisation, faktisch zurücknahm. London blieb also bei seiner prozionistischen Politik in Palästina. So konnten die Zionisten weiter an der Errichtung ihres »Nationalheims« arbeiten. Für die Palästinenser begann die Situation bedrohlich zu werden.

Die Rebellion von 1936

Von 1933, dem Jahr der Machtergreifung der Nazis, bis 1935 wanderten 135 540 Juden nach Palästina ein. In demselben Zeitraum gingen 170 540 Dunum (1 Dunum = 1000 Quadratmeter) Boden in jüdische Hände über. Jene arabischen Großgrundbesitzer, die bereit gewesen waren, Land an die Juden zu verkaufen, konnten jetzt keinen Boden mehr abgeben. Die Juden wandten sich deshalb vor allem an kleine Eigentümer, die sich in Not befanden und deshalb zum Verkauf gezwungen waren. Die große Zahl der jüdischen Zuwanderer erhöhte den Druck auf den Arbeitsmarkt, und die zionistische Gewerkschaft Histradut legte es gezielt darauf an, arabische Arbeitskräfte zu verdrängen. In der Folge verstärkten sich in der arabischen Bevölkerung radikal-nationalistische Gefühle, und überall in Palästina entstanden bewaffnete Gruppen. Trotz der sichtbaren Erfolge der Zionisten bei der Errichtung eines jüdischen Staates glaubte die arabische Nationalführung weiterhin, sie könne Großbritannien auf diplomatischem Wege dazu bringen, die prozionistische Politik zu ändern. Die Aufdeckung eines jüdischen Waffenschmuggels im Hafen von Jaffa im November 1935 ließ jedoch neue Unruhe in der arabischen Bevölkerung entstehen und verschaffte den gewaltbereiten radikalen Organisationen aus der Nationalbewegung weiteren Zulauf.

Schließlich kam es im Frühjahr 1936 zu einem Generalstreik, der in eine bewaffnete Revolte umschlug. Zuvor hatte die arabische Seite von London ein Ende der jüdischen Einwanderung und das Verbot der Übertragung arabischer Ländereien an Juden verlangt. Das war ebenso vergeblich wie die Forderung nach einer demokratischen Regierung für Palästina.

Die arabische Rebellion dauerte mit Unterbrechungen bis 1939. Die Rebellen kämpften gegen zwei Gegner: die Zionisten und das britische Militär. Beide gingen Hand in Hand gegen die Aufständischen vor, wobei die Briten der Revolte mit brutalen Unterdrückungsmaßnahmen begegneten.

Die Rebellion scheiterte. Die Palästinenser verloren viele ihrer besten Männer und büßten dadurch einen großen Teil ihrer Widerstandskraft für die Zukunft ein. Ein wesentlicher Grund für die Niederlage lag in der Zersplitterung der palästinensischen Gesellschaft und der Unfähigkeit ihrer politischen Führer, die verschiedenen bewaffneten Gruppen durch klare politische Vorgaben auf die nationale Sache einzuschwören. Der interne Streit führte auch zu gewalttätigen Auseinandersetzungen der rivalisierenden Einheiten untereinander. Dafür waren oft rein persönliche Interessen der Kommandeure verantwortlich. Mit Gewalt gingen bestimmte Milizen sogar gegen die eigene Zivilbevölkerung vor, um so ihre knappe Kriegskasse aufzufüllen. Noch heute verbittert es kritische palästinensische Intellektuelle, welches Blutvergießen die Rebellen damals unter den Arabern selbst angerichtet haben. Die Streitigkeiten zwischen den Großfamilien und den verschiedenen Fraktionen taten ein Übriges. Statt das palästinensische Volk über alle sozialen Gräben hinweg zu einen, bekämpften sich die Großfamilien untereinander. Sie waren im Clandenken verfangen, hatten ein Stammes- und kein nationales Bewusstsein. All das führte dazu, dass die zahlenmäßig überlegenen Araber an ihrer eigenen Schwäche scheiterten. Sie hatten der von den Zionisten gelenkten, weit effektiver organisierten jüdischen Bevölkerung wenig entgegenzusetzen. Die Araber waren den Zuwanderern aus Europa soziokulturell weit unterlegen.

Die britische Regierung machte nach der gescheiterten Revolte eine Kehrtwende in der Palästinapolitik. Wieder gab London ein Weißbuch heraus, das diesmal vorsah, die jüdische Einwanderung und den jüdischen Landerwerb zu beschränken. Innerhalb von zehn Jahren wurde die Unabhängigkeit für ein arabisch dominiertes Palästina in Aussicht gestellt. Und die Briten erklärten, ihre Mandatspolitik sei niemals darauf gerichtet gewesen, Palästina gegen den Willen der arabischen Bevölkerung in einen jüdischen Staat zu verwandeln. Dennoch lehnten die Araber das Papier ab. Vor allem, weil die Briten damit zu erkennen gaben, dass sie ihre Herrschaft über Palästina noch lange nicht aufgeben wollten. Die Zionisten wiederum betrachteten dieses zweite Weißbuch als Bruch des in der Balfour-Deklaration gegebenen Versprechens, aktiv für eine nationale jüdische Heimstätte einzutreten. Ihren besonderen Zorn erregte die Absicht der Briten, die jüdische Zuwanderung zu begrenzen – gerade zu einer Zeit, als die Juden aus Deutschland vor dem Naziregime fliehen mussten und Länder wie die USA, Kanada, Argentinien und Südafrika nur sehr wenige Juden einwandern ließen. Das war im Mai 1939.

Der Zeitpunkt erklärt den Sinneswandel der britischen Mandatsmacht. Nicht die arabische Bewegung, die nach dem unterdrückten Aufstand ihren moralischen Tiefpunkt erreicht hatte, bewegte London dazu, den Arabern ein Stück entgegenzukommen. Entscheidend war vielmehr die Absicht, die eigene Stellung im Nahen Osten zu stärken. Man wollte die befreundeten arabischen Regierungen durch diese Zugeständnisse fester an sich binden und sie – angesichts der in Europa heraufziehenden Kriegsgefahr – von einem Bündnis mit Deutschland und Italien abhalten. Das galt in erster Linie für Ägypten, Transjordanien und den Irak. Nicht Einsicht, sondern taktisches Kalkül bestimmte diesen Positionswechsel der Briten, der später aus den zionistischen Partnern erbitterte Feinde machen sollte.

Einige Monate später stürzte Adolf Hitler die Welt in den blutigsten Krieg aller Zeiten.

»Ohne Auschwitz kein jüdischer Staat«

Das Ende der Nazi-Herrschaft und der Sieg der Alliierten im Zweiten Weltkrieg (8. Mai 1945) hatte erhebliche Konsequenzen für die Lage im Nahen Osten, ganz besonders für Palästina. Die Welt war entsetzt und erschüttert angesichts der Greueltaten des nationalsozialistischen Regimes und seiner Helfershelfer. Der von deutscher Hand systematisch betriebene Völkermord an sechs Millionen Juden vernichtete ein Drittel der jüdischen Menschen auf der Welt. Das unfassbare Leid der gemordeten Männer, Frauen und Kinder grub sich tief in das kollektive Bewusstsein der Juden ein. Die Wehrlosigkeit wurde endgültig zum schlimmsten Trauma für die Juden.[21] Das war das Werk der deutschen Täter und ihrer Vernichtungsmaschinerie. Der Holocaust und die darin erlittene Opferrolle bestimmte fortan das Verhältnis zwischen Juden und Nichtjuden in konstitutiver Weise.

Unter dem Eindruck des furchtbaren Schicksals der europäischen Juden entwickelte sich unmittelbar nach Kriegsende das Bedürfnis, den Überlebenden des Holocaust Wiedergutmachung zuteil werden zu lassen. Dem jüdischen Volk sollte die

Gründung eines eigenen Staates gestattet werden, so dachten damals viele in den Ländern der siegreichen Allianz und in der ganzen Welt. Die grundsätzlichen Bedenken dem zionistischen Experiment in Palästina gegenüber schienen jetzt gegenstandslos angesichts des deutschen Völkermordes an den Juden in Europa.

Nahum Goldmann, der spätere Präsident des Zionistischen Weltkongresses, brachte die Sache auf den Punkt, als er rückblickend meinte: »Ich bin mir nicht sicher, ob es ohne Auschwitz heute einen jüdischen Staat geben würde.«[22]

Allerdings muss man ergänzen: Auch ohne die prozionistische Politik Großbritanniens in der Zeit vor dem Zweiten Weltkrieg, die eine massive Zuwanderung zionistischer Siedler unter dem Schutz des Empire ermöglichte, hätte der jüdische Staat wohl nie entstehen können. Eine strategisch agierende zionistische Gemeinschaft arbeitete von Anfang an auf einen jüdischen Nationalstaat hin – mit großen Erfolgen. Die Briten wussten das, denn es geschah unter ihren Augen und mit ihrer Billigung.

Für die Verfechter einer kompromisslosen zionistischen Politik in Palästina war die Staatsgründung Israels eine zwingende Konsequenz des Holocaust. Die Meinung der Araber oder ihre Rechte auf das Land durften dabei absolut keine Rolle spielen. Die Zionisten betrachteten diesen Staat als die einzig mögliche Selbsthilfe angesichts des unvorstellbaren Leids und des Alleingelassenseins der Juden, besonders durch die Alliierten.[23] In der Tat hatten die Alliierten während des Krieges nichts getan, um dem Massenmord der Nazis an den Juden Einhalt zu gebieten.

Doch es sollte noch bis zum 14. Mai 1948 dauern, ehe David Ben Gurion den Staat Israel proklamieren konnte. Zuvor hatte die Entschlossenheit der Zionisten stetig zugenommen, den jüdischen Staat notfalls mit Waffengewalt zu erkämpfen. Sie setzten auf militante Eskalation zur Durchsetzung ihrer Forderungen. Gleichzeitig suchten sie die USA als Verbündeten zu gewinnen – mit Erfolg, denn die Amerikaner waren entschlossen, einen jüdischen Staat anzuerkennen, ja die Gründung eines solchen zu fördern. Diese Entwicklung ging einher mit dem Machtverlust Großbritanniens in Palästina und der Weigerung der neuen Weltmacht USA, die Briten dort militärisch zu unterstützen. Die amerikanische Haltung beruhte zum Teil auf dem wachsenden Einfluss zionistischer Organisationen in den USA, entsprach aber auch den Erwartungen einer breiten Öffentlichkeit und den strategischen Interessen der USA. Dabei spielte die Eindämmungsstrategie gegenüber der Sowjetunion eine wichtige Rolle. Der Kalte Krieg warf seine Schatten voraus. Im Übrigen schien Washington seine prozionistische Politik durchaus für vereinbar mit seiner Erdölpolitik auf der arabischen Halbinsel zu halten.

Unter dem Eindruck des Holocaust forderte der amerikanische Präsident Harry S. Truman im August 1945 die britische Regierung auf, unverzüglich 100 000 Juden aus Deutschland und Österreich nach Palästina einreisen zu lassen. London bestand jedoch weiterhin darauf, die jüdische Einwanderung zu begrenzen. Schon während des Krieges hatte David Ben Gurion bei einem Treffen mit zionistischen Führern in New York den Standpunkt bekräftigt, dass ein jüdischer Staat in Palästina nur noch durch militärische Gewalt und gegen den Widerstand Großbritanniens, aber mit Hilfe der USA errichtet werden könne.

Die Jewish Agency versuchte die britischen Restriktionen durch eine verstärkte illegale Einwanderung zu unterlaufen. Die zionistischen Agenten gingen in die europäischen Übergangslager, in denen die Überlebenden des Holocaust von den Alliierten versorgt wurden, und warben erfolgreich für die illegale Reise nach Palästina. Viele Juden, die dem Rassenwahn der Nazis entrinnen konnten, waren schnell bereit, diesen Schritt zu tun. Sie wollten Europa den Rücken kehren. Aktivisten der »Jüdischen Brigade« schleusten die Menschen über Italien nach Palästina. Die Seereise mussten die Auswanderer meist auf schrottreifen Schiffen antreten. Doch viele dieser Dampfer wurden von der britischen Marine aufgebracht, und die illegalen Einwanderer landeten in Internierungslagern auf Zypern. Besonders schockiert reagierte die Weltöffentlichkeit 1947, als die völlig überladene »Exodus« bei dem Versuch, in Palästina zu landen, von den Briten mit Gewalt gezwungen wurde, wieder abzudrehen. Die Passagiere mussten nach Deutschland zurückkehren. Trotz des britischen Widerstandes gegen die illegale Einwanderung gelang es den Zionisten, in den drei Nachkriegsjahren bis 1947 über 50 000 Juden nach Palästina zu bringen. Schon während des Krieges hatten die Zionisten 12 000 Menschen »im Dunkel der Nacht« an Land bringen können. Die illegale Einwanderung und die illegale Besiedlung gesperrter Gebiete zu organisieren, war vor allem Aufgabe der Hagana, der eng mit der Gewerkschaftsbewegung (Hiszradut) verbundenen bewaffneten Miliz. So entstanden von 1940 bis 1944 über 40 Siedlungen im Süden Palästinas, fast ausschließlich an strategisch wichtigen Punkten.

1947, ein Jahr vor der Gründung Israels, war die jüdische Bevölkerung auf 608 000 Menschen angestiegen. Damit waren die Juden in Palästina immer noch eine Minderheit. Aber sie machten jetzt schon ein Drittel der gesamten Einwohnerzahl von ca. 1,8 Millionen Menschen aus.

Die Jewish Agency war entschlossen, notfalls mit Gewalt gegen die britische Mandatsmacht in Palästina vorzugehen, um ihre Ziele zu erreichen. Auf Betreiben von David Ben Gurion waren deshalb die Hagana-Milizen mit der Untergrundorganisation Irgun und der Terrorgruppe Lechi (Stern-Bande) im September 1945 ein geheimes Bündnis eingegangen. Mit Sabotageakten und Terroranschlägen sollte der Widerstand der Briten gegen die zionistischen Pläne gebrochen werden. Den ersten Schlag führten die Terroristen gegen das Eisenbahnnetz in Palästina. Dabei wurden Schienenwege und viele Brücken zerstört. Die zionistischen Attacken richteten sich dann gegen Polizeiposten, Verwaltungsgebäude, Flugplätze, die Ölraffinerien in Haifa, britische Schiffe und Militärdepots. Ein Terrorkommando der Irgun verübte im Oktober 1946 einen Bombenanschlag auf das King David Hotel in Jerusalem, in dem sich das militärische Hauptquartier der Briten befand. Dabei kamen 91 Menschen um, darunter auch Zivilisten. Der Terrorakt geschah mit Billigung der Hagana, die während der palästinensischen Rebellion (1936–1939) unter Führung der Briten gegen die Araber gekämpft hatte.

London sah sich gezwungen, seine Truppen in Palästina zu

verstärken. Wenige Jahre zuvor hatte die britische Kolonialarmee noch die Kämpfer der Hagana militärisch ausgebildet, um mit ihnen gemeinsam die rebellischen Araber in Palästina niederzuhalten. Jetzt machten die Briten Jagd auf zionistische Terroristen, verurteilten sie zum Tode und warfen jüdische Politiker ins Gefängnis. Zu jenen, die damals für Terroranschläge, auch gegen Zivilisten, verantwortlich waren, gehörten zwei Männer, die später einmal israelische Ministerpräsidenten werden sollten – Menachim Begin und Yitzak Shamir. Sie und viele andere Zionisten waren der Ansicht, der Zweck heilige auch dieses Mittel.

Ein dunkles Kapitel in den Annalen der zionistischen Bewegung. Der Terrorismus in dieser Zeit gibt der politischen Klasse des heutigen Israel im Konflikt mit den Palästinensern wenig Anlass zur Selbstgerechtigkeit. Sie scheint diese historische Tatsache jedoch verdrängt zu haben. Der Kampf um die Gründung des jüdischen Staates ist gezielt auch mit dem Mittel des blutigen Terrors geführt worden. Nicht nur gegen Briten, sondern auch und gerade gegen Palästinenser. Terror aber bleibt Terror. Er ist inhuman und grausam, niemals zu rechtfertigen. Weder zum Wohle der palästinensischen Sache, noch zum Wohle der israelischen Sache.

Die Teilung Palästinas

Für Großbritannien begann 1947 der Anfang vom Ende der Herrschaft über Palästina. London geriet von allen Seiten unter Druck. Die Zionisten überzogen das Land mit fortgesetzten Guerilla-Angriffen, und gleichzeitig verstärkten sie den politischen Druck auf die Regierungen in Amerika und Europa. Der zionistische Anspruch auf Palästina, der schon vor der Gründung der Vereinten Nationen international darauf gerichtet war, den Arabern das Recht abzusprechen, über das Schicksal des Landes zu bestimmen, provozierte einen wachsenden Widerstand in den arabischen Ländern. Juden wie Araber verlangten den Abzug der Briten aus Palästina. In Bagdad und in Kairo gab es große Demonstrationen, auf denen ein Ende der jüdischen Einwanderung und des Landverkaufs gefordert wurde. Die junge Arabische Liga, die 1945 gegründet worden war, verkündete vollmundig, sie werde den arabischen Charakter Palästinas mit allen Mitteln verteidigen. Die Liga ließ das seit geraumer Zeit inaktive Höhere Arabische Komitee für Palästina wieder aufleben, und mit Hilfe der Briten setzte sich schließlich der durch seine Kollaboration mit Hitler diskreditierte Mufti Hadj Amin al-Husseini an die Spitze des Komitees. Die ohnehin geschwächte palästinensische Nationalbewegung konnte mit dem Mufti wahrlich keinen Staat machen. Er hatte sich nach dem Scheitern der Rebellion schon vor dem Zweiten Weltkrieg auf die Seite der Nazis geschlagen, von denen er sich Beistand gegen die Briten und die Zionisten erhoffte.

Es zeigte sich immer deutlicher, dass die arabische Forderung nach einem palästinensischen Einheitsstaat mit gleichen Rechten für die ansässige jüdische Bevölkerung als Lösung der Palästina-Frage scheitern würde, und zwar am amerikanischen und britischen Widerstand.

London widerrief jetzt seine Politik der begrenzten jüdischen Einwanderung und legte einen neuen Plan vor, der für Araber und Juden die Gründung zweier selbstverwalteter Staaten unter britischer Oberhoheit vorsah. Das lehnten die Arabische Liga und die Palästinenser ab.

Da sich die Lage in Palästina immer weiter zuspitzte, erklärte die britische Mandatsmacht schließlich, sie sehe sich gezwungen, das Schicksal Palästinas in die Hände der Vereinten Nationen zu legen. Die UNO setzte einen Sonderausschuss ein, der dann vorschlug, Palästina in einen arabischen und einen jüdischen Staat zu teilen – Jerusalem aber zu internationalisieren. Am 17. November 1947 beschloss die UNO-Vollversammlung die Resolution 181. Dabei spielte die Heimsuchung der Juden durch den Holocaust eine wichtige Rolle. Der Teilungsplan kam außerdem zustande, weil die USA und die Sowjetunion – beide aus unterschiedlichen Motiven – die Forderung nach Gründung eines jüdischen Staates nachdrücklich unterstützten. Washington stand der zionistischen Sache, wie schon erwähnt, positiv gegenüber. Moskau hoffte darauf, dass Israel ein sozialistischer Staat sein werde. Der spätere sowjetische Außenminister Andrej Gromyko hatte schon Monate vorher auf einer UNO-Sondersitzung das Streben der Juden nach Gründung ihres Staates für berechtigt erklärt. »Die Verweigerung dieses Rechts für das jüdische Volk wäre nicht zu rechtfertigen angesichts dessen, was es im Zweiten Weltkrieg erlebte.«[24] Die sowjetische Haltung war bemerkenswert, weil die UdSSR und die kommunistische Bewegung den Zionismus grundsätzlich ablehnten.

Es kam nicht überraschend, dass die Araber den Teilungsbeschluss der UNO kategorisch zurückwiesen. Sie sahen sich dadurch ihrer uralten Landrechte beraubt. Denn die Juden sollten über 56 Prozent des Territoriums Palästinas erhalten, obwohl sie nur sechs Prozent des Landes besaßen und nur ein Drittel der Bevölkerung stellten. Die Jewish Agency nahm die UNO-Resolution 181 erwartungsgemäß an, denn damit war der Weg zur Staatsgründung frei. Das Höhere Arabische Komitee für Palästina dagegen folgte dem Nein der arabischen Länder und verzichtete von vornherein auf die Proklamierung eines palästinensischen Staates.

Wie sich bald herausstellen sollte, war das ein folgenschwerer Fehler. Der mangelnde Realitätssinn der palästinensischen Führung, die fehlende Einsicht in die bestehenden Machtverhältnisse und ihre Abhängigkeit von den Liga-Staaten vereitelten die Chance, das Selbstbestimmungsrecht der Palästinenser wenigstens teilweise zu wahren. Historisch betrachtet eine fatale Entscheidung, für die das palästinensische Volk bis heute büßen muss.

Sobald die Teilungs-Resolution bekannt wurde, weiteten sich die Kämpfe zwischen Juden und Arabern aus. Doch die Palästinenser waren auf diesen Krieg denkbar schlecht vorbereitet. Im Unterschied zu den Zionisten. Die Hagana hatte sich gut mit Waffen und Kriegsmaterial versorgt, und zwar überwiegend aus Beständen der britischen Armee. Vom Herbst 1947 an lieferte die Tschechoslowakei kontinuierlich schweres Kriegsgerät und Munition an die Hagana. Das geschah über eine Luftbrücke und mit Zustimmung Moskaus. Die Spezialeinheit Palmach der Hagana und die zionistischen Milizen waren gut ausgebildet und wurden kontinuierlich durch Zuwanderer verstärkt. Auch finanziell waren die Zionisten gut ausgestattet. Sie erhielten ihre Mittel von zionistischen Fonds aus dem Ausland, vorwiegend aus den USA.

Die palästinensische Seite war seit dem Scheitern der Rebellion von 1936–1939 militärisch geschwächt, es mangelte ihr an guten Führern und an Geld. Die Palästinenser mussten überwiegend auf den Beistand der Arabischen Liga setzen, und damit war ihr Schicksal faktisch besiegelt. Denn nur spärlich floss die militärische und finanzielle Hilfe der arabischen Brüder, die in ihre notorischen Rivalitäten verstrickt waren. Transjordanien, Syrien und der Irak – sie alle hatten selbst Ambitionen auf die Herrschaft über Palästina und wenig Interesse an einem palästinensischen Nationalstaat. Der Machthunger der anderen missfiel wiederum Ägypten, denn Kairo wollte die eigene Vormachtstellung in der Region ausbauen.

Militärisch entwickelte sich die Lage immer deutlicher zugunsten der zionistischen Milizen. Nach und nach besetzten sie alle arabischen Städte und Dörfer, die das künftige jüdische Staatsgebiet umfasste. Das war möglich, weil die britische Kolonialarmee sich aus diesem Teil Palästinas mehr und mehr zurückzog – nicht jedoch aus den arabischen Gebieten, die sie noch unter Kontrolle behielt.

Bei Kämpfen um den Ort Kastel nahmen Einheiten der extremistischen Irgun (»Irgun Zvai Leumi«) auch das arabische Dorf Deir Yassin ein, das zur internationalen Zone von Jerusalem gehören sollte. Die Irgun-Leute begingen ein Massaker an den Dorfbewohnern, dem 354 Menschen zum Opfer fielen. Die Hälfte davon waren Frauen und Kinder, deren Leichen die Mörder in einen Brunnen warfen. Die Bluttat geschah mit Wissen der Hagana; es war ein vorsätzlicher Akt, um Angst und Schrecken unter der arabischen Bevölkerung zu verbreiten. Dahinter stand der Plan, die Palästinenser aus dem für Israel vorgesehenen Gebiet zu vertreiben.[25] Das waren über 400 000 palästinensische Menschen im Verhältnis zu knapp 500 000 Juden. In zwei weiteren Dörfern gab es ähnliche Massenmorde an arabischen Zivilisten durch zionistische Kommandos. Kurz nach dem Massaker von Deir Yassin übten die Araber Vergeltung, ebenfalls mit den Mitteln des Terrors. Sie überfielen einen jüdischen Sanitätskonvoi mit Verwundeten und metzelten 77 Personen nieder, darunter viele Ärzte und Krankenschwestern. Hohe Vertreter der Jewish Agency distanzierten sich offiziell von den Terroranschlägen der Irgun, und auch der Hagana-Kommandeur von Jerusalem verurteilte diese Verbrechen.

Doch die arabische Bevölkerung war derartig von Furcht ergriffen, dass eine hysterische Massenflucht im ganzen Land einsetzte. Menachim Begin, der spätere israelische Ministerpräsident (1977–1983) war bei dem Blutbad von Deir Yassin der verantwortliche Kommandeur. Er sprach im Rückblick auf dieses Verbrechen von einem »Sieg«, ohne den es »niemals einen Staat Israel gegeben« hätte.[26]

Noch bevor David Ben Gurion am 14. Mai den Staat Israel ausrief, hatten rund 300 000 Araber die Flucht ergriffen oder waren gewaltsam vertrieben worden.

Einen Tag später marschierten fünf arabische Armeen in Palästina ein. Der erste arabisch-israelische Krieg hatte begonnen. Die Araber fochten für ihre Überzeugung, dass Palästina arabisch sei und folglich die Palästinenser allein über das Los des Landes entscheiden sollten. Sie bestritten das Recht Israels auf staatliche Existenz.

Auf beiden Seiten standen sich jeweils etwa 25 000 Soldaten gegenüber. Aber die arabischen Truppen waren, bis auf die transjordanische Arabische Legion, schlecht ausgebildet. Sie verfügten über wenig Kampfkraft und hatten kein einheitliches Oberkommando. Denn die arabischen Herrscher verfolgten mit dem Krieg jeweils konkurrierende Eigeninteressen – auf Kosten der Palästinenser. Besonders deutlich zeigt sich das in der späteren Annexion von Ost-Jerusalem und des Westjordanlandes durch Jordanien, die übrigens mit israelischer Billigung erfolgte, um hier das Entstehen eines palästinensischen Staates zu vereiteln.

Der Unabhängigkeitskrieg endete mit einem deutlichen Sieg Israels und einer beschämenden Niederlage der Araber. Dadurch verfügte Israel nun über ein Drittel mehr Land, als ihm nach dem Teilungsplan zustand. Die ursprünglich vorgesehenen Staatsgrenzen lehnte die israelische Regierung jetzt ab und brachte damit die UNO-Vollversammlung gegen sich auf, die zunächst der Aufnahme Israels in die Vereinten Nationen nicht zustimmte. Bis heute hat Israel es vermieden, sich auf international verbindliche Grenzen festzulegen. Nur so ist die israelische Haltung überhaupt möglich, die seit 1967 besetzten arabischen Gebiete als »umstrittenes Territorium« zu werten. Für die Palästinenser war der Krieg ein Desaster. »Al Nakba« – die Katastrophe – nennen sie dieses Ereignis im Rückblick. 750 000 Menschen mussten damals aus Palästina fliehen oder wurden von den Israelis gewaltsam vertrieben.

Von den 452 arabischen Dörfern, die sich vor dem Krieg auf dem Gebiet Israels befanden, blieben nur 96 übrig. Das Eigentum der arabischen Flüchtlinge wurde von der israelischen Regierung entschädigungslos enteignet und ihre Häuser und Grundstücke an jüdische Einwanderer vergeben. Damit verstieß die israelische Regierung gezielt gegen die UNO-Resolution vom 11. Dezember 1948. Danach sollte den friedenswilligen Flüchtlingen die Rückkehr in ihre Heimat erlaubt sein, und die anderen sollten für den erlittenen Verlust entschädigt werden. Israel begründete diesen Rechtsbruch damit, dass es selbst zahlreiche jüdische Immigranten aus Europa und den arabischen Ländern aufnehmen müsse. Erst auf Druck der USA erklärte sich die israelische Regierung dazu bereit, 65 000 bis 70 000 palästinensische Flüchtlinge zu repatriieren, falls es zu einer Friedensvereinbarung käme.

Voller Bitterkeit mussten die Palästinenser erkennen, dass die Ablehnung des Teilungsbeschlusses und der schlecht geführte Krieg gegen die Israelis ihnen nichts als weitere Gebietsverluste eingebracht hatten. Ganz abgesehen davon, dass der Gaza-Streifen in der Folge von Ägypten verwaltet wurde und Ost-Jerusalem und die Westbank unter die Herrschaft Jordaniens geraten waren. Die Ära der Fremdbestimmung machte das Los der Palästinenser nicht leichter. Hunderttausende von ihnen realisierten erst im Laufe der langen Jahre ihres Flüchtlingsdaseins, dass sie zu einem Leben ohne Rechte außerhalb von Palästina verurteilt waren.

Wir wissen, dass die Araber fünf Kriege verloren haben,

weil sie sich mit der Realität Israels nicht abfinden wollten. Im Sechstagekrieg 1967 mussten die Ägypter schließlich den Gaza-Streifen und die Jordanier Ost-Jerusalem und die Westbank aufgeben. Die Syrer verloren die Golan-Höhen. Die israelische Armee siegte in diesem Blitzkrieg an allen arabischen Fronten. Wiederum erlitten die Araber eine vernichtende Niederlage, und noch einmal gab es einen großen Flüchtlingsstrom aus Palästina hinüber auf die Ostseite des Jordan. Die Israelis besetzten das eroberte Land und unterwarfen die palästinensische Bevölkerung einem harten Besatzungsregime. Die Palästinenser waren jetzt vollends unter die Fuchtel ihres ärgsten Feindes geraten.

Der Verlust der Heimat, Flucht und Vertreibung bestimmen bis heute das kollektive Bewusstsein des palästinensischen Volkes. Das Schicksal der Palästinenser ist untrennbar verbunden mit dem Denken und Tun des jüdischen Volkes, das selbst in seiner kollektiven Erinnerung geprägt ist durch ein einzigartiges Schicksal der Verfolgung, Erniedrigung und physischen Vernichtung. Darin liegt das besondere Wesen dieses Konfliktes.

Eine Heimstätte für das jüdische Volk

Für die Juden in Palästina verkörperte der 1948 ausgerufene Staat ihr natürliches Recht auf Selbstbestimmung. Die Welt draußen sah in dem jungen Israel eine Heimstätte und einen Schutzraum, in dem das jüdische Volk nach dem Holocaust Zuflucht finden konnte. Für die Zionisten hingegen ging es um weit mehr. Sie betrachteten Israel als Zielpunkt aller Juden auf der Erde. Israel war der Platz, der es erlaubte und verlangte, die Juden aus der Diaspora in das Land der Väter zurückzuführen, auf den Berg Zion in Jerusalem, der einst den von den Römern zerstörten Tempel beherbergte (70 n. Chr.). Nur dieser Weg versprach die dauerhafte Lösung der Judenfrage. Nicht Integration, Emanzipation oder Assimilation der jüdischen Minderheiten in anderen Ländern waren geeignet, die Juden endgültig aus ihrer historischen Abhängigkeit zu befreien. Der Unterdrückung, Verfolgung und Wehrlosigkeit der Juden konnte nur ein Ende gesetzt werden durch die Gründung eines jüdischen Nationalstaates.

Der politische Zionismus hat sein Vorbild in den nationalen Emanzipationsbewegungen europäischer Völker des 19. Jahrhunderts. Er war eine Reaktion auf den neuen Antisemitismus, der sich in Europa vornehmlich im letzten Drittel des 19. Jahrhunderts ausbreitete. Nach den Umwälzungen der industriellen Revolution hatten die Juden begonnen, sich verstärkt an ihre gesellschaftliche Umgebung anzupassen. Dadurch fühlten sich vor allem die nichtjüdische Mittelschicht und die Freiberufler bedroht. Ihre soziale Stellung war unsicher geworden, und sie sahen in den assimilierten Juden unliebsame Konkurrenten. Das böse Wort von »dem Juden«, der an allem schuld sei, diente als rassistisches Feindbild bei den Hetzkampagnen von Paris bis nach St. Petersburg.

Geistesgeschichtlich war der Zionismus verwoben mit der religiösen Sehnsucht der Juden, eines Tages nach Zion, also nach Palästina zurückzukehren. Auch die Ideen der Französischen Revolution fanden ihren Niederschlag im Zionismus, besonders die Forderung nach gleichen Bürgerrechten und die Achtung der Menschenrechte. Außerdem gab es die Utopie, den jüdischen Staat auf der Basis einer neuen »sozialistischen« Gesellschaftsordnung zu errichten. Soziale Gleichheit und Gerechtigkeit waren die Kerngedanken dieser modernen Zionisten.

Es ist bemerkenswert, dass sich der Zionismus anfangs als eine Mischung progressiver Vorstellungen und traditioneller jüdischer Werte darstellte. Das sollte sich ändern, als zionistische Siedler nach Palästina zogen, um dort Land in Besitz zu nehmen. Die Notwendigkeit, den Anspruch auf das Land zu rechtfertigen, in dem die Araber seit über 1000 Jahren zu Hause waren, hatte erhebliche Konsequenzen. Zunehmend drangen antiarabische Vorstellungen in das zionistische Gedankengut ein.

Wie sehr die Ideen von Theodor Herzl, dem Wegbereiter des Zionismus, auch eine Reaktion auf den modernen Antisemitismus darstellten, unterstreicht seine These, die Juden seien eine historisch verbundene Gruppe, die durch den »gemeinsamen Feind« zusammengehalten werde.[27]

Herzl, Jurist und Journalist in Wien, war nicht nur der Propagandist, sondern auch der erste Spitzenfunktionär der Zionistischen Organisation, deren Gründung auf sein Wirken zurückging. Für Herzl gab es keinen Zweifel, die Zukunft der Juden war eine »nationale Frage«. Mit seiner Schrift »Der Judenstaat« (1896) legte er den programmatischen Grundstein für die zionistische Politik der folgenden Jahrzehnte. Herzl bekam auf dem ersten Zionistenkongress in Basel 1897 den Auftrag, mit den europäischen Großmächten über ein Protektorat in Palästina zu verhandeln. Er versuchte sie für seine Idee zu gewinnen, indem er den europäischen Politikern offen sagte, dass sie so die Juden in Europa loswerden könnten. Damit bekräftigte er seine Ansicht, dass Antisemiten und Zionisten durchaus eine gemeinsame Interessenlage haben könnten. Eine absurde Vorstellung? Nur auf den ersten Blick. Denn selbst von Lord Balfour, dem britischen Förderer der zionistischen Staatsidee, sind antisemitische Äußerungen überliefert. Ebenso wie von seinem Premierminister Lloyd George und von Kaiser Wilhelm II.[28]

Aufgrund der betrüblichen Lage der Juden in Europa war es nur konsequent, dass sie im Zeitalter des Nationalismus die Sehnsucht nach einem eigenen Staat entwickelten. Viele Zionisten betrachteten Palästina als »biblisches Land« und begründeten so ihren Anspruch aus dem Glauben heraus. Starken Widerhall fand aber besonders der Slogan: »Ein Land ohne Volk – für das Volk ohne Land« von Israel Zangwill. Darin spiegelte sich eine nationalistische Unbekümmertheit, die dem Geist der Epoche entsprach. Diese Zionisten wollten die Existenz der dort lebenden Araber ignorieren, andere meinten, das arabische Volk in Palästina bedürfe der kulturellen Vormundschaft, um sich überhaupt erst zivilisieren zu können. Mit anderen Worten, die Einheimischen seien unfähig zu einer nationalen Eigenständigkeit und sollten sich den überlegenen jüdischen Zuwanderern aus Europa unterordnen.

Nahum Goldmann, langjähriger Präsident der Zionistischen Weltorganisation (1956–1968), räumte später ein: »Palästina war kein Land ohne Volk, da dort Hunderttausende von Arabern lebten; und zweitens, die Juden waren kein landloses Volk, denn die assimilierten Juden waren gute Franzosen, Deutsche, Engländer usw.«[29]

Dennoch geistert dieser zionistische Mythos bis zum heutigen Tage in der westlichen Welt herum. Goldmann kommt das Verdienst zu, die Mitverantwortung des Zionismus für das Schicksal des palästinensischen Volkes benannt zu haben: »Es war einer der großen historischen Denkfehler des Zionismus, dass er den arabischen Aspekt bei der Gründung des jüdischen Heimlandes in Palästina nicht ernsthaft genug zur Kenntnis genommen hat.«[30]

Goldmann glaubte zwar fest daran, dass viele Führer der zionistischen Bewegung ehrlich daran dachten, das jüdische Nationalheim in Frieden und Harmonie mit den Arabern zu schaffen. Leider sei aber diese Überzeugung kaum in die zionistische Praxis übertragen worden. Hier klingt Resignation durch, wobei Goldmann offen lässt, warum die Zionisten so und nicht anders handelten.

Fest steht heute jedenfalls, dass die jüdischen Siedler auch in der Anfangszeit zionistischer Aktivitäten niemals ernsthaft versucht haben, eine einvernehmliche Lösung mit den Arabern zu erreichen. Das unterstreicht der Brief des Schriftstellers Hans Kohn an den jüdischen Philosophen Martin Buber von 1929:

»Wir sind zwölf Jahre in Palästina, ohne auch nur einmal ernstlich den Versuch gemacht zu haben, uns um die Zustimmung des Volkes zu kümmern, mit dem Volk zu verhandeln, das im Land wohnt. Wir haben uns ausschließlich auf die Militärmacht Großbritannien verlassen. Wir haben Ziele aufgestellt, die notwendigerweise und in sich selbst zu Konflikten mit den Arabern führen mussten und von denen wir uns sagen müssten, dass sie Anlass, und zwar berechtigter Anlass zu einem nationalen Aufstand gegen uns sind.«[31]

Mit der Umsetzung der Idee des Zionismus begann auch die Tragödie des palästinensischen Volkes.[32]

Der tote Winkel

In der Bundesrepublik Deutschland sind diese historischen Zusammenhänge des Palästina-Konfliktes jahrzehntelang verdrängt worden. Angesichts der monströsen Verbrechen an den Juden Europas, angesichts der in deutschen Amtsstuben sorgfältig geplanten und mit deutscher Gründlichkeit durchgeführten Massenvernichtung von Millionen wehrloser Opfer, war das kollektive Bewusstsein der Bundesdeutschen allein auf Israel konzentriert. Denn Israel war der Schutzraum, in dem die Juden nach dem Holocaust Zuflucht gefunden hatten.

Das bestimmte den deutschen Blick auf den Nahen Osten.

Tono Eitel, Spitzendiplomat und profilierter Völkerrechtler, war von 1995 bis 1998 Leiter der deutschen Mission bei den Vereinten Nationen in New York. In dieser Zeit war Deutschland für zwei Jahre Mitglied des UN-Sicherheitsrates, in dem der Nahost-Konflikt häufig thematisiert wird. Eitel kennt sich in der Krisenregion gut aus. Als deutscher Botschafter im Libanon (1982–1987) hatte er dauernd mit den Erschütterungen zu tun, die aus der Konfrontation zwischen Arabern und Israelis erwachsen.

Tono Eitel hat eine klare und pointierte Haltung zum Nahost-Konflikt und zum deutsch-israelischen Verhältnis. Dazu hat er sich in einem Gespräch mit mir im Mai 2002 geäußert:

»Ich bin Anfang der 60er Jahre als Tourist in Israel gewesen und damals mit außerordentlicher Befangenheit durch das Land gereist. Überall bin ich auf das Liebenswürdigste wahrgenommen worden. Die Palästinenser habe ich kaum im Blick gehabt und sie im Übrigen eher als Folklore bemerkt. Für mich hatte allein Israel und hatten allein Israelis ein Gesicht.

Als dann der Krieg 1967 kam, war für mich völlig klar, dass ich auf der Seite Israels stand. Ich fand, dass die Araber den wenigen Israelis doch Platz machen sollten. Ich dachte, bei dem so großen arabischen Raum müsse es möglich sein, für die geschundenen Juden aus Europa dort einen eigenen Staat zu schaffen.

Diese einseitige Betrachtung hat sich erst geändert, als ich 1982 nach Beirut kam und hier schon die israelische Armee vorfand. Das war kurz nach dem Abzug Arafats und seiner Kämpfer und gerade nach den schrecklichen Massakern in den Palästinenserlagern Sabra und Shatila im Süden Beiruts. Dort haben unter der Aufsicht der israelischen Armee, die von dem damaligen Verteidigungsminister Sharon kommandiert wurde, libanesische Milizen etwa 1000 palästinensische Frauen, Männer und Kinder auf das Grausamste umgebracht. Es können aber auch 800 oder 1500 Menschen gewesen sein. Das Schreckliche ist ja, dass man nicht einmal weiß, wie viele Opfer es sind. Sharon musste deshalb später als Verteidigungsminister zurücktreten.

Dort hat zum ersten Mal in meiner Begegnung mit Palästinensern dieses Volk ein Gesicht bekommen und dann auch eine Stimme. Was sagt mir diese Stimme?

Sie erzählt mir von dem Leben zwischen dem Ersten und dem Zweiten Weltkrieg in Palästina. Es kamen jüdische Einwanderer aus Europa ins Land – zuerst waren es wenige. Dann folgten große Einwanderungsschübe und schließlich die Teilung des Landes 1947/48, die wir, also meine Generation, kaum wahrgenommen haben.

Diese Teilung muss man sich einmal vorstellen. Das wäre so, als wenn Deutschland plötzlich etwa durch zuwandernde Russen mit der Hälfte des Landes an die neuen Einwanderer fiele. Ich habe mir überlegt – nachdem mir ein Palästinenser dieses Beispiel genannt hatte –, wo so etwas sonst noch in der Geschichte vorgekommen ist.

Das hat es vor 400, 300 und 200 Jahren in Nordamerika mit den europäischen Einwanderern gegeben, die dort anfangs in kleinerem Maße, dann immer expansiver die Indianer um ihr Land und ihre Freiheit gebracht haben. Dieses ist für mich in der Moderne das einzige Beispiel, wo ein Gemeinwesen durch Einwanderer aufgerollt wurde, wo die ursprünglichen Einwohner durch eine schrittweise Enteignung unterdrückt oder vertrieben wurden. Auch im südlichen Afrika, etwa in der Kap-Provinz, hat es ähnliche Ansätze gegeben; sonst kenne ich in der neueren Geschichte nichts Vergleichbares.

Wenn ich dann von den Häusern in Haifa und andernorts höre, aus denen die Palästinenser vertrieben worden sind, und erfahre, was damals während der gewaltsamen Auseinandersetzungen und der Kämpfe vorgefallen ist, dann entwickelt sich für mich eine Sicht, die nunmehr auch ganz besonders die Leiden der Palästinenser in den Blick nimmt.

Warum? Weil Israel der deutlich Überlegene ist, weil Israel derjenige ist, der im Lande Palästina das Sagen hat.

Die Palästinenser haben nicht einmal das Recht auf Selbstbestimmung. Wo gibt es das noch, dass eine ganze Bevölkerung von mehreren Millionen Menschen nicht über ihr eigenes politisches Schicksal bestimmen darf, und zwar im Konflikt mit einem demokratischen Staat.

Mir ist dieser Gedanke gerade wieder gekommen, als vor ein paar Tagen UN-Generalsekretär Kofi Annan Ost-Timor in die Unabhängigkeit entließ.

Wo ist so etwas für Palästina in Sicht? Nirgendwo. Und warum ist das so?

Gut, es war zunächst die Teilung, die für die Palästinenser sehr schwer zu schlucken war. Ich kann das verstehen, wenn ich mir ausmale, halb Deutschland würde plötzlich von Ausländern eingenommen und bewohnt, und ich selbst würde aus meiner Heimat vertrieben. Ganz klar, die Palästinenser und die umliegenden arabischen Staaten haben militärisch versucht, den kleinen Staat Israel, der sich gerade bildete, überhaupt nicht keimem zu lassen; sie wollten die Israelis – wie es immer heißt – ins Meer werfen. Den Israelis ist es aber gelungen, einen zwar kleinen, aber außerordentlich kräftigen Staat aufzubauen.

Seit 1967 – und das ist es, was uns heute beschäftigt – ist der Staat Israel nun dazu übergegangen, sich nicht nur in dem von der UNO zugewiesenen und durch die ersten Eroberungen erweiterten Gebiet zu konsolidieren, sondern er greift aus.

Israel greift aus in die 1967 besetzten Gebiete, also das palästinensische Westjordanland und den Gaza-Streifen. Dieses Ausgreifen ist nicht nur durch die israelische Militärverwaltung geschehen, sondern durch eine damals begonnene und immer weiter getriebene Siedlungsaktivität. Das ist wirklich die Crux. Es werden, wie im alten Germanien, Wehrdörfer errichtet. Oft ist es so, dass zunächst nur ein paar jüdische Siedler Container auf den Hügeln der Westbank aufstellen und das umliegende Agrarland in Besitz nehmen. Das geht natürlich nur, weil sie von der israelischen Armee geschützt werden. Es gibt aber auch Siedlungen, die bis zu 10 000 Einwohner aufweisen, also kleine Städte sind. Doch in der Regel handelt es sich um dörfliche Einheiten. Diese jüdischen Siedlungen werden durch eine Infrastruktur, durch ein Netz von Straßen verbunden, die das Land der Palästinenser zerschneiden, von diesen selbst aber nicht benutzt werden dürfen. Wohlgemerkt, auch das Terrain, auf dem diese Siedlerstraßen gebaut wurden, ist palästinensisches Land, das Israel konfisziert hat. Die Landwirtschaft in den Siedlungen bedient sich der örtlichen Wasserreserven. Dabei verbrauchen die Siedler pro Kopf das Mehrfache der Menge, die Palästinensern zusteht, obwohl das Wasser wie das Land ebenfalls ihr Eigentum waren. Das führt dazu, dass die Siedler dort ihren Rasen sprengen können und ihre Kinder im Pool baden, während die Palästinenser an der Pumpe nach Wasser anstehen für ihre persönlichen Bedürfnisse.

All dieses ist eine Situation, die ein grob menschenrechtswidriges Verhalten der israelischen Besatzungsbehörden erkennen lässt.

Es besteht kein Zweifel daran, dass diese Siedlungen völkerrechtswidrig sind. Es sind diese Siedlungen, die dazu führen, dass Israel einen palästinensischen Staat wohl kaum zulassen wird. Es ist undenkbar, dass in einem souveränen Staat Palästina jüdische Siedler weiter in dieser privilegierten Situation leben dürfen.

Was bedeutet das? Entweder wird es diese Siedlungen weiter geben und keinen palästinensischen Staat. Oder die Siedler müssen ihr privilegiertes Dasein ändern, damit ein Staat Palästina entstehen kann.«

»Müssen wir Deutsche«, so frage ich nach, *»nicht wegen unserer Vergangenheit besonders entschlossen auf Menschenrechtsverletzungen reagieren? So, wie zum Beispiel bei den Untaten des Milosovic-Regimes an den Albanern im Kosovo? Joseph*

Fischer, der grüne Außenminister, hat damals von der höchsten moralischen Warte aus die Schrecken von Auschwitz beschworen und gefordert, dass gerade wir Deutsche gegenüber solchen Menschenrechtsverletzungen keine Zurückhaltung mehr üben dürften. Das sollte rechtfertigen, dass wir in einem nicht erklärten, aber doch reichlich blutigen Luftkrieg der NATO gegen Jugoslawien mitgemacht haben.«

»In der Tat«, entgegnet Botschafter Eitel, »die politische Klasse hat uns seinerzeit diesen Krieg mit dem Hinweis nahegebracht, dass wir *nicht mehr wegschauen* dürften. Wie ist es nun mit Israel? Wenn es richtig ist, dass wir nicht mehr wegschauen dürfen, dann darf es auch hier keinen toten Winkel geben bei der politischen Betrachtung dessen, was Israel tut. Das heißt, es wäre falsch, im Blick auf den Palästina-Konflikt nur die Gewalttaten zu sehen, die dort an Israelis verübt werden. Auch die Palästinenser als Opfer müssen erfasst sein. Wenn wir aufgerufen sind, bei Menschenrechtsverletzungen etwas zu tun, dann darf uns der Umstand, dass wir das schreckliche Verbrechen der Judenvernichtung auf uns geladen haben, nicht daran hindern, das, was möglich ist, zu tun. Schon gar nicht darf uns dies daran hindern, über diese Dinge zu debattieren. Im Gegenteil, uns sagen ja die Palästinenser, dass wir nicht nur die Judenvernichtung begangen haben, sondern darüber hinaus, dass wir dadurch auch die Implantation Israels im Nahen Osten mit zu verantworten haben und wir insofern den Palästinensern gegenüber eine Verantwortung für ihr Leid tragen.«

»Was heißt das in Bezug auf die praktische Politik?«

»Dass ich diese Kausalität nicht bestreiten kann. Deshalb muss ich, meines Erachtens gerade als Deutscher, meine Verantwortung auch darin sehen, israelische Übergriffe möglichst abzuwenden. Genauso wie ich helfen muss, palästinensische Übergriffe zu verhindern. Nach meiner Ansicht darf es nicht so sein, dass wir uns vor allem auch in unserer Politik stets auf die Seite Israels schlagen und dabei alle möglichen Grundsätze, die wir uns selbst gegeben haben, verletzen.

Wir haben neulich in den Zeitungen gelesen – für manche mag das überraschend gewesen sein –, dass wir Israel mit Waffen beliefern. Es hat bislang immer geheißen, dass Deutsche keine Waffen in Spannungsgebiete verkaufen. Wenn es denn in der Welt ein Spannungsgebiet gibt, dann ist es sicherlich Israel und Palästina. Auch die so genannten vorbeugenden Liquidierungen (ohne Gerichtsverfahren) von Palästinensern, die verdächtig sind, gegen Israel zu kämpfen, sind – natürlich – rechtswidrig.

Es geht auch nicht an, dass in der Europäischen Union ständig zu Recht die völkerrechtswidrige Siedlungstätigkeit kritisiert wird, aber dennoch immer wieder Produkte, die in Siedlungen in den besetzten Gebieten hergestellt wurden, auf den europäischen Märkten als Waren ›Made in Israel‹ verkauft werden. Denn das Assoziationsabkommen der EU mit Israel gewährt nur den Importgütern Zollfreiheit, die in Israel selbst produziert worden sind. Über das ›Ursprungsland Israel‹ gibt es eine klare vertragliche Definition. Siedlerprodukte aus der palästinensischen Westbank oder aus Gaza kommen danach eindeutig nicht aus Israel. Die israelische Regierung setzt sich jedoch seit Jahren einfach darüber hinweg. Ich war neulich in einer Berliner Kneipe und trank einen köstlichen Wein. Da mich interessierte, was ich da genoss, schaute ich auf das Etikett. Da stand ›eingeführt aus Israel‹ und als Lage war ›israelischer Golan‹ angegeben. Das war also Wein aus dem syrischen Golan, dessen Annexion durch Israel von uns nicht anerkannt wird. Dennoch haben wir das Produkt auf unserem Markt.«

»Aber das verstößt doch gegen das Assoziierungsabkommen. Warum wird das von der Bundesregierung nicht verhindert?«

»Ich nehme an, das hat mit dem toten Winkel zu tun, von dem ich sprach. Das hängt damit zusammen, dass wir geneigt sind, israelische Sünden als lässliche Sünden anzusehen. Wenn sie jemand anders beginge, würden wir uns sicherlich bemühen, das abzustellen.

Wir sind gegenüber Israel von einem Schuldbewusstsein bestimmt, das berechtigt ist. Das wiederum bringt uns zu einem Verhalten, das ich zum Teil für nicht berechtigt halte. Neulich haben einige EU-Staaten, nicht wir, 13 Palästinenser aufgenommen, die sich in der von Israelis belagerten Geburtskirche in Bethlehem verschanzt und dann gegen die Zusage der Emigration ergeben hatten. Ich weiß nicht, was ihnen vorgeworfen wurde. Aber die Zeitungen berichteten über die Einwände, die wegen der innereuropäischen Freizügigkeit auch von der deutschen Seite gegen die Aufnahme dieser Palästinenser gemacht wurden. Ein paar Jahre vorher hatten wir Deutsche, auf israelischen Wunsch, 400 Libanesen aufgenommen, die mindestens so fragwürdig wie diese Palästinenser waren. Es handelte sich nämlich um Angehörige einer von Israel im Südlibanon unterhaltenen libanesischen Miliz (SLA), die dort ihre eigenen Landsleute verwaltet, aber auch schikaniert, gefoltert und getötet hatten; etwa in dem berüchtigten Gefängnis Al-Khiam. Als Israel den Südlibanon im Jahr 2000 räumte, blieb die Mehrheit der ehemaligen Milizionäre zurück, stellte sich den libanesischen Gerichten und bekam milde oder keine Strafen. Unsere 400 und einige andere zogen es aber vor, nach Israel mitzugehen – sie werden ihre Gründe gehabt haben; wir haben sie dann den Israelis abgenommen. Die Zeitungen berichteten kaum oder verständnisvoll darüber.«

»Führt es nicht zu einem höchst unerwünschten Effekt, wenn man Israel über das Recht stellt? Wenn z. B. das Internationale Rote Kreuz und die Menschenrechtsorganisation Human Rights Watch festgestellt haben, dass die Regierung Sharon das humanitäre Völkerrecht wiederholt und nachhaltig verletzt hat, und wir Sharon das durchgehen lassen, muss er sich da nicht ermuntert fühlen, einfach so weiterzumachen?«

»Ich glaube, weil es eine deutsche Verantwortung für Israel und ein besonderes Verhältnis zu Israel gibt, muss es auch ein – anders geartetes – besonderes deutsches Verhältnis zu den Palästinensern geben, denen wir ja ihre Probleme mit aufgeladen haben.
Und in der Tat, wir bemühen uns ja auch, den Palästinensern zu helfen.«

»Wir geben ihnen finanzielle und andere Hilfe. Aber, wenn es darauf ankommt, nehmen wir Israel indirekt politisch in Schutz. Selbst, wenn es völkerrechtswidrig handelt. Ist das nicht ein Problem für die deutsche Glaubwürdigkeit?«

»Das ist richtig. Ich verweise hier auf die völkerrechtliche Enzyklopädie, die vom Heidelberger Max-Planck-Institut für Völkerrecht herausgegeben wird. Da wird kein Zweifel daran gelassen, dass die israelische Auffassung, die Genfer Konventionen gälten nicht für die besetzten Gebiete, unhaltbar ist. Es wird deutlich gemacht, dass es ein Annexionsverbot gibt, das Israel mit der Annexion Ost-Jerusalems und der syrischen Golanhöhen missachtet. Die Völkerrechtler lassen keinen Zweifel daran, dass Israel in den besetzten Gebieten die Menschenrechte verletzt. Und, wenn ich bedenke, wie Israel mit den Resolutionen der Vereinten Nationen umgeht – das heißt, eigentlich geht Israel überhaupt nicht mit ihnen um, denn es beachtet diese Resolutionen so gut wie gar nicht. Das gilt nicht nur für UN-Resolutionen, sondern auch für die Bemühungen des UN-Generalsekretärs Kofi Annan.

Wir haben neulich die schrecklichen Kämpfe in dem Palästinenserlager Jenin gehabt. Die palästinensische Seite hat behauptet, es hätten dort Massaker stattgefunden. Der norwegische UN-Vertreter für Israel und Palästina hat das Lager nach den Kämpfen besucht und sich entsetzt geäußert. Der UN-Sicherheitsrat hat dann mit amerikanischer und europäischer Zustimmung eine Kommission ins Leben gerufen, die den Behauptungen der Palästinenser nachgehen sollte. Das UN-Gremium ist sofort auf die Kritik der Regierung Sharon gestoßen, die einwandte, es sei nicht ausgewogen besetzt. Sharon forderte, dass ihm nicht nur Vertreter humanitärer Organisationen angehören sollten, sondern auch militärische Fachleute. Nur solche Experten seien in der Lage, das Vorgehen der israelischen Armee in Jenin objektiv zu bewerten. Daraufhin hat Kofi Annan einen amerikanischen General in die Kommission geholt. Gleichwohl hat Sharon den Abgesandten der UN die Einreise nach Israel und in die besetzten Gebiete verwehrt. Die Kommission ist inzwischen wieder aufgelöst worden, weil sie wegen der israelischen Weigerung nicht aktiv werden konnte.«

»Und das blieb ohne Folgen«, werfe ich ein.

»Ja, das blieb ohne Folgen.«

»Eine Ohrfeige für Präsident Bush?«

»Weniger für Präsident Bush, eher für die UN. Denn George Bush hatte diese Kommission nicht vorgeschlagen, er hatte ihr ja nur zugestimmt. Aber es ist schon richtig, dass der Umgang der israelischen Regierung mit den Vereinten Nationen außerordentlich bedenklich ist.«

»Dürfen wir das einfach übergehen?«

»Schauen wir einmal auf das Verhalten der Presse. Es gab im Frühjahr 1996 einen israelischen Angriff auf eine Stellung der UN-Truppen (UNIFIL) im Südlibanon. Das geschah im Rahmen der Operation ›Früchte des Zorns‹, mit der die israelische Armee auf Attacken der libanesischen Hisbullah-Milizen gegen Zivilisten in Nord-Israel reagierte. Wegen der Kämpfe hatten sich Bewohner aus dem libanesischen Gebiet nahe der israelischen Grenze auf einen UN-Stützpunkt geflüchtet. Dort wurden sie in einem Hangar untergebracht. Das war in dem Ort Kanaa, der für sich in Anspruch nimmt, das biblische Kanaa gewesen zu sein, in dem Jesus sein erstes Wunder vollbracht haben soll, als er Wasser in Wein verwandelte. In diesem Hangar ist dann eine israelische Rakete eingeschlagen und dabei sind über 100 Flüchtlinge – Männer, Frauen und Kinder – getötet worden. Die Vereinten Nationen haben dann – aufgrund des Berichtes eines niederländischen Generals – über der Unterschrift des Generalsekretärs festgestellt, dass diese Rakete gezielt auf den Hangar abgefeuert worden sei. Deutschland war damals Mitglied im UN-Sicherheitsrat, und ich habe in der öffentlichen Sitzung des Rates hierzu Stellung genommen. Für diese Rede habe ich meine außerordentlich rudimentären Schul-Hebräisch-Kenntnisse mobilisiert und im Talmud das so genannte Talionsgebot studiert. Dabei geht es um den allseits bekannten Grundsatz ›Auge um Auge und Zahn um Zahn‹. Das ist kein Freibrief für unbändige Rache- und Vergeltungsgelüste, sondern es ist im beschränkenden Sinne gemeint. Im Talmud heißt es nämlich *Auge um Auge*, und es heißt nicht *Auge und ein Leben für ein Auge,* so wie es *Zahn um Zahn* heißt und nicht *Zahn und das Leben für einen Zahn.* Das bedeutet, wer angegriffen wurde und dabei ein Auge verlor, der durfte sich nicht im Übermaße rächen. Er durfte zurückschlagen, aber er musste sich auf eine äquivalente (gleichwertige) Schädigung beschränken.«

»Es geht also um das Gebot der Verhältnismäßigkeit?«

»Genau so ist es. Es handelt sich um das im Völkerrecht verankerte Gebot der Verhältnismäßigkeit. Maßnahmen zur Selbstverteidigung dürfen nicht gegen unschuldige Zivilpersonen gerichtet werden. In diesem Sinne habe ich aus dem Talmud zitiert, diesem eindrucksvollen Buch der Weisheit. Es gebe ein Übermaßverbot und das müsse beachtet werden. Ich habe mit außerordentlich vorsichtigen Worten angedeutet, dass Israel in Kanaa vielleicht nicht verhältnismäßig vorgegangen sei. Israelis oder Amerikaner haben sich nicht bei mir beschwert, aber in Deutschland hat das am nächsten Morgen zu erheblicher Kritik in den Zeitungen geführt. Warum? Weil der deutsche UN-Botschafter in New York sich kritisch über Israel geäußert habe. Ich erwähne die Sache vor allem, um zu zeigen, dass die öffentliche Meinung größtenteils geneigt ist, sich geradezu blind und ohne weitere Nachprüfung auf die Seite Israels zu schlagen – wo immer sie befürchtet, Israel könne angegriffen werden. Das ist ein sehr löblicher Impetus, aber auch hier gilt ein Übermaßverbot. Wir übertreiben es meines Erachtens darin, und in dem Maße, in dem wir übertreiben, tun wir den Palästinensern unrecht. Das sind Dinge, die für Deutsche vielleicht sehr viel schwieriger zu korrigieren sind als für Franzosen, Briten oder Amerikaner.«

»Bedeutet das in der diplomatischen Praxis, dass wir im Sicherheitsrat keine einzige Resolution befürwortet haben, die das israelische Verhalten monierte, selbst dann nicht, wenn Israel völkerrechtswidrig gehandelt hatte?«

»Ich glaube, dass wir israelkritische Resolutionen nicht unterstützt haben. Die Amerikaner sind weitergegangen. Sie haben Israel nicht nur aktiv verteidigt, sondern alle Beschlüsse mit ihrem Veto belegt, die israelische Vorgehensweisen kritisch bewerteten. Im Völkerrecht spricht man in einer solchen Situation von ›Klientenstaaten‹. Es ist allgemeines Wissen bei den UN in New York, dass eine im Sicherheitsrat eingebrachte Kritik an Israel immer an einem US-Veto scheitern wird. Allerdings hat es in Zusammenhang mit den israelischen Militäraktionen in Jenin im April 2002 nun doch eine Resolution gegeben, die in sehr milder Weise beide Seiten kritisiert hat und das schloss hier natürlich Israel mit ein. Ich glaube also, dass wir da etwas mehr auch die palästinensischen Interessen in den Blick nehmen müssen, gerade hinsichtlich unserer Mitverantwortung auch für deren Leid.«

»Wenn wir Deutsche aber aufgrund unserer Vergangenheit, wegen dieser fürchterlichen Verbrechen an den Juden, verpflichtet sind, grundsätzlich dafür einzutreten, dass das Völkerrecht und die Menschenrechte gewahrt werden, müssen wir dann nicht auch Israel an seine Rechtspflichten erinnern, wenn es jahrelang und vorsätzlich das Völkerrecht bricht? Sonst verlieren wir doch unsere Glaubwürdigkeit.«

»Das würde ich schon sagen. Zwar sollten wir dabei vorsichtiger zu Werke gehen als andere. Aber gleichwohl sind wir in der Pflicht, soweit wir können, darauf zu achten, dass durch israelisches Verhalten nicht Dritte zu Schaden kommen. Schon gar nicht die Palästinenser.«

»Die ganze Welt, einschließlich der USA, verurteilt den Siedlungsbau in den besetzten Gebieten als rechtswidrig. Dennoch hat Israel seit Beginn des Friedensprozesses von Oslo kontinuierlich weiter Siedlungen auf arabischem Boden gebaut.«

»Ja, und zwar sind seit Oslo mehr Siedlungen gebaut worden, als vorher bestanden haben.«

»Doch Europa und die USA haben das hingenommen. Und Israel macht einfach weiter. Damit ist doch die westliche Politik in diesem Punkt gescheitert. Muss man jetzt nicht einen Schritt weiter gehen und Israel sagen, wenn du dich künftig nicht an die Regeln hältst, musst du mit Sanktionen rechnen?«

»So etwas wäre Aufgabe des Sicherheitsrates. Ich nehme allerdings an, dass so etwas, schon wegen des amerikanischen Vetos, gar nicht in Betracht kommen kann. Immerhin hat Präsident Bush Premierminister Sharon einen Mann des Friedens genannt.«

»Ist es dann nicht Aufgabe der Europäer, den Schritt zu machen, den die Amerikaner unterlassen? Nämlich, der israelischen Regierung mit Sanktionen in der Handelspolitik zu drohen? Schließlich exportiert Israel über 40 Prozent seiner Waren in die Europäische Union.«

»Darüber weiß ich nichts. Doch es besteht kein Zweifel, dass etwas passieren sollte, das den rechtswidrigen Zustand dort beendet. Ich fürchte nur, wir sind ja nicht die Einzigen in der EU, die die Position Israels immer nach Kräften schützen, sondern das tun andere auch. Ich habe das z. B. bei den Briten und den Niederländern erlebt. Es liegt also nicht alleine an uns, aber für unsere Glaubwürdigkeit wäre es schon gut, wenn wir deutlich machten, dass wir nicht bereit sind, Unrecht Recht zu nennen. Und dass wir nicht willens sind, Unrecht dort hinzunehmen, wo wir etwas daran ändern können. Wir sollten vielleicht einmal in einer Grundsatzrede erkennen lassen, dass wir historisch auch kausale Verpflichtungen gegenüber den Palästinensern haben.«

»*Bedeutet das nicht, dass man sich in Deutschland dazu durchringen muss, einen Politiker wie Ariel Sharon in die Schranken zu verweisen, wenn er wiederholt behauptet, die Kritik von Europäern an seiner Politik gegenüber den Palästinensern falle deshalb so scharf aus, weil in Europa der Antisemistismus wieder im Kommen sei?*«

»Das ist eine geradezu teleskopische Sicht, in der ich aus einer Kritik am Premierminister Sharon eine antiisraelische Haltung mache und im nächsten Schritt aus der antiisraelischen eine antisemitische. Das ist in der Tat etwas, was besonders in der veröffentlichten Meinung in Deutschland gern geschieht und aus dem Trauma der historischen Schuld heraus zu erklären ist, das die Deutschen mit sich herumtragen. Ich fände es völlig richtig, Herrn Sharon genauso zu kritisieren, wie wir das bei anderen Regierungschefs auch tun. Wir, das heißt der Westen, sind ja nicht bange, unverblümt und öffentlich Werturteile über andere Staaten und ihre Führer abzugeben. Da braucht man nur an Bushs Worte von der ›Achse des Bösen‹ zu denken. Es werden ja doch häufig mit unterschiedlicher Intensität Regierungen kritisiert, und die israelische Regierung verhält sich nicht so, dass nicht auch sie kritikwürdig wäre. Das Ungute ist jedoch, dass sich nicht nur Sharon und seine Regierung durch eine fragwürdige Politik auszeichnen. Sharons Partei, der Likud, geht ja noch weiter als er. Ich meine den letzten Parteibeschluss, dass es keinen palästinensischen Staat geben dürfe. Ich glaube, die Ursache dafür liegt in den

Siedlungen begründet, ohne dass dies hier erwähnt wäre. Der Likud hat diesen Beschluss auf Betreiben von Benjamin Netanjahu gefasst, der Sharon gerne im Amt beerben möchte und dabei auf die antipalästinensische Stimmung in der israelischen Bevölkerung setzt. Letztere geht natürlich auf die furchtbaren Selbstmordattentate zurück, die ich scharf verurteile. Diese Verbrechen gegen wehrlose Menschen haben in Israel eine sehr große Unsicherheit in das tägliche Leben gebracht. Da ist es nicht verwunderlich, dass viele Israelis sich nach dem starken Mann sehnen und Sharon so viel Rückhalt genießt.«

»Diese entsetzlichen Anschläge gegen Kinder, Frauen und Männer sind nicht zu rechtfertigen. Aber muss man sie nicht mit dem politischen Zusammenhang verknüpfen, aus dem heraus sie begangen werden?«

»Das ist sicher richtig. Niemand will die Selbstmordattentate rechtfertigen oder auch nur entschuldigen, aber der Zusammenhang ist natürlich deutlich. Wenn eine Bevölkerung in der Weise geknebelt wird, wie das bei den Palästinensern der Fall ist, wächst der Hass. Die Menschen kommen überhaupt nicht mehr aus ihren Dörfern heraus, werdende Mütter sind gezwungen, ihre Babys an den Straßensperren zur Welt bringen. Wenn es Komplikationen bei der Geburt gibt, ist ihr Leben bedroht, weil ihnen der Weg zum nächsten Hospital von israelischen Soldaten versperrt bleibt. Die Menschen in den besetzten Gebieten fühlen sich ausgeliefert und erniedrigt. In einer solchen Situation der Demütigung und tiefen Verzweiflung gilt den Leuten ihr Leben nicht mehr viel, aber ihr Rachebedürfnis umso mehr. So lange diese Art der Besatzung der palästinensischen Gebiete fortdauert, so lange wird es an Selbstmordattentätern keinen Mangel geben.«

»Außenminister Fischer spricht gerne davon, dass Deutschland im Nahen Osten für den Frieden wirken müsse. Das sei nur möglich, wenn sich die deutsche Politik weder auf die eine noch die andere Seite schlage. Gleichzeitig betont Fischer das deutsche Sonderverhältnis zu Israel. Wer genau hinschaut, erkennt allerdings schnell, dass die deutsche Politik eindeutig parteiisch ist, und zwar zugunsten Israels.«

»Das stimmt. Wir können aber einen gleich großen Abstand

63

anstreben, wenn wir uns bewusst sind, dass wir den Juden gegenüber Verpflichtungen haben und auch den Palästinensern gegenüber, die sich aus der von uns mitverursachten Ansiedlung der Juden in Palästina ableiten. Selbst wenn wir uns so verhalten, sollten uns die Juden als die unmittelbaren Opfer unseres Tuns noch etwas näher stehen. Doch ich glaube nicht, dass wir uns beruhigt zurücklehnen dürfen in einer Situation, in der unsere unmittelbaren Opfer unseren mittelbaren Opfern Unrecht und Schaden zufügen. Da müssten wir uns, denke ich, auch in der Pflicht sehen.«

»Müssen wir uns nicht auch in der Pflicht sehen, wenn aus ehemaligen Opfern Täter zu werden drohen. Müssen wir dann nicht sagen: So nicht?«

»Es fragt sich, ob wir tatsächlich alles aussprechen müssen. Aber wir müssten es zur Leitlinie unseres Handelns machen und da, wo es nötig ist, sollten wir es auch sagen. Ja. Ganz bestimmt gibt es in der internationalen Politik und in der Diplomatie das Handicap, das man nicht immer alles an die große Glocke hängen kann. Ich muss dann aber wenigstens handeln, und da bin ich nicht sicher, dass das wirklich geschieht. Doch, wenn ich ein deutsches Sprichwort etwas verändern darf: *Man spricht auch im Hause des Henkers nicht gerne vom Strick.* Insofern wird es bei uns in absehbarer Zeit eine Sprachhemmung gegenüber Israel geben, sobald es sich um kritische Sprache handelt. Das innerhalb notwendiger Grenzen maßvoll abzubauen und dabei jede Gefahr von antisemitischen Untertönen zu vermeiden, ist eine psychologische Aufgabe, um die sich bei uns kaum jemand gekümmert hat.«

Die doppelte deutsche Verantwortung

Bei einem Treffen zwischen dem israelischen Regierungschef Ariel Sharon und dem deutschen Außenminister Joseph Fischer Ende Mai 2002 in Jerusalem sagte Sharon über seinen Gast, Fischer vertrete ein Land, das »Israel sehr freundschaftlich« gesinnt sei. Fischer antwortete, »Israel könne sich auf Deutschland verlassen«, das aus »seiner Geschichte gelernt«

habe. An anderer Stelle[33] betonte der Außenminister, aus der deutschen Verantwortung für den Holocaust ergebe sich das »Sonderverhältnis zwischen Deutschland und Israel«: »Es gründet auf der Unantastbarkeit des Existenzrechts des Staates Israel und seiner Bürger.« Fischer unterstreicht mit diesen Worten das, was andere deutsche Außenminister vor ihm als Leitlinie beherzigt haben, seitdem Konrad Adenauer und David Ben Gurion vor fünfzig Jahren die Grundlagen für das komplexe und lange Zeit schwierige Verhältnis zwischen der Bundesrepublik und Israel schufen.

Sind damit Wesen und Inhalt der deutsch-israelischen Beziehungen auch heute ausreichend bestimmt?

Dazu äußert sich Karl Lamers freimütig in einem Gespräch, das ich mit ihm im Frühjahr 2002 geführt habe, als er noch außenpolitischer Sprecher der CDU/CSU-Fraktion im Deutschen Bundestag war:

»Hunderte von Jahren haben die Europäer es den Juden verwehrt, sich zu integrieren. Immer wieder waren sie Opfer brutaler Unterdrückung und blutiger Pogrome, bis der Holocaust schließlich zum unvorstellbaren Höhepunkt der Judenverfolgung wurde. Deshalb haben wir eine unabweisbare Verantwortung für die Existenz des Staates Israel, für seine Sicherheit und für seine Zukunft. Wir sind jedoch auch verantwortlich für die Folgen, die die Gründung Israels nach sich zog. Zu diesen Folgen zählen die palästinensischen Flüchtlinge und das Schicksal des palästinensischen Volkes.

Aber diesen Teil unserer Verantwortung verdrängen wir bis heute. Wir dürfen nicht wegen unserer Schuld in der Vergangenheit schweigen und uns dadurch weiter schuldig machen. Gerade, weil wir uns für die Zukunft Israels verantwortlich fühlen, ist es an der Zeit ein offenes Wort zu sagen. Warum? Es gibt den festen deutschen Willen, für Israel einzutreten. Daran besteht gar kein Zweifel. Ich kenne keinen seriösen Politiker, der anders dächte. Wir haben aus der Geschichte gelernt. Deshalb sind wir nicht nur berechtigt, sondern sogar verpflichtet, deutlich zu werden. Denn ich bin fest davon überzeugt, dass die Politik Sharons den Interessen Israels schadet und auch denen des Westens.

Die Außerordentlichkeit der Entstehung des Staates Israel – ein in der Geschichte der Menschheit in der Tat einzigartiger Vorgang – kann nur zu einem dauerhaften Projekt führen, wenn sich Israel auch als ein außerordentliches Gemeinwesen im Verlauf der Geschichte erweist. Das wiederum ist nur möglich, wenn das Unrecht, das mit der Gründung des Staates Israel verbunden war – nämlich Flucht und Vertreibung der Palästinenser –, wieder gutgemacht wird. Wenn das gelänge, wäre das Experiment Israel dauerhaft. Das wäre für den gesamten Westen, vor allem für Europa, ein sehr fruchtbares Experiment, weil es nämlich die Chance böte, dass über Israel der ganze Nahe Osten zu einer Region des Wohlstands, des Friedens und der Demokratie würde.

Das sind große Worte, aber ich glaube, wenn man ein solches Projekt wie Israel betreibt, muss man eine Vision haben. Dann ist es mit Pragmatismus nicht getan. Dann muss dieses Experiment verbunden sein mit einem Angebot an alle Nachbarn Israels. Leider ist die Entwicklung in der letzten Zeit ja nicht in diese Richtung gegangen.«

»Ariel Sharon sagt, Israel müsse heute wieder um seine Existenz kämpfen – seine Kritiker entgegnen, er führe einen Krieg für die Siedler und die Siedlungen in den palästinensischen Gebieten. Muss Israel nicht einsehen, dass in Palästina zwei Völker zu Hause sind?«

»Sharon hat Recht. Israel führt einen Kampf um seine Existenz. Israels Existenz ist keineswegs dauerhaft gesichert. So erfreulich ja der Plan des saudischen Kronprinzen Abdallah auch ist, das Angebot, nicht nur einen Kartenfrieden mit Israel zu ermöglichen, sondern Israel wirklich zu akzeptieren und mit ihm Handel und Wandel zu betreiben, so sehr macht er eben auch klar, dass diese Bereitschaft bislang nicht vorhanden war. Selbst in den Ländern, mit denen Israel einen Friedensvertrag hat – also Ägypten und Jordanien –, hat sich nicht das entwickelt, was als wirkliche Akzeptanz Israels bezeichnet werden könnte.

Die Frage ist nur, ob die Art und Weise, wie Sharon für die Existenz Israels kämpft, geeignet ist, das Ziel tatsächlich zu erreichen.

Ich bin leider tief davon überzeugt, dass diese Politik im Gegenteil für Israel auf längere Frist ein Weg ins Verderben ist. Und in der Tat, die Frage der Siedler ist die Testfrage für die Glaubwürdigkeit der israelischen Politik. Die Siedler haben – wie das ja ab und zu von der israelischen Seite offen gesagt wird – einen strategischen Zweck. Mit den Siedlungen ist ein Sicherheitsaspekt verbunden, d. h. sie haben auch eine militärische Zielrichtung. Das macht deutlich, dass die Bereitschaft zur wirklichen Akzeptanz eines Palästinenserstaates nicht existiert. Und die ganze Politik Sharons beweist, dass es bestenfalls auf einen territorialen Flickenteppich für die Palästinenser hinausläuft. Es kann auch gar nicht anders sein, wenn die Siedler bleiben sollen. Dann wird es keinen Staat geben, der die Mindestvoraussetzungen an solch einen Begriff erfüllt. Und insofern ist die Vorstellung von Sharon im Kern unvereinbar mit den Vorstellungen, die ja selbst Amerika hat. Der Vorwurf, Sharon ziele auf eine militärische Lösung ab, ist leider berechtigt. Dass es eine solche nicht geben kann, ist allerdings deutlich erkennbar. Das zeigen ja nicht zuletzt die Terroranschläge, die zu verurteilen ganz selbstverständlich ist. Aber damit ist es nicht getan. Man muss schon fragen, wie kommt es dazu und welche Wege können dazu führen, dass man sie beendet. Nun mache ich mir gar keine Illusionen, denn das wird nicht von heute auf morgen möglich sein. Es wird nur möglich sein, wenn den Palästinensern eine realistische politische Perspektive eröffnet wird, die es ihnen erlaubt, die extremistischen Kräfte in ihrem Innern im Zaum zu halten. Und ich füge hinzu, wenn man ihre teilweise seit Jahrzehnten wirklich verzweifelte Lage berücksichtigt, besonders in den Lagern, dann ist es eigentlich erstaunlich, dass es nicht schon früher noch mehr Terror gegeben hat. Und insgesamt glaube ich, dass die Palästinenser sehr viel weniger islamistisch, fundamentalistisch und radikal veranlagt sind als viele andere Gesellschaften in der Region.«

»Haben die Amerikaner und die Europäer nicht eine schuldhafte Verantwortung auf sich geladen, weil sie es geschehen ließen, dass Israel während des Friedensprozesses den Palästinensern fast dreimal so viel Land weggenommen hat wie

zuvor und die Zahl der Siedler von 100 000 auf etwa 200 000 verdoppelt hat? Ist damit aus Sicht der Palästinenser der Friedensprozess von Oslo nicht unglaubwürdig geworden?«

»Ja, natürlich. Nach dem Oslo-Abkommen den Siedlungsprozess noch zu beschleunigen, hätte vom Westen mit aller Deutlichkeit gebrandmarkt und gestoppt werden müssen. Vor allen Dingen von den Vereinigten Staaten. Ich glaube aber, dass es nicht aus einem strategischen Kalkül heraus unterlassen worden ist, sondern eher aus Nachlässigkeit geschah. Man hat nicht erkannt, wie problematisch diese Entwicklung ist, und offenbar die Folgen nicht bedacht.

Ja, es gibt hier eine große Verantwortung der USA und Europas. Ich meine nur, dass die Zeit gekommen ist, aufzuwachen und eine Wende in der israelischen Politik herbeizuführen. Das liegt im Interesse Israels und der Palästinenser und nicht zuletzt auch im Interesse Europas und der USA. Wie weit die Bereitschaft dazu geht, wird man sehen. Wir hätten jedenfalls die politischen Mittel, um eine solche Wende herbeizuführen. Die USA noch mehr als Europa. Aber jeder scheut sich, sie einzusetzen. Das gilt besonders für Deutschland vor dem Hintergrund unserer Geschichte. Ich verstehe das sehr gut. Aber wir müssen uns auch darüber im Klaren sein, dass unsere Glaubwürdigkeit in der arabischen Welt darunter leidet, wenn wir sie nicht einsetzen.«

»Yassir Arafat ist wegen seiner fragwürdigen Haltung zu den entsetzlichen Terroranschlägen palästinensischer Selbstmordattentäter gegen israelische Bürger von Außenminister Fischer im Frühjahr 2002 auf das Schärfste kritisiert worden – mit vollem Recht. Aber wenn die israelische Armee hochschwangere palästinensische Frauen an den Kontrollpunkten festhält und sie daran hindert, ihre Babys im Krankenhaus mit ärztlichem Beistand zur Welt zu bringen oder schwerkranke Patienten an Checkpoints zurückgewiesen werden und sie deshalb sterben müssen – dann schweigt der Außenminister. Er lässt stattdessen sein Pressereferat sinngemäß verlauten, beide Konfliktparteien müssten die Gewalt einstellen. Fischer drückt den israelischen Opfern eines Terroranschlages und ihren Angehörigen sein Beileid und sein Mitgefühl aus. Das ist richtig so. Doch für

die wehrlosen Opfer unter der palästinensischen Zivilbevölke-
rung, die durch das brutale Vorgehen der israelischen Armee
zu Tode kommen oder verletzt werden, hat der grüne Außen-
minister keine Worte des Mitleids. Hier scheut sich Joseph Fi-
scher, die Dinge beim Namen zu nennen. Das ist bemerkens-
wert bei einem Mann, der doch sonst nicht bange ist,
zugespitzt zu formulieren. Wird hier nicht mit zweierlei Maß
gemessen?«
»Dass es ein zweierlei Maß ist, wird ja schon bestritten.
Aber ich finde, wenn man versucht, so objektiv wie möglich
die deutsche Politik hinsichtlich des Konflikts zu analysieren,
kommt man zu dem eindeutigen Ergebnis, dass wir nach wie
vor eine einseitige Position zugunsten Israels einnehmen. Und
wenn jemand einmal einen anderen Akzent setzt, dann wird er
der Einseitigkeit zugunsten der Palästinenser geziehen. Das ist
auf dem Hintergrund der bisherigen, sehr einseitigen proisraelischen Sichtweise psychologisch vollkommen verständlich. Aber von außen und so objektiv wie möglich betrachtet,
ist es unsinnig. Es ist falsch. Was das Motiv des Außenministers ist, darüber möchte ich mich nicht auslassen. Es ist jedenfalls eine Politik, die falsch ist und die uns auch in Europa
überhaupt keinen besonderen Einfluss einräumt. Und zu
glauben, wir könnten dadurch stärker auf Israel einwirken, ist
eine absolute Illusion.
Wenn wir erleben, dass der israelische Ministerpräsident sich
sogar weigert, einer Aufforderung des amerikanischen Präsidenten – einer mehrmaligen – nachzukommen, dann ist es lächerlich zu glauben, ausgerechnet die Deutschen könnten ihn
beeinflussen. Sharon benutzt uns natürlich, und ich glaube,
dass der Außenminister das nicht einmal merkt. Ich will mich
nicht in psychoanalytischen Erklärungen versuchen, aber es
ist eine Tatsache, dass diese deutsche Politik nicht nur einseitig ist, sondern auch unsere Position in Europa schwächt.
Und letzten Endes dazu beiträgt, dass die längst überfällige
Wende in der israelischen Politik immer weiter hinausgezö-
gert wird.«
»Die israelische Bevölkerung lebt in einem permanenten
Angstzustand wegen der Terroranschläge. Macht das Sharons

Politik der eisernen Faust gegen die Palästinenser nicht verständlich und entschuldbar?«

»Die Ängste der Israelis gehen weit über die aktuelle Gefahr hinaus. Sie tragen eine Urangst in sich, das Trauma des Holocaust. Das müssen wir verstehen. Hinzu kommt, dass die Israelis heute auch fürchten, demographisch erdrückt zu werden. Das bedroht den jüdischen Charakter ihres Staates. Das macht psychologisch vieles verständlich und entschuldigt sicher auch einiges. Dennoch führt die Politik Sharons ins Verderben. Er hat seinem Volk mehr Sicherheit versprochen. Doch was hat er erreicht? Das Gegenteil. Warum? Unterdrückung, sinnlose Zerstörung der zivilen Infrastruktur und tägliche Demütigung führen bei den Palästinensern zu mehr Hass, Wut und Verzweiflung. Das entschuldigt keinesfalls den Terror gegen wehrlose israelische Bürger. Aber es erklärt bis zu einem gewissen Grade seine psychologischen Voraussetzungen.«

»Sind denn die Palästinenser nicht auch Täter, obwohl sie sich nur als Opfer sehen?«

»Die Palästinenser sind auch schuldig. Ihre Führung macht gravierende Fehler. Arafat verfolgt keine klare Linie. Er hat es versäumt, eine demokratisch organisierte Zivilgesellschaft aufzubauen. Aber selbst wenn er das gewollt hätte, wäre es unter den herrschenden Bedingungen nur schwer möglich gewesen. Hier, wie in jedem anderen Konflikt, gibt es einen klaren moralischen Maßstab. Er lautet: Jeder trägt Verantwortung entsprechend seiner Fähigkeiten und seiner Möglichkeiten. Daraus folgt, Israel als die weitaus stärkere und mächtigere Partei hat auch die größere Verantwortung.«

»Ariel Sharon ist in Europa für seine Äußerungen kritisiert worden, er bedauere es, dass er Arafat nicht schon 1982 in Beirut habe liquidieren lassen. Auf diese Kritik hat Sharon öffentlich sehr scharf reagiert. Sinngemäß hat er gesagt, er sei es gewohnt, dass er von Europäern kritisiert werde. Er wisse, dass man ihn in Europa nicht leiden könne, wo im Übrigen ja der Antisemitismus wieder im Kommen sei. Ist diese Gleichsetzung von Kritik an den Äußerungen eines israelischen Politikers mit Antisemitismus nicht eine politische Instrumentalisierung des Holocaust?«

»Es ist wirklich eine Unverschämtheit, zumal Sharons Wortwahl nicht so scharf verurteilt worden ist, wie man es hätte tun können. Denn Begriffe wie Liquidation erinnern doch in fataler Form an das Wörterbuch des Unmenschen, wie man es genannt hat. Aber niemand hat das getan, aus Rücksicht. Ob es klug ist, ist eine andere Frage. Die Gleichsetzung von Kritik an Israel, an der israelischen Politik mit Antisemitismus ist ohne jeden Zweifel eine Instrumentalisierung – doch sie wird nicht weiterführen. Sehen Sie die Entwicklung in Frankreich. Dort sei der Antisemitismus, wie Sharon betont, am stärksten verbreitet.

Jetzt hat ein führendes Mitglied der jüdischen Gemeinschaft in Frankreich – der größten in Europa – gesagt, die jüdische Gemeinschaft dürfe sich nicht so einseitig mit Sharons Politik identifizieren. Ich glaube, der Mann hat das richtig erkannt. Diese einseitigen Stellungnahmen zugunsten der Politik Sharons provozieren eher eine negative Gegenreaktion. In Frankreich ist das ganz besonders problematisch, weil es eine große Zahl von arabischstämmigen Mitbewohnern und Mitbürgern gibt. Doch es besteht kein Zweifel, dass der Antisemitismus in Frankreich keinesfalls zum guten Ton gehört. Zu Recht haben sich der französische Präsident und der Premierminister gegen die Vorwürfe verwahrt. Ich glaube, dieser Versuch Sharons bleibt wirkungslos. Ich fürchte eher, dass er genau das Gegenteil von dem bewirkt, was er bezweckt.«

»*Viele israelische Politiker und auch Michel Friedman vom Zentralrat der Juden in Deutschland warnen davor, dass Antizionismus immer die Gefahr in sich berge, in den Antisemitismus abzugleiten. Bedeutet das nicht, dass man im Grunde genommen dann Politiker wie Sharon gar nicht mehr offen kritisieren kann?*«

»Natürlich. Hier versucht man ein Tabu aufzurichten, obwohl man gleichzeitig bestreitet, dass es jemals ein Tabu gegeben habe. Aber das wird mit Sicherheit nicht verfangen. Zumal der Begriff des Antizionismus etwas ist, womit niemand etwas anzufangen weiß. Was soll er denn bedeuten? Er kann eigentlich nur heißen, dass man gegen die Gründung und die Existenz des Staates Israel ist. Ich kenne niemand in Deutschland – abgesehen von absoluten Randfiguren, die es vielleicht geben mag –, der diese Position vertritt. Es ist wirklich ein Versuch, wieder die Dinge zu instrumentalisieren, indem die tief sitzende Abneigung gegen das Wiederaufkommen eines irgendwie gearteten Antisemitismus mobilisiert wird. Ich bin glücklich über diese Abneigung. Aber sie darf nicht dazu benutzt werden, um eine Abwehrmauer gegen Kritik an der derzeitigen israelischen Politik zu errichten. Das wird ohnehin scheitern und genau das Gegenteil bewirken.«

»Man kann sagen, dass der Antisemitismus in Europa, die britische Kolonialpolitik und der Völkermord an den Juden durch die Nazis die Voraussetzungen für die Staatsgründung Israels auf arabischem Boden geschaffen haben. Der Westen hat den Arabern in Palästina jahrzehntelang das Recht auf ihre Heimat verweigert. Israel ist historisch gesehen ein westliches Baby. Ist diese Politik nicht deshalb so schädlich, weil sie den Arabern unverändert das Gefühl vermittelt, dass der Westen bei Israel quasi über alles großzügig hinwegschaut und sie selbst, wenn sie die Regeln verletzen, für alles verantwortlich macht?«

»In der Tat musste die Gründung des Staates Israel von den Arabern als die Lösung eines Problems auf ihre Kosten empfunden werden, im Falle Deutschlands vor allem als Wiedergutmachung auf Kosten Dritter. Diesen Aspekt hat der Westen geflissentlich übersehen. Das ist psychologisch sehr leicht zu erklären, denn andernfalls hätte man sich diese Lösung – eben die Gründung eines Staates Israel als der Heimstatt der Juden in dieser Region – vielleicht noch einmal überlegt. Übrigens ist die biblische Begründung für den Staat Israel, für die Rückkehr der Juden in die Region, psychologisch auch leicht nachvollziehbar. Sie ist bestens geeignet, das latent schlechte Gewissen zu überspielen. Denn so verfügt man über eine allerhöchste Begründung, die durch keinen Einwand übertroffen oder beiseite gefegt werden kann. Heute geht es aber ganz offensichtlich nicht mehr, die Sichtweise und die Position der Palästinenser und der Araber zu ignorieren. Es ist nämlich deutlich erkennbar, dass die Feindschaft in der arabischen Welt insgesamt ein Ausmaß angenommen hat, das den Interessen des Westens zuwiderläuft. Die jüngste Wendung in der amerikanischen Politik ist, wie ich fürchte, weniger auf bessere Einsicht oder auf die direkten Folgen der Sharon'-schen Vorgehensweise für die Palästinenser zurückzuführen. Nein, das hat mit der Erkenntnis in Washington zu tun, dass es eine Lösung des Irak-Problems mit Hilfe oder Billigung der arabischen Partner nicht geben kann, ohne dass die Amerikaner glaubhafte Anstrengungen unternommen haben, um den Palästina-Konflikt zu lösen.

Das Fazit ist jedenfalls klar: Wenn mit der Gründung des Staates Israel Unrecht und Leid für andere Menschen, für die Palästinenser, verbunden war, dann muss der Westen auch für die Palästinenser eine gute Zukunft bewirken, und zwar mit massiver Hilfe. Nur so kann die Antwort lauten. Immerhin, die Europäische Union versucht das.

Es ist eines der Kernprojekte der immer noch viel zu schwach entwickelten EU. Es ist die richtige Politik, weil langfristig für Israel wie auch für Europa Frieden in der Region noch wichtiger ist als für Amerika. Sicher ist das aus globalstrategischer Sicht für Amerika bedeutsam. Doch der Nahe Osten heißt ja nicht so, weil er nahe an Amerika, sondern weil er nahe an Europa liegt. Deswegen müssen wir alles daransetzen, dass sich eine gute Zukunft für die Palästinenser eröffnet. Gibt es diese nicht, gibt es auch keine für Israel. Das scheint Sharon nicht zu sehen. Das zeigt sich an der Siedlungspolitik, die nicht nur illegal, sondern auch nicht legitim ist. Solange sie fortgeführt wird, glaube ich nicht, dass die israelische Regierung aufrichtig für einen palästinensischen Staat eintritt.«

»Warum behandeln israelische Regierungen – nicht nur das Kabinett Sharon – die Europäer eher mit Missachtung? Im Frühjahr 2002 hat Israel z. B. eine europäische Delegation brüsk vor den Kopf gestoßen, und die Abgesandten mussten mit hängenden Köpfen nach Europa zurückreisen. Diese Erniedrigung durch israelische Regierungen ist doch unerträglich, zumal die Europäer in Palästina Aufbauleistungen erbringen, die letztlich auch im Interesse Israels sind. Warum lassen sich die Europäer das gefallen?«

»Weil sie schwach sind. Wieso erlaubt sich Sharon, Europa so zu behandeln? Ganz einfach, weil er es sich leisten kann. Es ist völlig klar, dass der amerikanische Einfluss auf Israel ausschlaggebend ist. Das verurteilt uns aber nicht zum Nichtstun. Ich glaube, Europa kann etwas bewirken, wenn es gemeinsam mit den USA zu handeln versucht und dabei auf die amerikanische Politik einwirkt.«

»Mit anderen Worten, die politische Klasse in Israel nimmt Europa nicht ernst?«

»So ist es. Und es läge an den Europäern, dafür zu sorgen, dass wir ernst genommen werden müssen.«

»Das hieße, eine härtere Gangart gegenüber Israel einzuschlagen. Liegt es an Außenminister Fischer und Premierminister Blair in London, dass das nicht geschieht?«

»Es liegt unter anderem an diesen beiden. Das ist sicher. Es ist eine andere Frage, wie lange die anderen Europäer gewillt sind, eine solche Politik mitzutragen. Nun gibt es auf diesem Feld keine Mehrheitsabstimmungen. Dennoch würde es langfristig wohl dazu führen, dass die Privilegien, die die EU Israel gewährt, beschnitten werden könnten.

Ich halte die Zurückweisung Europas durch Sharon für kurzsichtig und dumm. Aber das entspricht leider seiner generellen Denkweise, und insofern braucht man sich nicht darüber zu wundern. Sharons gesamte Politik ist sehr kurzsichtig, weil er die langfristigen Folgen seines Vorgehens nicht bedenkt. Wobei ich unter *langfristig* nicht etwa einen Zeitraum von 50 Jahren verstehe, sondern einen wesentlich kürzeren. Die Dinge beschleunigen sich heutzutage enorm, und sicherlich wird die Welt schon in fünf Jahren anders aussehen. Sharons Politik der verbrannten Erde hilft nicht weiter. Es ist in der Tat so, dass – wenn überhaupt – nur Amerika die israelische Regierung zwingen könnte, einen anderen Weg einzuschlagen. Allerdings könnte auch Europa mehr tun, wenn es dazu entschlossen wäre. Aber schon allein der Gedanke an Sanktionen wird sofort verworfen.«

»Von wem wird das verworfen?«

»Von der deutschen Regierung. Ich habe ja die Sanktionsfrage angesprochen. Prompt gab es diese Reaktion. Insofern ist die Ohnmacht Europas auch selbst verschuldet.

Es ist doch offensichtlich, dass beide Konfliktparteien allein gar nicht in der Lage sind, eine Lösung zu finden. Also muss es eine Lösung von außen geben. Das ist nur möglich, wenn erheblicher Druck auf beide Seiten ausgeübt wird. Das ist durchaus legitim. Denn die Auswirkungen des Palästina-Konflikts gehen weit über die direkt betroffenen Parteien hinaus. Die Interessen des ganzen Westens und die der arabisch-islamischen Welt sind unmittelbar berührt. Der Konflikt ist der *Test* für die Glaubwürdigkeit der westlichen Politik. Ganz gewiss gilt das für die islamische Welt, aber auch darüber hinaus. Alle Welt empfindet Israel als Teil des Westens, und letzten Endes ist es genau das, wenn auch ein spezifischer Teil. Es stimmt, dass Israels Existenz vom Westen abhängig ist und zwar ganz besonders von den Vereinigten Staaten. Deshalb wird dieser Maßstab zu Recht an die westliche Politik angelegt.

Wir können keine Politik machen, ohne unsere eigenen Interessen in den Blick zu nehmen. Im deutschen Interesse liegen die Existenz des Staates Israel und seine Zukunft. Doch zweifellos auch unser Verhältnis zu Israels gesamter Umwelt. Wir sind davon überzeugt, dass das bei richtiger Betrachtung gar nicht in einem Gegensatz steht. Im Gegenteil. Leider führt die israelische Politik aber einen Gegensatz herbei, der verheerend ist.

Der frühere Sicherheitsberater Brent Scowcroft, der zwei amerikanischen Präsidenten gedient hat, hat vor zwei Jahren in einem ›Spiegel‹-Interview gesagt: ›Wir Amerikaner müssen aufpassen, dass nicht die ganze Welt uns hasst.‹ Wie weit der Prozess fortgeschritten ist, haben wir nach dem 11. September an den Reaktionen in der ganzen Welt gesehen, und jetzt wird der Hass weiter geschürt. Das kann doch nicht im westlichen Interesse sein und bestimmt nicht im Interesse Israels. Die Israelis müssen sich doch fragen, ob es langfristig sinnvoll und überhaupt möglich ist, so sehr von den USA abhängig zu sein.«

Zeit, Farbe zu bekennen

Außenminister Joseph Fischer verkündet, im Konflikt zwischen Israel und den Palästinensern die Rolle eines unparteiischen Schiedsrichters oder eines Vermittlers einzunehmen, doch de facto betreibt Deutschland eine einseitig proisraelische Politik. Daran ändert die beträchtliche finanzielle und technische Hilfe der Bundesregierung für die Palästinenser nichts. Denn es geht um etwas grundsätzlich anderes.

Wenn es Fischer bei der »Suche nach einem gerechten Frieden«[34] um eine ausgewogene Haltung zu tun ist, die Deutschland wirklich »politikfähig«[35] machen würde, hätte die Bundesregierung die Frage der Siedlungen längst zum Prüfstein der deutschen Palästina-Politik erklären müssen. Die von Fischer bemühte Formel »zwei Staaten – ein Friede«[36] wird alsbald zu einer hohlen Phrase, wenn Ariel Sharon nicht dazu gebracht wird, den von ihm forcierten Ausbau jüdischer Siedlungen in den palästinensischen Gebieten zu beenden. Andernfalls verlieren die Palästinenser noch mehr Land, und ihr Staat bleibt für alle Zeiten eine Chimäre. Das wäre genau das, was Ariel Sharon bezweckt.

Ein Stopp des Siedlungsbaus wäre nur durch Druck erreichbar. Druck, der auch aus Europa kommen müsste, der aber von den Europäern nur erzeugt werden kann, wenn Deutschland mitmacht.

Aufgrund des Assoziierungsabkommens mit der EU, das Israel bedeutende Zollprivilegien einräumt, gibt es in der Handelspolitik genügend Hebel, die man einsetzen könnte, um die israelische Regierung zu einem Umdenken in der Siedlungsfrage zu bewegen. Das wäre der notwendige Politikwechsel, der einhergehen müsste mit erhöhtem Druck auf den diktatorischen Machtapparat der Palästinenser, tatsächlich demokratische und rechtsstaatliche Strukturen aufzubauen. Das gäbe der EU endlich die Möglichkeit, eine gestalterische Rolle bei der Friedenssuche im Nahen Osten zu spielen.

Stattdessen redet Fischer von einem »tragischen Konflikt«[37], in dem zwei Völker um dasselbe Land kämpfen – als ob sich zwei ebenbürtige Feinde gegenüberstünden. Was meint er mit *tragisch?* Gewiss, es ist ein dramatischer Kampf um Heimat, Existenz und Selbstbestimmung. Doch handelt es sich wirklich um einen unvermeidlichen und unausgleichbaren Gegensatz, der in den vom Schicksal bestimmten Untergang führt? Mit seiner Wortwahl lenkt Fischer von der Ursache des Konflikts ab und von der Verantwortung, die daraus erwächst. Die Quelle des Übels liegt, wie wir schon wissen, in Europa. Ohne den Antisemitismus, »die europäische Erbsünde«, die britische Kolonialpolitik und den Holocaust hätte es den Palästina-Konflikt so nicht gegeben. Die Europäer haben den Konflikt nach Palästina getragen. Deshalb trifft sie die Verantwortung für seine Lösung.

Fischer macht es sich zu leicht. Es geht nicht allein darum, dass Israel sich auf das »demokratische Deutschland als Partner und Freund verlassen« kann, »heute und in Zukunft«.[38] Es geht auch darum, dass wir, die Kinder und Enkel der Holocaust-Täter, nicht nur dort, aber ganz besonders in Palästina dem Recht zur Geltung verhelfen müssen. Doch nicht dem Faustrecht. Unsere besondere Verpflichtung, »für das Existenzrecht und die Sicherheit Israels und seiner Bürger«[39] einzutreten, ist eine ewige Pflicht. Damit verbunden ist die humanistische Aufgabe, die Menschenrechte und das Völkerrecht – wenn möglich – durchzusetzen. Das bezieht sich aber nicht nur auf die Israelis, sondern auch auf die Palästinenser. Die Regierung Sharon, wie ihre Vorgänger seit 1967, bricht jedoch mit dem Siedlungsbau vorsätzlich und andauernd das Völkerrecht. Sie tut dies mit der Anmaßung, das Recht des Stärkeren zu besitzen. Ebenso wie sie das humanitäre Völkerrecht und die Menschenrechte verletzt.

Darf der Holocaust als Rechtfertigung oder Entschuldigung für die gezielte Missachtung des Rechts dienen? Wir brandmarken und verurteilen den blutigen Terror palästinensischer Attentäter. Das ist unsere Pflicht. Wir nennen Arafat einen Täter, weil er Schuld auf sich geladen hat. Das ist notwendig. Aber gibt es für die israelische Regierung ein Sonderrecht? Wenn dem so ist, muss man es offen sagen. Das wäre wenigstens ehrlich.

Der Holocaust und die bittere, jahrhundertelange Leidensgeschichte des jüdischen Volkes befreien keine israelische Regierung von ihrer Verantwortung gegenüber dem palästinensischen Volk, dessen Land es seit 1967 besetzt hält. Vergangenes Unrecht darf nicht als Rechtfertigung für heutiges Unrecht dienen. Deutschland kann sich nicht drücken, wenn es um die Politik Israels in den besetzten Gebieten geht. Auch deshalb nicht, weil die Regierung Sharon eine politische Linie verfolgt, die langfristig die Sicherheit Israels und seiner Bürger gefährdet. Hier kommt die deutsche Verantwortung wieder ins Spiel. Es ist höchste Zeit, Farbe zu bekennen.

Das Ende eines »Tabus«

Die deutsch-israelischen Beziehungen sind im Laufe der Jahrzehnte immer enger geworden. Das gilt besonders seit der Ära Kohl (1982–1998). Deutschland ist heute nach den USA der wichtigste Verbündete Israels. Dabei erstreckt sich die Zusammenarbeit auf alle relevanten Politikfelder und das schließt die militärische und die geheimdienstliche Kooperation mit ein. Besonders bemerkenswert ist der Umstand, dass die Bundesregierung heute quasi wie eine Schutzmacht Israels in der Europäischen Union auftritt.

Fast 60 Jahre nach dem Zusammenbruch des Nazi-Regimes gibt es also *normale* Beziehungen zwischen dem Land der Täter und dem der Opfer, die gleichzeitig alles andere als normal sind. Ob jemals Normalität im Sinne des Wortes zwischen den ungleichen *Partnern* eintreten wird, ist mehr als fraglich. Das liegt natürlich an der Vergangenheit. Der Holocaust ist nicht in den Hintergrund gerückt. Weder in Israel noch in Deutschland, wie die von Jürgen W. Möllemann im Frühjahr 2002 ausgelöste Antisemitismus-Debatte zeigt. In diesem Licht erscheint das deutsch-israelische Verhältnis noch komplexer als früher. Denn es geht heute über die gemeinsame Vergangenheitsbewältigung hinaus, weil das Schicksal der Palästinenser, der *Opfer zweiten Grades*, mit hineinspielt. Unmittelbar betrifft der Holocaust Israelis und Deutsche – mittelbar die

Palästinenser. Der nachdenkliche Erhard Eppler (SPD) hat sich in der Möllemann-Affäre auch zu Wort gemeldet: »Mit dem schillernden Karrieristen Möllemann stößt der falsche Mann mit falschen Tönen eine richtige Diskussion an. Es muss in Deutschland möglich sein, Kritik an Sharon zu äußern, ohne gleich mit dem Vorwurf des Antisemitismus konfrontiert zu werden. Ich hätte mir gewünscht, dass eine seriösere Figur einer seriöseren Partei diese Debatte eingeleitet hätte. Vielleicht ist Sharon ein Unglück gerade für Israel selbst.«[40]

Natürlich ist nicht jede Israel-Kritik gleich Antisemitismus. Dennoch ist überhaupt nicht auszuschließen, dass sich hinter kritischen Äußerungen über die israelische Regierung etwas anderes verbirgt. Ich meine den verbrämten Antisemitismus. Dieser muss entlarvt und bekämpft werden.

Gleichzeitig ist es richtig, darauf hinzuweisen, dass die Verantwortung für das Existenzrecht Israels eine bedeutende Konstante in der deutschen Außenpolitik darstellt. Der Hinweis ist vor allem dann angebracht, wenn deutsche Stimmen den Verdacht nähren, sie zielten mit ihrer Kritik an der israelischen Politik in Wahrheit auf die Juden an sich. Wenn das Bild des *hässlichen Juden* auftaucht, der selbst haftbar gemacht wird für den Judenhass – dann darf es keine falsche Toleranz geben. Dasselbe gilt, wenn der Eindruck entsteht, es solle antisemitischer Bodensatz aufgerührt werden, um damit am rechten Rand auf Stimmenfang zu gehen. Klarheit ist auch dann vonnöten, wenn jene, die Israel schuldig sprechen, über diesen Umweg versuchen, die eigene historische Schuld zu kompensieren.

Natürlich ist es eine Pein, zu wissen oder immerfort hören zu müssen, dass die eigenen Groß- oder Urgroßeltern den Völkermord an den Juden begangen haben. Das hören viele Deutsche in der Tat nicht gern. Deshalb würden sie am liebsten einen Schlussstrich ziehen, um der eigenen Geschichte entfliehen zu können. Doch so schwer die Bürde der Vergangenheit auch auf uns lastet, es gibt vor ihr kein Entrinnen. Es bleibt die Verantwortung als Verpflichtung für die Zukunft. Aber dabei geht es nicht allein um das Existenzrecht des Staates Israel, sondern auch um das Existenzrecht des palästinensischen Volkes in einem souveränen eigenen Staat.

Die Palästinenser sind *Opfer zweiten Grades* von deutscher Hand. Aus der deutschen Schuld an der Vernichtung der Juden folgt der Imperativ *Nie wieder Holocaust*. Daraus erwächst für das demokratische Deutschland die Aufgabe, grundsätzlich für das Recht einzutreten, für die Menschenrechte und für das Völkerrecht. Noch einmal: Wir schulden den Opfern des Holocaust tätige Reue durch glaubwürdiges Tun. Glaubwürdig sind wir nur, wenn wir Unrecht beim Namen nennen.

Unrecht aber ist das, was dem palästinensischen Volk durch die israelische Besatzungsmacht geschieht. Nirgendwo sonst auf der Welt gibt es ein Land im direkten Einflussbereich des Westens, wo einem ganzen Volk das Selbstbestimmungsrecht verwehrt wird, nur in Palästina. Dort missachten wir in aller Offenheit ein zentrales Prinzip unseres Wertekanon.

Spätestens die Möllemann-Friedman-Affäre hat deutlich gemacht, dass es notwendig ist, in Deutschland eine ehrliche Debatte über die Politik Israels zu führen – ohne Scheuklappen und Tabus, aber in differenzierter Sprache. Abgesehen davon, dass solche selbstverliebten und selbstgerechten Mediendarsteller wie Möllemann und Friedman ganz gewiss die Falschen sind, um diese unvermeidbare Auseinandersetzung voranzubringen, stellt sich die Frage, warum durch den Streit ein derartiger Sturm entfesselt wurde. Warum war die Debatte im Lande so heftig und so emotional? Weil es um einen doppelten Tabubruch geht. Und zwar im deutsch-israelischen und im deutsch-jüdischen Verhältnis.

Offene Kritik an Israels Palästina-Politik aus der Mitte der bundesdeutschen Gesellschaft oder aus dem Munde eines seriösen Politikers war verpönt. Jahrzehntelang. Akzeptiert wurde nur eine einseitige, proisraelische Sichtweise auf den Nahost-Konflikt. Alles andere war politisch nicht korrekt. Das galt auch für den weit überwiegenden Teil der Medien. Wer von dieser Linie abwich und das Unrecht an den Palästinensern beklagte, geriet in den Verdacht, das staatliche Existenzrecht Israels in Frage stellen zu wollen. Oder er wurde als jemand abgestempelt, der sich im Kalten Krieg auf die falsche Seite geschlagen hatte, weil Moskau ja bekanntlich die Palästinenser unterstützte. Ebenso wie die DDR, die ihrerseits die PLO schönredete und die Palästinenser für ihren *anti-imperialistischen Kampf* gegen das kapitalistische Lager instrumentalisierte.

Im bundesdeutschen Land der Täter war die kritiklose Parteinahme für Israel eine moralische Pflichtübung, ein Reflex der Vergangenheitsbewältigung. Dabei gab es viel Scheinheiligkeit. Denn hinter vorgehaltener Hand hörte man von Diplomaten und Politikern durchaus kritische Worte, vor allem seit Ende der 70er Jahre, als der rechte Likud-Block an die Regierung kam. *Eretz Israel*, das »ganze Israel«, war das Ziel dieser militant-extremen Zionisten, die nicht selten chauvinistische oder gar rassistische Töne von sich gaben. Der auf die Spitze getriebene Nationalismus von Menachim Begin, Yitzak Shamir und Ariel Sharon sprach den Palästinensern jedes selbstbestimmte Heimatrecht ab. Sie wollten das »ganze Land«, gemeint war damit die besetzte Westbank und der Gaza-Streifen. Davon zeugte besonders die expansive Siedlungspolitik. Immer offener war die Rede davon, das *demographische Problem* durch einen »Transfer« zu lösen. Ariel Sharon und seinesgleichen verstanden darunter die Vertreibung der Palästinenser nach Jordanien. *Jordan is Palestine* lautete die Parole, was soviel heißen sollte, wie Jordanien sei der Ort, wo die Palästinenser hingehörten. Das *biblische Judäa und Samaria*, also die palästinensische Westbank, sei jüdisches Erbland. Genauso wie das arabische Ost-Jerusalem, das Begin 1981 annektierte. Als Bundeskanzler Helmut Schmidt es damals wagte, das Selbstbestimmungsrecht und einen eigenen Staat für die Palästinenser zu fordern, wurde er von Premierminister Begin öffentlich beleidigt: Ein Land, das sechs Millionen Juden, darunter 1,5 Millionen Kinder, umgebracht habe, solle Israel keine Ratschläge erteilen. Sich mit jüdischem Blut arabisches Öl zu erkaufen, sei »absolut widerwärtig«.[41] Das wirkte. Danach trat die alte Ruhe wieder ein. Niemand wollte sich vor aller Welt so abkanzeln lassen wie Helmut Schmidt, der Begins Ohrfeige voller Ingrimm hinnehmen musste. Die politische Klasse hatte der Instrumentalisierung des Holocaust durch diesen israelischen Regierungschef nichts entgegenzusetzen.

Gefestigt wurde die bundesdeutsche Parteinahme für Israel natürlich auch durch die arabische Ablehnungsfront, die den Staat Israel am liebsten wieder von der Landkarte gewischt hätte, wenn sie dazu in der Lage gewesen wäre. Das rückte die legitimen Sicherheitsinteressen Israels dauerhaft in den Vordergrund. Daneben verblasste das Selbstbestimmungsrecht der Palästinenser, zumal auch die PLO die Existenz des jüdischen Staates nicht akzeptieren wollte. Das änderte sich erst 1988, als Yassir Arafat auf dem Palästinensischen Nationalkongress in Algier einen Beschluss herbeiführte, mit dem die PLO die Zwei-Staaten-Lösung proklamierte.

Dennoch wurde Arafat in Bonn erst nach dem Oslo-Abkommen zwischen Israel und den Palästinensern hoffähig. Während des nun folgenden Friedensprozesses blieb die Bundesregierung bei der Bewertung der israelischen Politik gegenüber den Palästinensern sehr vorsichtig und zurückhaltend. Allerdings kritisierte man doch die fortwährende Siedlungspolitik, wenn auch in milder Form und oft nur im europäischen Rahmen.

Öffentlich unerwähnt ließ der damalige Außenminister Klaus Kinkel (FDP) die ganz erheblichen Menschenrechtsverletzungen der israelischen Armee an den Palästinensern, die trotz der Friedensverhandlungen nicht aufhörten. In Gesprächen über die Lage im Nahen Osten pflegte Klaus Kinkel auf meine entsprechende Frage die stereotype Antwort zu geben: »Die Vergangenheit verbietet mir, mich als Richter aufzuspielen. Ich bin als Deutscher der Letzte, der Israel Ratschläge zu erteilen hätte.« Auch das autokratische Arafat-Regime kam ungeschoren davon, obwohl Arafats Sicherheitsdienste die Menschenrechte der eigenen Landsleute systematisch verletzten.

Heute hat sich die Situation in Deutschland grundlegend geändert. Beim Blick auf den Palästina-Konflikt legen inzwischen viele Deutsche bei Israel dieselben Maßstäbe an wie bei anderen Staaten der westlichen Wertegemeinschaft, die sich an das Völkerrecht und die Menschenrechte gebunden fühlen. Das hat vor allem mit dem Verlauf des Friedensprozesses seit 1993 zu tun. Hier ist deutlich geworden, dass nach der Ermordung von Premierminister Yitzak Rabin (1995) besonders die Regierung Netanjahu nichts unversucht gelassen hat, um den Weg zu einem palästinensischen Staat zu verbauen. Es war offensichtlich, dass Netanjahus Politik ideologische Wurzeln hatte. Er wollte keinen gleichberechtigten Frieden in Palästina: »Es ist ein quälender Gedanke, auch nur einen Zentimeter von diesem Land aufzugeben. Jeder Stein, jeder Hügel, jedes Tal hallt wider von den Schritten unserer Vorväter.« Netanjahu machte keinen Hehl daraus, dass er ganz Palästina als das exklusive Erbe der Juden aus biblischer Zeit ansah, für das wir »viertausend Jahre gekämpft haben«. Bei der Ablehnung des Prinzips »Land für Frieden« berief sich Netanjahu auf das Sicherheitsbedürfnis Israels, meinte in Wahrheit aber seine *biblischen Ansprüche.* Jedenfalls hatte seine Politik im Kern nichts mit den Terroranschlägen palästinensischer Extremisten zu tun, die auch damals schon wehrlose israelische Bürger in den Tod rissen. Das ist dem interessierten deutschen Publikum nicht entgangen.

Nach Ausbruch des Aufstandes im September 2000 haben die Deutschen dann durchaus erkannt, dass Arafat für die Eskalation der Gewalt auf palästinensischer Seite in hohem Maße mitverantwortlich war. Er ließ den kühl planenden Fanatikern von Hamas und Jihad genügend Spielraum, sodass sie erfolgreich ihrem blutigen Handwerk nachgehen konnten. Der Selbstmordterrorismus geriet immer mehr zu einer unerträglichen Heimsuchung wehrloser israelischer Männer, Frauen und Kinder. Doch die Rolle der israelischen Regierung blieb den Deutschen ebenso wenig verborgen. Die brutalen Militäraktionen, der erstickende Besatzungsalltag, die unerbittlichen Kollektivstrafen gegen die ausgelieferte palästinensische Zivilbevölkerung, die gezielte Zerstörung der zivilen Infrastruktur – all dies sind Maßnahmen, die mit dem *Kampf gegen den Terror* gerechtfertigt wurden. Aber es war klar erkennbar, dass Ariel Sharon die Zerschlagung der palästinensischen Autonomiestrukturen im Sinn hatte, sonst hätte er nicht mit jeder Operation die Gewaltspirale noch ein Stück weiter gedreht. Die Schuld Arafats und den hasserfüllten Fanatismus der islamistischen Kader nutzte Sharon, um das Abkommen von Oslo endgültig zu Makulatur zu machen.

Die Kritik, die überall in Europa und schließlich auch in Deutschland an Ariel Sharon geübt wurde, richtete sich besonders gegen seine Politik der verbrannten Erde und die eklatanten Rechtsverletzungen der israelischen Truppen. Hieran erkannte man, dass Sharon entschlossen war, den Konflikt noch weiter in die Eskalation zu treiben. Er spielte dadurch den militanten Friedensfeinden auf palästinensischer Seite vorsätzlich in die Hände, um auf deren Terrorbomben noch gnadenloser zurückschlagen zu können. Wie die Drahtzieher des unmenschlichen Terrorismus forcierte Sharon gezielt die Brutalisierung und Entmenschlichung des Konflikts mit verheerenden Folgen in der arabischen und in der israelischen Gesellschaft.

Darüber hinaus ist dem deutschen Publikum heute bewusster als früher, dass das Nahost-Problem strukturelle Ursachen hat. Das sagt der israelische Historiker Moshe Zuckermann schon lange. Er hat das mir gegenüber so formuliert: »Israel betreibt seit Jahrzehnten ein brutales Okkupationsregime und unterdrückt die Palästinenser, ganz abgesehen davon, dass es ihre nationale Selbstbestimmung verhindert. Jeder anständige Mensch muss das verurteilen. Wer es nicht tut, muss sich Rechenschaft darüber ablegen, von welchen heteronomen (zweckgerichteten, nicht dem Sittengesetz verpflichteten, d. V.) Motivationen er angetrieben ist. Die Frage der Solidarisierung steht zunächst nicht an, sondern lediglich die Feststellung, dass Israel an den Palästinensern ein historisches Unrecht begangen hat. Es mag ein historisches Unrecht sein, das sich aus der Monstrosität des in Europa Geschehenen speist, aber es lässt sich als Unrecht schlechterdings nicht wegdiskutieren. Dieses aus der Welt zu schaffen, erfordert die Überwindung des inzwischen festgefahrenen israelisch-palästinensischen Konflikts.«[42]

Genau an diesem Punkt zweifeln viele Deutsche am Willen Sharons, ernsthaft nach einer Lösung zu suchen, die auch die

Rechte der Palästinenser miteinbezieht. Klar erkennbar ist das an Sharons kategorischer Weigerung, auch nur eine einzige jüdische Siedlung in den besetzten Gebieten aufzulösen. Diese Haltung ist an die Ablehnung gekoppelt, einen lebensfähigen Staat Palästina an der Seite Israels nicht zu akzeptieren. Deshalb sind sehr viele Bürger der Meinung, Kritik an Sharons Politik aus deutschem Mund sei nicht nur legitim, sondern auch notwendig. Sie pochen als mündige Bürger und Demokraten auf das Recht, offen ihre Meinung zu sagen. Sie akzeptieren keinen Maulkorb aus falsch verstandener Solidarität mit Israel. Viele Deutsche verspüren heute ein tiefes Unbehagen, weil sie sich dem pauschalen Verdacht ausgesetzt sehen, antisemitisch zu sein, obwohl sie mit Sharon einen Politiker tadeln, der mit seinem menschenrechtswidrigen Vorgehen »den Westen diskreditiert«.[43]

Sie wollen sich nicht auf dem Umweg über den Nahen Osten von der deutschen Geschichte verabschieden. Im Gegenteil, viele Deutsche kritisieren die Regierung Sharon, weil sie aus der Geschichte gelernt haben und sich verpflichtet fühlen, das Wort zu ergreifen. Denn sie sind davon überzeugt, dass Sharons Politik den Interessen Israels langfristig schadet.

Die Diskussion über den Nahen Osten muss in Deutschland endlich offen geführt werden. Sie lässt sich nicht länger mit dem überstrapazierten Hinweis auf das besondere deutsch-israelische Verhältnis unterdrücken. Es gibt in der Demokratie keine kritikfreie Zone. Das widerspricht dem Verständnis einer offenen, pluralistischen Gesellschaft, die nicht daran vorbeikommt, sich auch mit unangenehmen Fragen kontrovers auseinander zu setzen. Das Beschweigen von Themen, die mit der historischen deutschen Schuld zusammenhängen und aus Furcht vor Missverständnissen ausgespart werden, schadet nur. Künstlich geschaffene Schutzräume nutzen keinesfalls den vermeintlich Geschützten. Sie fördern allenfalls Ressentiments, bewirken mithin eine Verstärkung schlafender Vorurteile.

Natürlich kommt es bei der Debatte über Israel auf den Ton und die Wortwahl an, die jede rhetorische Entgleisung ausschließen muss. Keinesfalls darf es unstatthafte Vergleiche zwischen dem israelischen Vorgehen in den besetzten Gebieten und der Vernichtungsmaschinerie der Nazis geben. Das käme nicht nur einer Banalisierung des Holocaust gleich, sondern löste auch sofort wieder den Reflex seiner Instrumentalisierung aus. Auch wenn das israelische Besatzungsregime gegen die Palästinenser noch so brutal und unmenschlich agiert, bei den militärischen Operationen Israels handelt es sich nicht um einen *Vernichtungskrieg.* In Palästina geht es um die Unterdrückung eines Volkes, in der Tat. Es geht um den Bruch des Völkerrechts und die Verletzung der Menschenrechte, aber nicht um Völkermord. In der Maßlosigkeit der Anklage findet der Angeklagte nur die Chance der Exkulpation.

Es ist müßig, darüber zu spekulieren, warum Jürgen W. Möllemann »sich ins Zwielicht begab«[44] und die Auseinandersetzung mit Michel Friedman vom Zentralrat der Juden in Deutschland auf die Spitze trieb. Klar ist, dass Möllemanns Vorwurf, Friedman verstärke mit seiner »gehässigen Art« vorhandene antisemitische Ressentiments, als Unterstellung verstanden werden konnte, die Juden seien am Antisemitismus selbst schuld. Das ist heute genauso abscheulich wie zur Nazizeit. Man mag über Michel Friedman denken, wie man will. Doch hier geht es nicht mehr um die Person, auch nicht um den aggressiven Talkmaster, der gerne »zynische und oft hämische Bemerkungen«[45] macht, sondern um das Grundsätzliche. Denn mit dieser Äußerung hat sich Möllemann dem Verdacht ausgesetzt, er wolle dem versteckten Antisemitismus wieder ans Licht verhelfen, ihm gar die »Legitimität der Demokraten«[46] verschaffen. Darüber hinaus hat Möllemann mit seinen zweifelhaften Worten bewirkt, dass plötzlich niemand mehr über die Politik Sharons sprach. Die Kritik an Sharon jedoch war ursprünglich der Ausgangspunkt der Kontroverse zwischen dem Zentralrat der Juden und Möllemann.

Die Antisemitismus-Debatte überlagert nun die Frage, ob Deutsche wegen ihrer Vergangenheit »dazu verdammt sind, die Politik Israels kritiklos hinzunehmen«.[47] Dabei wird völlig übersehen, dass Sharon selbst – lange vor der Möllemann-Friedman-Affäre – die Antisemitismus-Karte gespielt hat. Er behauptete nämlich, die europäische Kritik an seinem militärischen Vorgehen gegen die Palästinenser speise sich allein aus dem Antisemitismus. Einige Zeit später verstieg sich Sharon sogar zu der Äußerung, wenn er den Antisemitismus in Europa sehe, könne er gut verstehen, wie es zur Shoah (Holocaust) gekommen sei. Mit dieser Bemerkung banalisiert und instrumentalisiert Sharon den Holocaust einmal mehr.

Wer handelt wie Sharon, wer redet wie Sharon, darf nicht über alle Kritik erhaben sein.

Deshalb muss sich der Zentralrat der Juden in Deutschland fragen lassen, warum er lange Zeit versucht hat, jede Kritik an Sharon als israelfeindlich zu disqualifizieren. Der Präsident des Zentralrates Paul Spiegel hat mehrfach öffentlich betont, die Kritiker stellten sich auf dieselbe Stufe wie die ärgsten Feinde Israels. Angesichts der Terrorattacken der Palästinenser kämpfe Israel um seine Existenz, und Sharons militärische Operationen seien notwendige Maßnahmen der Selbstverteidigung. Da es um die Sicherheit der israelischen Bevölkerung gehe, müsse die israelische Armee hart durchgreifen. Auf die Frage der israelischen Menschenrechtsverletzungen wollte Spiegel dagegen nicht eingehen. Er stellte aber die rhetorische Frage, warum denn die deutschen Kritiker Sharons sich nicht mit demselben Nachdruck zu Wort meldeten, wenn es darum gehe, die unmenschlichen Terroranschläge gegen unschuldige israelische Bürger zu brandmarken.

Das war vor der Möllemann-Friedman-Affäre. Erst im Verlaufe dieser Debatte konnte sich Paul Spiegel dann dazu durchringen zu sagen, natürlich dürfe man auch in Deutschland Israel kritisieren, solange es sich um *konstruktive Kritik* handele. Was will er damit sagen? Ist doch die ethisch begründete Kritik an Sharon durchaus konstruktiv, weil sie der Rechtstreue dient.

Hat Paul Spiegel also doch einen Maulkorb im Sinn? Das wäre nicht akzeptabel.

Es ist sehr gut nachzuempfinden, dass sich viele deutsche Juden unbehaglich fühlen, wenn Deutsche Israel kritisieren. Diese Kritik »belebt reflexhaft alte Traumata und kaum vernarbte seelische Wunden«,[48] und »sei sie noch so berechtigt«, schreibt Salomon Korn, der Vorsitzende der Jüdischen Gemeinde in Frankfurt am Main.

»Jede Kritik von Deutschen an Israel empfinden viele Juden in Deutschland« als eine »Umkehrung des bisherigen *moralischen Gefälles* zwischen ihnen und der deutschen *Tätergeneration«.*[49]

Korn, der auch im Präsidium des Zentralrates sitzt, spricht von einem »wunden Punkt« bei den Juden. »Denn bisher kam ihnen die historische *Opfer- und Wächterrolle,* den nichtjüdischen Deutschen die *Täter- und Bewährungsrolle* zu.« Salomon Korns Darlegungen zeigen, wie prekär das deutschjüdische Verhältnis nach wie vor ist. Von »Normalität« kann man hier nicht sprechen. Gefühle und Erinnerungen – geprägt durch das Leiden in der Vergangenheit – beeinflussen die Wahrnehmung aktueller Ereignisse und ihre Interpretation auf eine Weise, die sich zwangsläufig unterscheidet von derjenigen der nichtjüdischen Deutschen. Es ist verständlich, dass viele Juden verunsichert sind und Ängste entwickeln, wenn sie sehen, wie in Europa Synagogen in Brand gesetzt oder beschmiert werden. Die Furcht, der Palästina-Konflikt könne auch hierzulande gegen Juden instrumentalisiert werden, ist ernst zu nehmen. Salomon Korn sagt, Kritik an Israel würde viele Juden in Deutschland weit weniger schmerzen, wenn sie von Amerikanern käme, anstatt von Deutschen. Das lässt sich nachempfinden.

Anders jedoch, wenn Korn behauptet: »Alle Juden werden für jegliches Vorgehen Israels gegen die Palästinenser in Kollektivhaftung genommen. Auf der Grundlage dieser zirkulären *Binnenlogik* kann Antisemitismus sich jetzt scheinlegitimiert mal subtiler, mal offener entladen«.[50]

Soll das bedeuten, dass deutsche Kritik an Israel generell unter dem Verdacht des Antisemitismus steht?

Das wäre polemisch und ungerechtfertigt. Wenn Korn es tatsächlich so gemeint hat, ist es notwendig, darüber offen zu streiten. Sonst herrscht eine verschleiernde Sprachlosigkeit, die gewiss nicht dazu beiträgt, das deutsch-jüdische Verhältnis zu entkrampfen. Es ist falsch zu behaupten, die Kritiker Sharons betrieben eine allgemeine Judenschelte. Das verdeckt den ethisch begründeten Kritikansatz, der eine konkrete Politik eines bestimmten israelischen Regierungschefs bewertet, und zwar auf der Grundlage des Völkerrechts und der Menschenrechte. Bei der Kritik an der Politik Sharons geht es eben nicht um einen pauschalen Angriff auf Israel an sich und schon gar nicht darum, die Juden im Allgemeinen ins Visier zu nehmen. Die Regierung Sharon wird kritisiert, weil sie in diesem Konflikt mit ihrem konkreten Vorgehen international anerkannte Maßstäbe missachtet. Die gelten für jedermann, unabhängig davon, ob er Jude, Muslim, Hindu oder Christ ist. Die offiziellen Vertreter der jüdischen Gemeinschaft in Deutschland sollten Ariel Sharon nicht für immun erklären. Das stünde im Widerspruch zu ihrer moralischen Autorität und würde ihrer Glaubwürdigkeit schaden.

Auch in der Auseinandersetzung mit der Frage, was Antisemitismus sei, sollte die Definitionshoheit nicht allein dem Zentralrat der Juden überlassen bleiben. Das wäre bequem, aber falsch. Weder verdeckter, offener oder subtiler Antisemitismus ist zu tolerieren. Aber auch die Trivialisierung des Antisemitismus-Vorwurfs ist zu kritisieren, weil das zwangsläufig zur Verharmlosung dieser gefährlichen Spielart des Rassismus führen würde.

Bemerkenswert ist in diesem Zusammenhang ein Offener Brief des Historikers Reiner Bernstein von der Kölner Melanchthon-Akademie und seiner jüdischen Frau Judith, die sich selbst als »deutsch-jüdisches« Ehepaar bezeichnen. Darin sagen sie u. a:
»Ohne Sympathien für das autoritäre Regime Yassir Arafats zu hegen, machen wir keinen Hehl aus unserer Ablehnung der israelischen Regierungspolitik. Seit langem fordern wir eine offene Nahostdiskussion in der Bundesrepublik, die den Prinzipien von Demokratie und Rechtsstaat, von Toleranz und Pluralismus verpflichtet ist. Lange wurde sie mit der stereotypen Wiederholung der Formel von der Besonderheit der deutsch-israelischen Beziehungen delegitimiert und unterdrückt. Auch in den jüdischen Gemeinden wäre ein vertieftes Nachdenken darüber angezeigt gewesen, dass das Leben jedes einzelnen Juden von der natürlichen Achtung genuiner Tradi-

tionen und Auffassungen seitens der Mehrheitsbevölkerung abhängig ist. Heute stellen wir fest, dass die bisherigen Versäumnisse in eine unheilige Allianz mit judenfeindlichen Stimmungen zu münden drohen.

Im Blick auf den Nahen Osten plädieren wir dafür, dass das Verhältnis von politischen Ursachen und Wirkungen zur Kenntnis genommen wird. Nicht erst seit dem Amtsantritt Ariel Sharons werden die nationalen Ansprüche des palästinensischen Volkes mit Füßen getreten. Wir sind bestürzt, dass es ein allzu großer Teil der israelischen Öffentlichkeit zulässt, wenn nicht gar ihre Regierung darin unterstützt, dass palästinensische Männer, Frauen und Kinder kollektiv für Delikte und Verbrechen Einzelner bestraft werden. Unsere Solidarität und unsere Hilfe gilt jenen Kräften auf beiden Seiten, die sich für die Schaffung eines souveränen palästinensischen Staates neben Israel einsetzen.«[51]

»Ein breites Lächeln muss auf dem Gesicht von Ariel Sharon erschienen sein, als er gestern der Nahostrede seines guten Freundes George W. Bush zuhörte. Nach wochenlangem Zögern, dem ständigen Hin und Her und den vielen Berichten über den Machtkampf zwischen dem Pentagon und dem State Department – nach all dem verkündete der Führer der freien Welt nur eine einzige Botschaft: nein zu Arafat. Der Mann mit dem Bart muss gehen. Auf eine freie, demokratische Weise natürlich. Wie viele Menschen, von uns und von ihnen, bis zu diesem Zeitpunkt nicht mehr leben werden, hat der Präsident nicht erwähnt.

Seit dem 11. September, so sagt man allgemein, hat sich die Bush-Administration angewöhnt, die Welt in die ›Guten‹ und die ›Bösen‹ aufzuteilen. Das ist wahr, aber nicht die ganze Wahrheit: Selbst vor diesem furchtbaren Tag hat der Präsident die ganze Welt konsequent danach beurteilt, wer wie Amerika ist und wer nicht. Jene, die wie Amerika sind, haben Transparenz, Marktwirtschaft, Wahlen für einen Regierungswechsel und eine unabhängige Justiz. Die anderen, die nicht wie Amerika sind, haben nichts. Bushs Botschaft an die Palästinenser ist simpel: Wenn ihr so werdet wie wir, wollen wir euch helfen, ein besseres Leben führen zu können; wenn nicht, warten wir solange, bis ihr es tut.

Die Tatsache, dass Marktwirtschaft und unabhängige Justiz für ein Volk unter Besatzung unmöglich sind, scheint Bush nicht zu stören. Er gehört zu einer Nation, die seit 200 Jahren keine fremden Invasoren auf ihrem Boden erlebt hat. Der Umstand, dass legitime Selbstverteidigung gegen Terrorismus Israel in Aktionen treibt, die diese Besatzung verlängern und verschlimmern, scheint ihn ebenso wenig zu irritieren.

Schließlich kann er seine Marines hinschicken, wo er will und wieder abziehen, wenn es ihm beliebt. Und er scheint auch keine schlaflosen Nächte zu haben, weil hier bei uns jeden Monat das Blut von Hunderten von Zivilisten vergossen wird. Was das Weiße Haus angeht, so wird hier entweder ein neues Amerika entstehen, oder wir müssen einfach warten. Dem Weißen Haus ist es gleichgültig, dass viele von uns oder von ihnen nicht mehr da sein werden, um diesen Tag zu erleben.

Gewiss, Arafat steht seinem Volk im Weg und auch uns, ja der ganzen Region; er ist ein verabscheuungswürdiger Fanatiker. Dennoch, Völker neigen nicht dazu, ihre Führer auf Befehl der USA hin auszuwechseln. Nur 90 Meilen von der Küste Floridas entfernt liegt ein Land, das seit 40 Jahren von einem Mann beherrscht wird, den die amerikanische Regierung verabscheut und dessen Sturz mehrere Präsidenten mit viel Aufwand betrieben haben. Kuba steht unter Blockade, die Amerikaner hungern das kubanische Volk aus, um es zu bestrafen, weil es wagt, solch ein Regime zu akzeptieren. Und sie warten darauf, dass Fidel Castro oder sein Volk diesen Fingerzeig beherzigen. Die Amerikaner warten schon eine lange Zeit. Und was für Kuba gilt, trifft sicherlich auch auf den Nahen Osten zu.

Amerika kann auf die Israelis und die Palästinenser warten, und diese können auf Amerika warten, während sie wechselseitig des anderen Blut vergießen.

Zweifellos werden wir jetzt eine Menge von Sharons Gefolgsleuten darüber hören, wie dieser diplomatische Coup gelingen konnte – wegen Sharons Charme und Arafats Sünden. Wir werden hören, wie wundervoll es ist, dass der amerikanische Präsident überzeugt wurde, noch länger untätig zu bleiben, um mehr Zeit dafür einzuräumen, dass Selbstmordattentate und Militäroperationen ungestört aufeinander folgen können. Wir werden hören, dass wir mehr Zeit gewonnen haben – Zeit, in der wir weiterhin in Furcht leben, um noch ein wenig mehr zu verarmen und mit jedem Tag verzweifelter zu werden.

›Keinesfalls Arafat.‹ Das hat der Präsident gesagt. Was für ein großer Sieg.

Es war eine Rede der Ermunterung für die Verweigerer auf beiden Seiten. Keine praktischen Schritte irgendwelcher Art wurden angekündigt. Keine Erklärung über ein Engagement, darüber, dass die USA sich allein oder zusammen mit ihren Verbündeten bemühen werden, das unerträgliche Blutvergießen in einer der empfindlichsten Regionen der Erde zu beenden. Da war nichts als die enge Weltsicht einer Person, die gewillt ist, jedem zu helfen, der ein imitierter Amerikaner werden möchte, aber mit niemand anderem etwas zu tun haben will. Nichts als ein Versprechen dafür, dass die Rosen im Garten des Weißen Hauses weiter blühen, die roten Punkte auf den israelischen und palästinensischen Straßen aber keine Blumen sein werden.«[52]

Dieser bittere Kommentar eines israelischen Journalisten zu George W. Bushs Grundsatzrede zum Palästina-Konflikt ist am 26. Juni 2002 in »Yediot Aharanot« erschienen, dem größten Massenblatt in Israel.

Es ist eine Momentaufnahme, die etwas über die Stimmung in Israel verrät, wo viele Menschen auf einen amerikanischen Fahrplan gehofft hatten, der ihnen den Weg aus dem Kreislauf brutaler Gewalt gewiesen und ihrer sich zwischen Opfer- und Täterrolle verlierenden Identität neue Festigkeit gegeben hätte. Doch sie bekamen nichts dergleichen, und ihr enttäuschter Blick fiel zurück auf den blutigen Konflikt mit den Palästinensern, den sie aus eigener Kraft nicht überwinden können. Deshalb zerpflückten alle großen Zeitungen im Lande Bushs Rede, die – wie mancher Kommentator meinte – auch aus der Feder von Ariel Sharon selbst hätte stammen können.

Natürlich reagierte die politische Rechte in Israel ganz anders. Aus dem Umkreis Sharons drang unverhohlene Befriedigung, weil Bush ihm weiter freie Hand gelassen hat, mit den Palästinensern so zu verfahren, wie es ihm beliebt. Außerdem hat Bush Arafat endgültig zur *persona non grata* erklärt. Indem er Arafat von der amerikanischen Bühne verbannte, erfüllte er Sharon einen Lebenstraum. Und dies, ohne ihm auch nur eine einzige israelische Friedenspflicht abzuverlangen – wie etwa den Stopp im Siedlungsbau.

Warum aber hat George W. Bush seinem Freund Ariel Sharon

so aus dem Herzen gesprochen? Ist es die Seelenverwandt-
schaft zwischen zwei Männern, die eine ähnliche dualistische
Weltsicht verbindet? Der unerschütterliche Glaube an das eigene Gute und an das Böse der anderen – dieses Schwarzweiß-
Denken mag Bush die Parteinahme für Sharon erleichtern.
Doch hinter dem *Führer der freien Welt* – hinter der Figur
Bush – stehen Köpfe, die taktische und strategische Überle-
gungen anstellen. Allerdings gibt es unter ihnen zwei verschiedene Lager.

Im Sommer 2002 sind es die Hardliner im Pentagon und im
Weißen Haus, die sich gegen den gemäßigten Außenminister
Colin Powell durchsetzen. Powell wollte, wie die Europäer,
zunächst solange mit Arafat verhandeln, bis die Palästinenser
selbst einen »weichen Übergang« zu einer neuen Führung gefunden haben würden. Und zwar in baldigen freien Wahlen,
in denen sich das palästinensische Volk für eine neue Regierung entschieden und Arafat möglicherweise die Rolle einer
repräsentativen Figur zugewiesen hätte. Nach Einschätzung
unabhängiger arabischer Beobachter[53] gäbe es für eine solche
Lösung bei den Palästinensern inzwischen eine Mehrheit.

Aber der amerikanische Außenminister Powell musste sich der
Pro-Sharon-Fraktion beugen. Pentagon-Chef Donald Rumsfeld, der Rechtsaußen der Bush-Administration, steht an der
Spitze dieser Gruppe – assistiert von seinem Stellvertreter
Paul Wolfowitz, der den Ruf eines extremen Scharfmachers
genießt. Sie werden unterstützt von Vizepräsident Dick Cheney und anscheinend auch von der Sicherheitsberaterin Con-
doleeza Rice.

Demokratie als Vorwand

Rumsfeld und Co. wollten Arafat schon lange loswerden. Die
von Powell unterstützte Idee einer Internationalen Nahost-
Konferenz im Sommer 2002, an der neben den Konfliktparteien die USA, die EU, Russland und die Vereinten Nationen
mitwirken sollten, passte ihnen gar nicht ins Konzept. Deshalb wurde sie von Bush nicht erwähnt. Auf dieser Konferenz

hätten nicht nur die Palästinenser Farbe bekennen müssen, sondern auch Premierminister Ariel Sharon wäre genötigt gewesen, zugunsten eines provisorischen Staates Palästina substanzielle Zugeständnisse zu machen. Sharon will aber nichts, was den Namen Staat wirklich verdient. Er beabsichtigt, die Palästinenser in eine Lage zu zwingen, in der sie sich auf eine langfristige *Zwischenlösung* einlassen müssen. Deshalb hat er seine Lobby-Truppen in Amerika mobilisiert, und herausgekommen ist fünf Monate vor den November-Wahlen in den USA die Bush-Rede.

Damit kann die Israel-Lobby offenbar genauso gut leben wie die einflussreichen christlichen Fundamentalisten, die bei Kongress- und Senatswahlen von entscheidender Bedeutung sind und Sharons Sicht der Dinge rückhaltlos unterstützen. Und darauf kam es Rumsfeld und Co. besonders an.

Dem Präsidenten haben sie ein Manuskript geschrieben, das wegweisend klingen soll und doch so unverbindlich bleibt, dass Sharon seine Politik des militärischen »Krisen-Managements« und auch den Siedlungsbau fortsetzen kann. Aus der Rede folgt keinerlei Handlungszwang für Amerika. Bush weist damit noch nicht einmal einen Weg, der zu einer Waffenruhe führen könnte. So entlarvt sich seine in sich widersprüchliche Palästina-Politik. Bush gibt vor, Verantwortung für den Frieden im Nahen Osten wahrzunehmen. Doch in Wahrheit tut er das Gegenteil, indem er einseitig zum Vorteil Sharons Partei ergreift.

George W. Bush betrachtet die Welt durch die Staubnebel des 11. September. Sein Blick auf das globale Geschehen ist beeinflusst durch diesen Schreckenstag. Das erleichtert Sharon und seinen Verbündeten in der amerikanischen Regierung die Arbeit. Denn Bushs politischer Horizont wird bestimmt durch die global verlaufenden Kampflinien im *Krieg gegen den Terror* und diese beziehen den Nahen Osten mit ein. Bush ist davon überzeugt, dass Yassir Arafat es nicht verdient, gefördert zu werden, weil er sich selbst vom Kampf gegen den Terror ausgeschlossen habe. Deshalb fordert er die Entmachtung Arafats, natürlich auf demokratischem Wege. Bush verlangt ein Ende des palästinensischen Terrors, bevor er sich für einen provisorischen Staat Palästina einsetzt. Letzeres ist ohne weiteres nachvollziehbar. Er will aber auch Demokratie, Marktwirtschaft und eine unabhängige Justiz in den palästinensischen Gebieten gedeihen sehen, ohne dass die israelische Besatzung ein Ende fände. Für den Fall der Wiederwahl Arafats verlangt er von den Palästinensern, die doch Demokraten sein sollen, de facto einen Staatsstreich gegen ihren demokratisch gewählten Präsidenten. Die Palästinenser sollen sich rechtsstaatlich verhalten und gleichzeitig mit Erfolg die Terroristen unschädlich machen, die sich in ihrer Gesellschaft wie die Fische im Wasser bewegen. Das gleicht der Quadratur des Kreises. Denn je repressiver die israelische Besatzungsmacht auftritt, desto stärker wächst der Rückhalt der Terroristen in der Bevölkerung.

Bush fordert die Palästinenser auf, sich von heute auf morgen in Demokraten zu verwandeln.

Das ist im sozio-kulturellen Umfeld einer weitgehend hierarchisch strukturierten arabischen Gesellschaft, die traditionell dem Clan-Denken verhaftet ist, kaum möglich. Eine umfassende Demokratisierung braucht Zeit. Das haben die Deutschen in der Bundesrepublik nach dem Zweiten Weltkrieg in jahrzehntelanger Übung am eigenen Leibe erfahren. Demokratie in Palästina ist nötig, aber nur möglich unter Berücksichtigung der kulturellen Eigenarten und mit der Perspektive für ein baldiges Ende der Fremdherrschaft.

Und wie kommt es, dass Bush das saudische Königshaus oder den ägyptischen Autokraten Mubarak nicht in die demokratische Pflicht nimmt? Immerhin stehen seine arabischen Verbündeten bei amnesty international ganz oben auf der Liste. Ist die Forderung nach Demokratie in Palästina am Ende nichts als ein Vorwand, um Sharon davor zu bewahren, endlich die einschlägigen UN-Resolutionen zu respektieren und den Siedlungsbau in den besetzten Gebieten zu beenden? Dieser Eindruck drängt sich auf. Anders wäre es, wenn George W. Bush hier eine gleichzeitige Verpflichtung beider Seiten verlangt hätte. Und zwar nach dem Motto: Nicht nur die Palästinenser, auch Israel muss zu neuen Ufern aufbrechen.

Was also ist schließlich von Bushs Grundsatzerklärung zum Palästina-Konflikt zu halten?

Der amerikanische Präsident hat den Palästinensern einen *provisorischen Staat* in Aussicht gestellt. Immerhin hat er seine Regierung in diesem Punkt endlich festgelegt und das richtige Ziel verkündet. Doch es handelt sich um ein sehr vages Konzept, das jederzeit in jeder Hinsicht modifiziert werden kann und keinen Fahrplan enthält. Es ist alles sehr unverbindlich. Nur eins ist klar: Das palästinensische Volk bleibt im Zangengriff der israelischen Besatzungsmacht. Und die politische Deutungshoheit über palästinensisches Wohlverhalten liegt unverändert bei der israelischen Regierung.

Darüber hinaus hat George W. Bush einmal mehr bekräftigt, dass er von den Palästinensern alles verlangt und von der israelischen Regierung unter Ariel Sharon zunächst einmal nichts. Denn Bushs sehr bedingte Mahnung, die israelischen Truppen müssten sich aus den palästinensischen Städten zurückziehen, »wenn wir Fortschritte in Richtung Sicherheit erreichen«, ist so allgemein formuliert, dass Sharon darüber großzügig hinwegschauen kann. Dasselbe gilt für den Stopp der Siedlungsaktivitäten. Den Palästinensern beweist das wieder einmal, wie parteiisch die amerikanische Nahost-Politik ist.

Zum Völkerrecht scheint Bush ein gebrochenes Verhältnis zu haben. Wenn alle Nationen die Marktwirtschaft hätten einführen müssen, um ihr Recht auf staatliche Selbstbestimmung zu verwirklichen, wären viele Mitgliedsstaaten der Vereinten Nationen nie entstanden. Und was soll schließlich der Satz bedeuten: »Führer, die in den Friedensprozess miteinbezogen werden wollen, müssen das durch ihre Taten und ihre uneingeschränkte Unterstützung für den Frieden tun.« Gilt das nur für Arafat?

Es stimmt, dass Arafat die Terroristen hat gewähren lassen, teilweise den Terrorismus auch gefördert hat. Doch was ist Terrorismus? Nur die entsetzlichen Bluttaten gegen wehrlose israelische Bürger? Wie steht es mit den brutalen, auch grausamen Unterdrückungs- und Zerstörungsmaßnahmen der israelischen Truppen gegen die palästinensische Zivilbevölkerung? Was sagt man dazu? Die systematische Zerstörung ziviler Versorgungseinrichtungen durch israelisches Militär, wie ist das zu rechtfertigen? Wie nennt man die *Liquidierungen* von Verdächtigen ohne Gerichtsverfahren? Sind diese politischen Morde nur extralegal? Es drängt sich der Eindruck auf, dass es sich bei diesen Maßnahmen um eine Form von Staatsterror handelt.[54]

Terror darf sich nicht lohnen, sagt George W. Bush, und jeder anständige Mensch wird ihm zustimmen. Doch glaubwürdig klingt der Satz aus seinem Munde nur, wenn alle Handelnden in diesem Konflikt mit demselben Maßstab gemessen werden. Bushs Ratgeber sind durchaus nicht so naiv, wie diese Rede teilweise vermuten lassen könnte. Hinter dem »Ja, aber« des Präsidenten steckt Methode. Wäre man im Weißen Haus wirklich daran interessiert gewesen, eine gesichtswahrende Ablösung Arafats zu bewerkstelligen, hätte man den Rat von Außenminister Powell beherzigt. Mit der anmaßenden Forderung, Arafat solle verschwinden, haben Rumsfeld und Co. bewusst das Gegenteil bewirkt. Trotz wachsender Kritik aus den eigenen Reihen an Yassir Arafat scheinen Bushs Worte den geschwächten Arafat vorerst eher zu stützen als schnell zu Fall zu bringen. Das gibt Sharon die Möglichkeit, weiterhin auf seiner Absetzung zu beharren und damit Zeit zu gewinnen. Der mit Widersprüchen gepflasterte Zickzackkurs ist durchaus gewollt. Es soll verschleiert werden, dass George W. Bush gegenwärtig der politische Wille fehlt, ernsthaft und engagiert die Richtung zum Frieden in Palästina zu weisen. Im Weißen Haus und im Pentagon kennt man den Weg aus der Krise. Doch Bush lässt den Konflikt weiter vor sich hinbluten, solange er dadurch andere amerikanische Interessen in der Region nicht aufs Spiel setzt. Und die Mahnung seines eigenen Außenministers übersieht er dabei geflissentlich:

»Egal wie viele Panzer durch wie viele Dörfer rollen – am Ende dieser Vorgänge wird es immer noch Selbstmordattentäter geben. Zu guter Letzt wird die israelische Armee die besetzten Gebiete verlassen müssen, und wir werden einmal mehr erkennen, dass nur ein politischer Prozess weiterführen kann.«[55]

Die Amerikaner haben eine kleine palästinensische Flagge auf einem Hügel in Palästina platziert. Doch für die Palästinenser ist der Hügel noch sehr weit entfernt. Vielleicht erreichen sie den Ort eines Tages. Dann gewönne die Rede von George W. Bush historische Bedeutung.

Aber das Gelobte Land für die Kinder Palästinas ist nur eine Hoffnung.

Die amerikanische Nahostpolitik im Zugriff der christlich-jüdischen Lobby

Nicht erst seit Bushs widersprüchlicher Grundsatzrede über den Palästina-Konflikt drängt sich die Frage auf, ob seine Regierung ein schlüssiges Konzept für die amerikanische Politik im Nahen und im Mittleren Osten besitzt.

Als George W. Bush Anfang 2001 sein Amt antrat, war die Al-Aksa-Intifada, die palästinensische Revolte gegen Israel, noch kein halbes Jahr alt. Dennoch überließ er die Konfliktparteien monatelang sich selbst. Dabei zog er sich auf das Argument zurück, die USA könnten nur wenig zu einer Lösung beitragen, solange Israelis und Palästinenser nicht selbst zum Frieden bereit seien. Die Bush-Crew zeigte ein so deutliches Desinteresse an der Palästina-Frage, dass die militanten Scharfmacher auf beiden Seiten jede Chance nutzen konnten, um die Lage im Heiligen Land immer weiter zuzuspitzen. Schon bald nach der Regierungsübernahme von Ariel Sharon im Mai 2001 war erkennbar, dass die beiden Intimfeinde Arafat und Sharon auf eine gefährliche Eskalation zusteuerten. Doch erst der 11. September und der von Bush proklamierte *Krieg gegen den Terror* bewirkten einen Sinneswandel in Washington.

Allerdings nicht aus Einsicht in die Notwendigkeit, endlich entschlossen einzugreifen und so den Nahost-Konflikt lösen zu helfen. Nein, es ging dem Bush-Team darum, die arabischen *Freunde* der USA in die Anti-Terror-Koalition einzubinden. Das war aber nur möglich, wenn die Amerikaner signalisierten, dass sie sich im Palästina-Konflikt nun ernsthaft engagieren wollten. Nicht zuletzt auch, um das immer unerträglicher werdende Los der palästinensischen Zivilbevölkerung zu lindern. Denn die mit Washington verbundenen arabischen Herrscher spürten den Druck der eigenen Massen, die die USA als Schutzmacht Israels für die Unterdrückung des palästinensischen Volkes verantwortlich machten.

Doch als der Krieg gegen die Taliban und Osama Bin Ladens Al-Qaida in Afghanistan von den USA überraschend schnell zu einem Erfolg geführt werden konnte, war die Bush-Regierung nur noch halbherzig bereit, sich für eine Nahost-Lösung einzusetzen. Stattdessen rückte die von Vizepräsident Dick Cheney entwickelte *Irak-Doktrin* erneut in den Vordergrund. »Solange Saddam in Bagdad an der Macht ist und Massenvernichtungswaffen in seinen Besitz bringen will, kann der Krieg gegen den internationalen Terrorismus nicht gewonnen werden.« So oder ähnlich klangen die Töne aus Washington. Hierbei tat sich besonders der Pentagon-Chef Donald Rumsfeld hervor. Doch seitdem Vizepräsident Dick Cheney auf einer ausgedehnten Reise durch die arabische Welt überall hören musste, dass die arabischen Potentaten einen Krieg der USA gegen Saddam weder billigen noch unterstützen würden, ist es in Washington um Saddam wieder etwas stiller geworden. Vorerst. Denn die Bush-Administration ist fest entschlossen, das Regime von Saddam Hussein zu stürzen. Das sagt George W. Bush auch bewusst in der Öffentlichkeit.

Im Übrigen bietet sich dem Betrachter ein diffuses Bild. George W. Bush scheint hin- und hergerissen, wenn er auf den Nahen Osten schaut. Mal bewegt er sich im Kreis, dann geht er auf Zickzackkurs und zuweilen weicht er zurück, nachdem er vorher einen Schritt nach vorne gemacht hatte. Er lobt die Friedensinitiative des saudischen Kronprinzen Abdallah als historische Chance, um sie dann, wenn es darauf ankommt, überhaupt nicht mehr zu erwähnen. Er fordert Sharon öffentlich auf, die israelischen Besatzungstruppen aus den palästinensischen Gebieten zurückzuziehen. »Ich wiederhole, sofort«, sagt er sogar. Als Sharon sein *Machtwort* einfach ignoriert, nennt Bush ihn zum Dank einen »Mann des Friedens«. Präsident Bush setzt sich für eine internationale Nahostkonferenz ein, lässt seinen Außenminister in diesem Sinne aktiv werden, um dann die Sache gänzlich totzuschweigen und die Europäer bloßzustellen, die dabei wie dumme Schuljungen erscheinen.

George W. Bush macht einen orientierungslosen Eindruck, wenn er sich über den Palästina-Konflikt auslässt. Er desavouiert Außenminister Colin Powell zum wiederholten Male, und der Düpierte kann nur mühsam das Gesicht wahren. Was soll das Publikum davon halten? Dieses Hin und Her fördert weder Bushs Glaubwürdigkeit noch das Ansehen seines Amtes. Es deutet allerdings darauf hin, dass Rumsfeld, Rice und Cheney dabei sind, dem State Department das Gestaltungsmonopol für die amerikanische Nahost-Politik zu entwinden. Offenbar ist der mächtigste Mann der Welt dem Einfluss von Lobby-Gruppen ausgesetzt, die seine Haltung in der Palästina-Frage wesentlich mitbestimmen. Das erklärt, warum Bush von widerstreitenden Kräften in entgegengesetzte Richtungen gezogen wird.

Zu diesem Kräftefeld gehört die Israel-Lobby in den Vereinigten Staaten. Sie ist eine der stärksten Gruppen im Lande, und sie übt einen enormen politischen Druck aus. Das war auch schon vor Bushs Amtszeit so, aber bei ihm gewinnt die Tatsache eine besondere Bedeutung.

Der israelische Publizist Uri Avneri, Leiter der israelischen Friedensbewegung Gush Shalom, macht sich darüber seine eigenen Gedanken:

»Die jüdische Gemeinschaft ist perfekt organisiert, und zwar im Rahmen rigider und autoritärer Strukturen. Ihre Macht bei Wahlen und ihr finanzieller Einfluss werfen einen langen Schatten über beide Häuser des Kongresses. Hunderte von Senatoren und Kongressabgeordneten wurden dank jüdischer Hilfe und Einflussnahme gewählt. Widerstand gegen die Direktiven der Israel-Lobby ist politischer Selbstmord.

Wenn das Komitee der AIPAC (American Israel Public Affairs Committee, d. V.) eine Resolution vorlegte, die die Zehn Gebote für überholt erklären würde, kämen 80 Senatoren und 300 Kongressabgeordnete und schrieben sofort ihren Namen unter das Papier. Diese Lobby versetzt auch die Medien in Furcht und Schrecken, und das garantiert deren proisraelische Haltung.

Aber heutzutage verhält es sich in Washington so, dass selbst die außerordentliche Macht der Israel-Lobby nicht an den Einfluss der christlich-fundamentalistischen Lobby heranreicht, die von evangelikalen Predigern dominiert wird. Diese Leute pflanzen die Furcht Gottes in die Führer der Republikanischen Partei. George Bush jun. erinnert sich sehr gut daran, dass sein Vater von dieser Lobby fallen gelassen wurde, als er nicht nach ihrer Pfeife tanzte.

Diese fanatische religiöse Lobby erscheint auf extreme Weise prozionistisch. Ich sage, ›erscheint‹, weil es hierbei durchaus eine sehr dunkle Seite gibt. Nach der theologischen Überzeugung dieser Christen müssen alle Juden aus der Diaspora nach Palästina zurückkehren, um dort einen jüdischen Staat auf dem Boden der biblischen Lande zu errichten. Nur so ist die zweite Erscheinung Christi möglich. An diesem Messias-Glauben halten sie unverbrüchlich fest. Allerdings verbergen die Evangelisten gerne, was als nächstes kommt. Denn vor oder nach der *Rückkehr* der Juden ins Heilige Land müssen diese zum Christentum übertreten. Jene, die das nicht tun, werden in der Schlacht von Armageddon in einem gigantischen Holocaust untergehen. Das ist im Grunde eine antisemitische Lehre. Aber wen kümmert das, solange diese Leute Israel unterstützen. Die vereinigte Macht der beiden Lobby-Gruppen wird jedes Mal eingesetzt, wenn Bush dazu tendiert, sich den Arabern etwas zuzuneigen. Denn die anderen Faktoren im Spiel sind die arabischen Regimes und das arabische Öl. Die Könige, Präsidenten, Emire und Scheichs sind den USA gegenüber zwar unterwürfig, aber sie fürchten, dass das Leid der Palästinenser ihre Völker in die Rebellion treiben könnte. Mit ihrer Angst infizieren sie die Familie Bush, die ja bekanntlich mit dem Ölgeschäft eng verbunden ist.«[56]

Uri Avneri spricht mit dem enormen Einfluss der christlichen Fundamentalisten einen Aspekt an, der manchen überraschen mag.

Wie eng die Verbindung zwischen der christlichen Rechten und der Republikanischen Partei ist, lässt sich an der Figur von Ralph Reed ablesen. Der ehemalige Chef der Christian Coalition ist heute Vorsitzender der Republikanischen Partei in Georgia. In einem Artikel für die »Los Angeles Times« unter der Schlagzeile »Wir Gläubigen stehen entschlossen hinter Israel«[57] sprach der Politiker von dem tiefen spirituellen Band zwischen Juden und Christen und erinnerte daran, dass ihr Glaube an dieselben Orte gebunden sei – an Jerusalem und die heiligen Stätten in Israel. Die Ausführungen von Ralph Reed stießen auf so große Begeisterung bei der jüdischen Organisation Anti-Defamation League, dass sie den Artikel im Mai 2002 als Anzeige in der »New York Times« und in der »Washington Post« nachdrucken ließ.

Der Gleichschritt zwischen jüdischen Organisationen, christlichen Fundamentalisten und der politischen Rechten in Israel ist schon seit geraumer Zeit zu beobachten. Dabei hat es bisher weder die jüdischen Lobbyisten noch israelische Regierungsvertreter gestört, dass diese »christlichen Zionisten« im Grunde zutiefst antisemitisch sind und ihre Repräsentanten dabei kein Blatt vor den Mund nehmen. Der ehemalige Premierminister Benjamin Netanjahu (Likud) traf sich 1998 mit Anhängern der Christen für Israel, die den Bau jüdischer Siedlungen in den palästinensischen Gebieten nicht nur propagandistisch unterstützten, sondern dafür auch eine Menge Spenden sammelten. Pastor Jerry Falwell, ein herausragender Vertreter der christlichen Rechten, empfing Netanjahu damals mit großer Begeisterung.

»Christliche Zionisten« verwerfen jeden territorialen Kompromiss mit den Palästinensern und glauben inbrünstig, die jüdischen Siedler seien die Wegbereiter der Wiederkehr Christi am Ende der Zeiten. Der Fernsehprediger Pat Robertson schreckt nicht davor zurück, in der Palästina-Frage den Bund zwischen Gott und Abraham zu bemühen: »Ich gebe dir dieses Land, sagte Gott zu Abraham. Er gab es nicht so genannten Palästinensern.«

Pastor Jerry Falwell ist sich treu geblieben. Auf seiner Internetseite war im Jahr 2002 der Aufruf »Keep Jerusalem free« (»Jerusalem muss frei bleiben«) zu lesen. Das war als Solidaritätserklärung für Ariel Sharon gedacht. Tatsächlich wandten sich viele Tausende seiner Jünger damit an das Weiße Haus. Offenbar glauben viele amerikanische Christen deshalb an diese grob vereinfachte Idee von der Wiederkehr Christi und der Errichtung des Tausendjährigen Reichs, weil es seit den 70er Jahren eine religiöse Pop-Literatur gibt, die solche Vorstellungen propagiert. Mit differenzierter Bibel-Exegese jedenfalls hat das Phänomen nichts zu tun. Es begann mit »The Late Planet Earth« von Hal Lindsey. Dieser Autor machte den »Endzeitglauben« enorm populär. Er behauptete einfach, dass mit der Gründung des Staates Israel die *letzten Tage* der Menschheit begonnen hätten. Obwohl alle Prognosen jenes selbst ernannten Propheten angesichts der fortbestehenden realen Welt als Humbug erscheinen mussten, wurde das Machwerk weiter gut verkauft.

Heute sind es Bücher von Tim LaHaye und Jerry B. Jenkins, die ähnliche Vorstellungen und noch krudere Ideen unter die Gläubigen bringen. So habe der Prophet Ezechiel angeblich geweissagt, dass eine *Konföderation arabischer Nationen unter russischer Führung* Israel angreifen werde, wenn die Juden aus dem Exil ins Heilige Land zurückgekehrt seien.[58]

So kommt es, dass Millionen dieser scheinbar bibeltreuen Christen in Amerika davon überzeugt sind, dass die Besatzungs- und die Siedlungspolitik der israelischen Regierung in den palästinensischen Gebieten auf *göttlicher Lenkung* beruhe. Sie glauben fest daran, dass das der Beginn vom Ende aller Zeiten vor der zweiten Wiederkehr des Messias Jesus Christus sei. Für die Funktionäre der jüdischen Lobby-Gruppen verlangt die Kooperation mit den christlichen Fundamentalisten in Amerika in gewisser Weise eine selektive Wahrnehmung. Sie müssen sich darüber hinwegsetzen, dass diese Christen sie als Juden zwangsbekehren wollen, sobald ihre Rückkehr aus dem Exil nach Israel vollendet sein wird. Sie müssen außerdem ignorieren, dass jene »evangelicals« prinzipiell verlangen, dass ausnahmslos alle Juden ins Gelobte Land zurückkehren – ob sie wollen oder nicht. Kurzum, die jüdischen Organisationen blenden den offenen Antisemitismus der »christlichen Zionisten« einfach aus. Sie üben sich in Selbstverleugnung.

Warum? Die fundamentalistischen Kirchengruppen unterstützen vorbehaltlos die Politik Israels, wie sie auch immer ausfallen mag. Dabei spielen das Völkerrecht, die Menschen-

rechte oder gar die Werte des christlichen Humanismus überhaupt keine Rolle.

Für die Lobbyisten der großen jüdischen Organisationen hei-
ligt der Zweck die Mittel, wenn es um die Zusammenarbeit
mit den christlichen Fundamentalisten zugunsten Israels geht.
Allerdings gibt es auch warnende Stimmen, die damit nicht
einverstanden sind. Das »Jewish Bulletin« aus Kalifornien kritisiert dieses Verhalten und weist darauf hin, dass die Fundamentalisten für Israel nur eintreten, um ihre Prophezeiung erfüllen zu können. Doch sie seien zweifellos antisemitisch und
die Juden für sie nicht mehr als »Kanonenfutter für die Apo-
kalypse«.[59]

Das alte Muster, wonach die Republikanische Partei weniger
proisraelisch eingestellt sei als ihre demokratische Konkur-
renz, besitzt heutzutage in den USA keine Gültigkeit mehr.
Zwar haben die amerikanischen Juden auch bei den letzten
Präsidentschafts- und Kongresswahlen im November 2000
mit großer Mehrheit für die Demokraten gestimmt, aber das
bedeutet nicht, dass die proisraelischen Gefühle in der konservativen Bewegung schwach ausgeprägt sind. Das Gegenteil ist
inzwischen der Fall. Die Unterstützung für Israel kommt –
unabhängig von den erwähnten religiösen Konservativen –
aus ganz unterschiedlichen Kreisen. Dazu gehören die Falken,
die die nationalen Interessen Amerikas allein durch eine Politik der Stärke gesichert sehen. Für sie ist Israel als einzige Demokratie im Nahen Osten auch der einzige verlässliche Verbündete der Vereinigten Staaten. Viele der konservativen
Denker, die den Teil der Partei beeinflussen, den Präsident
Bush als seine Hausmacht betrachtet, haben die Bemühungen
Colin Powells um die Wiederaufnahme des Friedensprozesses
als eine konfuse Angelegenheit kritisiert, die Bushs eigene
Anti-Terror-Doktrin unterlaufe.

Die relativ neue, doch stark ausgeprägte proisraelische Haltung ergibt sich aus einer tief greifenden Wende innerhalb der
Republikanischen Partei, betonen politische Beobachter in
den USA.[60] Denn jahrzehntelang sind republikanische Präsidenten freier darin gewesen, Israel auch mal zur Ordnung zu

rufen, weil sie weniger Rücksicht auf die Israel-Lobby nehmen mussten. Präsident Eisenhower weigerte sich 1956, einen britisch-französisch-israelischen Angriff auf Ägypten hinzunehmen, nachdem Gamal Abdel Nasser den Suez-Kanal verstaatlicht hatte. George Bush, der Vater des jetzigen Präsidenten, zwang den damaligen israelischen Premierminister Yitzak Shamir nach dem Golfkrieg gegen Saddam Hussein, an der Madrider Friedenskonferenz teilzunehmen, obwohl dort gegen den Willen Israels auch eine palästinensische Delegation auftrat. Im folgenden Jahr 1992 verweigerte Bush sen. dem verhandlungsunwilligen Shamir amerikanische Kreditgarantien für den Ausbau israelischer Siedlungen im Westjordanland und im Gaza-Streifen.

Heute jedoch reicht das Spektrum der offensiv auftretenden *Freunde Israels* im rechts-konservativen Lager von christlichen Fundamentalisten über jüdische Intellektuelle aus New York bis zu den konservativen Wirtschaftsliberalen des »Wall Street Journal« und dem Radio-Talkmaster Rush Limbaugh. Sie alle verbreiten dieselbe Botschaft: *Man kann keinen Friedensprozess führen, in dem einer der Partner den Terrorismus fördert. Das gilt ganz besonders, wenn man selbst einen ernst zu nehmenden Krieg gegen den Terrorismus führt.*

Die Grundlage für das neue republikanische Denken hat Präsident Ronald Reagan in den 80er Jahren gelegt. Mit seinem rigiden Antikommunismus und seiner Vision vom *Krieg der Sterne* gelang es Reagan, eine Gruppe von einflussreichen pro-israelischen Neokonservativen der Demokratischen Partei auf seine Seite zu ziehen. Dazu gehörten die UN-Botschafterin Jeane Kirkpatrick und der Rüstungsexperte Richard Perle, der heute als einer der Hardliner zu den wichtigen Beratern der Regierung Bush zählt.

Präsident Reagan, persönlich ein großer Freund Israels, ebnete auch den Weg für den Aufstieg der christlichen Fundamentalisten innerhalb der Republikanischen Partei. Er war so etwas wie ein Trendsetter für die republikanische Koalition. Heute hat sich diese Entwicklung allerdings beschleunigt und der junge Bush muss sich mit einer dramatisch veränderten Partei auseinander setzen. Zum ersten Mal in der Geschichte der Grand Old Party sieht sich ein republikanischer Präsident innerhalb der eigenen Reihen einer bemerkenswert starken proisraelischen Gruppierung gegenüber. Hinzu kommt, dass Männer wie Patrick Buchanan und seine Anhänger die Republikanische Partei verlassen haben. Damit sind die Stimmen, die die israelische Haltung im Nahost-Konflikt etwas kritischer beurteilt haben, ganz erheblich leiser geworden.

Im Kongress reicht die Pro-Israel-Fraktion heute über alle Parteigrenzen und ideologischen Unterschiede hinweg. Und das erklärt die große Zustimmung in beiden Häusern, wenn eine Resolution eingebracht wird, die die Solidarität Amerikas mit Israel einfordert.

Die amerikanischen Juden und ihr Verhältnis zu Israel

Der Palästina-Konflikt wirkt sich natürlich besonders auf die mit Israel eng verbundene jüdische Bevölkerung in den Vereinigten Staaten aus. Die meisten amerikanischen Juden sind der Überzeugung, dass Israel im Verhältnis zu den Palästinensern fälschlicherweise ins Unrecht gesetzt wird. Sie glauben, Israel verteidige sich mit legitimen Mitteln gegen den unmenschlichen Terror der Palästinenser. Diese seien die Aggressoren, und die israelische Führung reagiere nur auf die brutale Gewalt der Araber, die durch ihr Vorgehen deutlich zeigten, dass sie den Juden in Israel eine sichere Existenz verwehren wollten. In Europa werde Sharon kritisiert, weil dort der Antisemitismus wieder Konjunktur habe. Auch die Araber seien ganz überwiegend antisemitisch. In den europäischen Medien liefen wahre Kampagnen, um die israelische Armee und Ariel Sharon zu dämonisieren. Dabei sei Yassir Arafat ganz allein dafür verantwortlich, dass die Verhandlungen in Camp David im Sommer 2000 mit dem damaligen Premierminister Ehud Barak gescheitert seien. Barak habe seinerzeit mit Hilfe von Präsident Bill Clinton ein so großzügiges Friedensangebot an die Palästinenser gemacht, dass Arafat es gar nicht hätte ablehnen können, wenn er wirklich zum Frieden bereit gewesen wäre. Der palästinensische Führer sei ein Verbrecher, weil er nach dem Scheitern von Camp David die Selbstmordanschläge gegen unschuldige israelische Bürger initiiert habe.

Bei den meisten amerikanischen Juden herrscht das Gefühl vor, dass Israel und die Juden im Allgemeinen international wieder isoliert werden sollen. Nur die USA stellten sich schützend vor Israel, das symbolisch für die Freiheit aller Juden auf der Welt stehe.

Die Furcht vor Ausgrenzung, Isolierung und das historische Trauma der Wehrlosigkeit bestimmen im Sommer 2002 das Bewusstsein der meisten Juden in Amerika. Das Geschehen in Palästina wird psychologisch vom Ballast historisch verankerter Verfolgungsängste überlagert. Das gilt praktisch für das ganze Spektrum der jüdischen Gemeinschaft. Fromme oder säkulare Juden, konservative oder liberale Gläubige – sie alle sind pessimistisch und können sich einen Frieden im Nahen Osten nicht vorstellen.

Bei einer solchen Bewusstseinslage spielt das unveräußerliche Recht der Palästinenser auf Selbstbestimmung zwangsläufig keine Rolle. Das Heimatrecht der arabischen Bevölkerung in Palästina bleibt nicht nur unerwähnt, es ist gedanklich quasi ausgelöscht. In gewisser Weise reagieren die meisten amerikanischen Juden in dieser Phase ähnlich borniert auf den zugespitzten Konflikt wie die islamistischen und nationalistischen Verweigerer auf arabischer Seite.

Sie haben einen völlig einseitigen Blick für das Wesen des Konflikts und blenden die objektiven Ursachen für die Lage in Palästina völlig aus. Allzu leichtgläubig haben sie die von Bill Clinton und Ehud Barak in die Welt gesetzte »Legende von Camp David« für bare Münze genommen, wonach ausschließlich Arafat Schuld am Scheitern der Verhandlungen trage. Dabei haben im Sommer 2001 viele der großen überregionalen Zeitungen wie die »New York Times« oder die »Washington Post« ausführlich darüber berichtet, dass praktisch alle Beteiligten, Präsident Clinton, Ehud Barak und Yassir Arafat, die Gespräche in die Sackgasse führten. Wer also die Kunde hätte vernehmen wollen, dem wäre das durchaus möglich gewesen. Wie also erklärt sich diese verengte Sichtweise?

Schließlich gehörten doch amerikanische Juden seit Präsident Roosevelts New Deal in den 30er Jahren zur gesellschaftspolitischen Avantgarde im Lande. Es waren jüdische Intellektuelle und Fachleute, die ganz erheblich daran mitwirkten, den amerikanischen Wohlfahrtsstaat aufzubauen. Viele Juden setzten sich in den 60er Jahren für die schwarze Bürgerrechtsbewegung ein und engagierten sich leidenschaftlich für den gesellschaftlichen Fortschritt. Doch je mehr die amerikanischen Juden zum Teil des gesellschaftlichen Establishments wurden, desto weniger fühlten sie sich noch gehalten, für die sozialen Rechte unterprivilegierter Gruppen einzutreten.

Der amerikanische Soziologe Norman Birnbaum schildert, was nach dem Sechstagekrieg von 1967 aus dem einstmals progressiven Denken der amerikanischen Juden wurde: »Ihrer Ansicht nach waren die Kritiker der Besetzung arabischer Gebiete eine Gefahr für Israel. Für viele Juden wurde dagegen die Solidarität mit Israel zum verlässlichsten Band mit der eigenen Geschichte. Je routinemäßiger die eigene Religiosität gelebt, je fremder der prophetische Judaismus empfunden wurde, desto wichtiger wurde ihnen der Staat Israel. War die Thematisierung des Holocaust in den Nachkriegsjahren noch zu schmerzvoll gewesen, fand das Bewusstsein der amerikanischen Juden später darin einen neuen Kristallisationspunkt. Eine Gesellschaft, der durch historische Zufälligkeiten das Schicksal der europäischen Juden erspart geblieben war, machte sich den Wahlspruch Israels zu eigen, ›nie wieder‹ dürfe so etwas geschehen. Allerdings diente dieses Motto auch dazu, die palästinensischen Ansprüche mit dem europäischen Antisemitismus gleichzusetzen. Das ist besonders absurd, wenn man die kolonialistische, wenn nicht gar rassistische Behandlung der Palästinenser durch Israel betrachtet. Dennoch ist diese Absurdität für viele amerikanische Juden ein unverbrüchlicher Glaubenssatz. Viele der jüdischen Siedler im Westjordanland sind Amerikaner, denen die nichtjüdische Welt als grundsätzlich feindselig gilt. Amerikanische Juden, die nicht auf den Gedanken kämen, die USA zu verlassen, unterstützen jene, die dorthin eilen. In dieser Widersprüchlichkeit zeigt sich eine noch größere. Die amerikanischen Juden genießen die nach den Maßstäben ihrer Demokratie verbrieften staatsbürgerlichen Rechte, ignorieren aber diese Werte, wenn es darum geht, einen ethnisch definierten Staat zu unterstützen, der ein anderes Volk unterdrückt.«[61]

Es ist eine Binsenweisheit, dass die Macht der proisraelischen Lobbygruppen in Washington in den letzten Jahrzehnten kontinuierlich gewachsen ist. Dazu hat auch die israelfreundliche Haltung bei einem großen Teil der amerikanischen Bevölkerung beigetragen. Seit der Gründung 1948 ist Israel für viele Amerikaner der Zufluchtsort verfolgter Juden in der Welt, der gegen eine feindliche Umgebung geschützt werden muss. Viele US-Bürger erkennen im Vorgehen der Israelis, Land in Besitz zu nehmen, zu besiedeln und zu kultivieren und vor allem gegen Feinde zu verteidigen, einen Pioniergeist, mit dem sie sich wegen ihrer eigenen Geschichte gut identifizieren können.[62]

Mit dem Sieg Israels im Sechstagekrieg 1967 nahm die Sympathie vieler Amerikaner für den jüdischen Staat noch weiter zu. Denn Israel wurde als Opfer arabischer Aggression angesehen und bekam wegen der zahlenmäßigen Überlegenheit der Araber das Image des tapferen David gegen den mächtigen Goliath. Hinzu kam, dass der Sieg Israels gegen Ägypten und Syrien in der Optik des Kalten Krieges als Schwächung Moskaus gewertet wurde, weil die Sowjets mit den beiden Staaten verbündet waren.[63]

Heute stehen ein Großteil der Kongressmitglieder, der meinungsbildenen Medien, der Universitäten und der Denkfabriken unter dem Einfluss der Israel-Lobby. Wer die offensiv vertretenen Positionen jüdischer Lobbyisten hinsichtlich des israelischen Vorgehens im Palästina-Konflikt kritisiert, wird oftmals als Antisemit gebrandmarkt. Sind die Kritiker Juden, werden sie als selbsthassende Nestbeschmutzer desavouiert. Selbst die »New York Times«, die nicht im Verdacht steht, ein Forum für antiisraelische Meinungen zu bieten, zog 2002 den Zorn jüdischer Lobbyisten auf sich, weil sie eine differenzierte Haltung zum israelisch-palästinensischen Konflikt vertreten hatte. Der Vorwurf gegen die Zeitung lautete auf »Israelfeindlichkeit«. Die proisraelischen Eiferer riefen die Leser der

Zeitung zum Boykott auf und legten Wirtschaftsunternehmen nahe, keine Anzeigen mehr zu schalten.

Jüdische Organisationen in den Vereinigten Staaten versuchen, die Berichterstattung über den Nahen Osten durch Druck zu beeinflussen, wenn sie es für nötig halten. Nicht nur in Amerika, sondern zum Beispiel auch in Israel. So mussten sich Amira Haas und Gideon Levy, zwei israelische Journalisten von der regierungskritischen Tageszeitung »Haaretz«, bezichtigen lassen, mit ihren Berichten über die humanitäre Lage in den palästinensischen Gebieten würden sie die nationale Einheit Israels untergraben.

Der amerikanische Nachrichtenkanal CNN geriet in den USA und in Israel unter schweren Beschuss, weil Ted Turner, der frühere Eigentümer von CNN, in einem Interview mit dem Londoner »Guardian« sinngemäß gesagt hatte, nicht nur palästinensische Selbstmordanschläge gegen wehrlose israelische Zivilisten seien Terrorakte, sondern auch die mit schweren Waffen ausgeführten Überfälle auf die hilflose palästinensische Bevölkerung müsse man so bezeichnen. Es brach ein Sturm der Entrüstung aus, der zunächst dazu führte, dass Ted Turner seine Äußerung mehr oder weniger zurücknahm. CNN beeilte sich, zu versichern, der Sender dürfe keinesfalls mit der persönlichen Meinung von Turner identifiziert werden, von der man sich ausdrücklich distanziere. In Israel drohten Kabel- und Satellitengesellschaften damit, CNN aus ihrem Netz zu nehmen und durch »israelfreundlichere« Kanäle zu ersetzen. Der israelische Kommunikationsminister Reuven Rivlin (Likud) warf dem Sender Ende Juni 2002 vor, die CNN-Berichterstattung werde in Israel als einseitig propalästinensisch empfunden. Wer die CNN-Nachrichten regelmäßig sieht, weiß, dass davon keine Rede sein kann. Es ist eher eine Neigung zu erkennen, den Positionen der israelischen Regierung einen sehr breiten Raum zu geben.

CNN-Präsident Eason Jordan verkündete schließlich kleinmütig, der Sender wolle sich künftig besonders ausführlich mit den Opfern des Terrors befassen. Zu diesem Zweck werde CNN eine neue Serie mit dem Titel »Die Opfer des Terrors« ins Programm nehmen. Darin werden ausschließlich israelische Familien porträtiert, deren Mitglieder Opfer palästinensischer Anschläge geworden sind.

Krieg gegen den Terror

Man sollte vielleicht nicht von einem Schulterschluss sprechen, aber seit dem 11. September hat sich zwischen der amerikanischen Israel-Lobby, der Regierung Sharon und den meisten Entscheidungsträgern der Regierung Bush doch eine fast identische Sichtweise auf den Nahen Osten entwickelt. Für sie ist der Palästina-Konflikt keine rein regionale Frage mehr, sondern muss unter dem Blickwinkel des global geführten *Krieges gegen den Terror* gesehen werden. Premierminister Sharon wusste schon einen Tag nach den Anschlägen in den USA, dass die Blutspur des Terrors direkt von Manhattan ins Heilige Land führte. Für ihn stand fest: »Arafat ist unser Bin Laden.« Wer glaubte, dieser durchsichtige Versuch Sharons, den nahöstlichen Kernkonflikt auf ein Problem der reinen Terrorbekämpfung zu reduzieren, stoße in Washington auf taube Ohren, wurde bald eines Besseren belehrt.

Präsident Bush, Vizepräsident Cheney, Pentagon-Chef Rumsfeld und Sicherheitsberaterin Rice sind der festen Überzeugung, dass es vor allem und in erster Linie der Terrorismus ist, der auf palästinensischer Seite bekämpft werden muss.

Sie nennen islamistische Gruppen wie Hamas und Jihad Islami, die sich terroristischer Mittel bedienen und von Feinden Amerikas wie den *Schurkenstaaten* Iran und Irak unterstützt würden. Ähnlich wie Sharon scheren sie sich nicht um die Konfliktursachen im Nahen Osten. Stattdessen stellen sie hier einen Zusammenhang her zwischen dem islamistischen Terror von Osama Bin Laden, der palästinensischen Revolte und dem *Krieg gegen den Terror.* Nicht nur die islamistischen Terrorgruppen sind ihnen Beleg für diese Verbindung, sondern auch Yassir Arafat persönlich gehört für sie zum Reich der Schurken. Bei Präsident Bush geriet Arafat endgültig ins Abseits, als die israelische Kriegsmarine im Januar 2002 den Frachter »Karine A« aufbrachte. Das Schiff war auf dem Weg nach Gaza und hatte Waffen und Munition aus dem Iran an Bord, die für die palästinensische Selbstverwaltung bestimmt waren. In Bushs Augen ist Arafat seither im *Krieg gegen den Terror* eher Teil des Problems als Teil der Lösung. Denn er habe palästinensische Terrorgruppen gegen Israel gewähren lassen und sich außerdem mit dem Iran eingelassen, der seit langem zu den Ländern gehöre, die den internationalen Terrorismus fördern.

Außenminister Colin Powells Bemühungen, das Weiße Haus davon zu überzeugen, dass die Revolte der Palästinenser inhaltlich von der Terrorideologie Osama Bin Ladens und seiner Al-Qaida-Organisation zu trennen sei, sind nicht von Erfolg gekrönt. Im Gegenteil.

George W. Bush und seine Hinterleute fügen den palästinensischen Aufstand in ihr nach dem 11. September geformtes Weltbild ein. Der amerikanische Präsident betrachtet den Nahost-Konflikt zunehmend durch eine Brille, die ihm der israelische Premierminister Sharon hinhält. Bush erklärt Organisationen zu *Feinden Amerikas*, die Israel bekämpfen, deren Aktivitäten aber bisher nicht gegen amerikanische Ziele gerichtet waren. So geschehen in seiner Rede zur Lage der Nation im Januar 2002, als er Hamas, Hisbollah und Jihad Islami ins Visier nahm.

Sicherlich ist das Etikett, ein *Feind Amerikas* zu sein, im Falle der libanesischen Hisbollah vor allem auch eine Warnung an den Iran und an Syrien, die die »Partei Gottes« 1982 gemeinsam in die Welt gesetzt haben. Dennoch ist es auffällig, dass ein amerikanischer Präsident sich so offenkundig die israelische Perspektive zu eigen macht. Und das gilt ja nicht nur in diesem Fall.

Für Bush scheint es im Blick auf den Nahen Osten nur eine Wahrheit zu geben: Washington und Jerusalem sitzen im weltweiten *Krieg gegen den Terror* in demselben Boot, und die Fahrtrichtung wird durch die gemeinsamen Interessen bestimmt.

Amerika ist die Schutzmacht Israels, und dementsprechend pro-israelisch gestaltet sich die amerikanische Nahost-Politik. Das ist wahrlich keine Neuigkeit. Doch es muss nachdenklich stimmen, dass das Bush-Team ausgerechnet einen Mann wie

Ariel Sharon so auf den Schild hebt. Schließlich ist Sharon vor Bushs Machtübernahme in Washington eher als Belastung und keinesfalls als willkommener Partner für den Friedensprozess empfunden worden. Die uneingeschränkte Unterstützung für Sharons expansive Politik im besetzten Palästina lässt nichts Gutes vermuten. Hier drängt sich der Eindruck auf, dass die Sache der Palästinenser auf den Trümmern des 11. September geopfert werden könnte.

Sicherlich haben wir auch in Europa bemerkt, dass durch den 11. September das Verhältnis zwischen Amerika und Israel noch enger geworden ist. In den USA ist die Rede von einem *Gefühl der Verbundenheit* zwischen Israel und weiten Teilen der amerikanischen Bevölkerung. Viele Amerikaner beteuern, sie könnten jetzt nachempfinden, wie sich Israelis fühlten, wenn sie von arabischen Terroristen attackiert würden. In der Regierung Bush glauben sich die Mächtigen ähnlich schicksalshaft mit Israel verbunden. Doch darf das dazu führen, dass Amerika die kurzsichtige Politik von Ariel Sharon mit den Interessen des Staates Israel und jenen der israelischen Bevölkerung gleichsetzt?

Jimmy Carters Rat an Bush

Die USA sind die einzige Macht, die dem Nahen Osten Frieden bringen kann. Ein solcher Friede aber ist nur auf der Grundlage von Geben und Nehmen zwischen Arabern und Israelis zu erzielen. Das Diktat des Mächtigen, mit dem die Palästinenser in die Demütigung eines Protektorats gezwungen werden sollen – so wie Sharon es will –, wird keinen Frieden bringen.

Präsident Bush könnte sich eines Besseren besinnen, die Brille des 11. September beiseite legen und mit nüchternem Blick für die tatsächliche Lage in die Rolle eines ehrlichen Maklers schlüpfen. Dann müsste er allerdings dem Rat eines seiner Vorgänger folgen, allen ideologischen Ballast abwerfen und sich mit Hilfe seiner großen Popularität mutig über die Lobbyisten in Washington hinwegsetzen.

Jimmy Carter, von 1977 bis 1981 Präsident der Vereinigten Staaten und Architekt des Friedensvertrages zwischen Israel und Ägypten (1979), legt dar, was Amerika tun sollte, um eine Lösung des Palästina-Konflikts zu bewerkstelligen:

»Ariel Sharon ist ein starker und energischer Mann, der in seinen öffentlichen Erklärungen nie ein Blatt vor den Mund genommen hat oder von seinem angestrebten Ziel abgewichen ist. Seine Ablehnung aller Friedensvereinbarungen, die den israelischen Rückzug von arabischem Land vorsah, seine Invasion des Libanon, sein provokativer Besuch auf dem Tempelberg, die Zerstörung von Dörfern und Wohnhäusern, die Verhaftung von Tausenden von Palästinensern und seine offene Missachtung von Präsident George W. Bushs Aufforderung, das Völkerrecht zu respektieren – all das hat er unternommen, um letztlich dieses Ziel zu erreichen: überall in den besetzten Gebieten israelische Siedlungen zu errichten und so den Palästinensern eine zusammenhängende politische Existenz zu verwehren.

Es gibt ähnlich schwere Vorwürfe gegen die andere Seite. Selbst als Arafat ein freier Mann war und er sich aller Insignien politischer Macht erfreute, hat er keine Kontrolle über Hamas oder andere radikale Palästinenser ausgeübt, die das Konzept einer friedlichen israelischen Existenz ablehnen und vor nichts zurückschrecken, um ihre Vorstellungen umzusetzen. Arafats viel zu seltene Verurteilung von Gewaltakten erfolgten nur schubweise, meistens nur auf Englisch, nicht in Arabisch, und waren wahrscheinlich nicht ernst gemeint. Möglich, dass er die Selbstmordattentate als eines der wenigen Mittel ansieht, um gegen seine Peiniger zurückzuschlagen, das Leiden seines Volkes zu dramatisieren, oder gar für sich selbst als indirekten Weg betrachtet, ein Märtyrer zu werden.

Tragischerweise hat die Politik Sharons diese kriminellen Elemente enorm gestärkt und ihre Unterstützung in der Bevölkerung zunehmen lassen. Fehlgeleitete junge Männer und Frauen fühlten sich dadurch ermutigt, ihr eigenes Leben zu opfern, indem sie unschuldige israelische Bürger attackierten.

Die abscheulichen Selbstmordattentate sind außerdem kontraproduktiv, weil sie die palästinensische Sache in Misskredit bringen und dazu beitragen, die militärische Besatzung zu verlängern. Das wiederum führt nur zur Zerstörung von mehr Dörfern und behindert Bemühungen um Frieden und Gerechtigkeit.

Doch die Situation ist nicht hoffnungslos. Es gibt einen Weg zum Frieden durch die Umsetzung der einschlägigen UN-Resolutionen, einschließlich der Resolution 242, wie kürzlich in dem Vorschlag des saudischen Kronprinzen Abdallah zum Ausdruck gekommen.

Diese Resolutionen verlangen einen Rückzug Israels aus den palästinensischen Gebieten und im Gegenzug die uneingeschränkte Anerkennung Israels sowie das israelische Recht, in Frieden zu leben. Das ist eine vernünftige Lösung für viele Israelis, die 1978 von Premierminister Menachim Begin akzeptiert und von der israelischen Knesset ratifiziert worden ist.

Ägypten, das die größte Bedrohung für Israel darstellt, antwortete mit der Aufnahme voller diplomatischer Beziehungen, einschließlich der ungehinderten Nutzung des Suez-Kanals. Das ist das Vorbild, dem alle anderen arabischen Nationen folgen können und folgen müssen.

Durch konstruktive Verhandlungen können beide Seiten gewisse Modifizierungen der Grenzen von 1967 in Betracht ziehen. Ost-Jerusalem kann gemeinsam verwaltet werden mit ungehindertem Zugang zu den heiligen Stätten. Das Rückkehrrecht der Flüchtlinge kann so geregelt werden, dass eine begrenzte Anzahl von Vertriebenen in ihre Heimat zurückkehren darf, während die große Mehrzahl der anderen eine faire finanzielle Entschädigung erhält.

Für die internationale Gemeinschaft wird die Übernahme dieser Kosten eine gute Investition sein.

Mit der vermutlich einstimmigen Unterstützung der internationalen Gemeinschaft kann die US-Regierung eine solche Lösung der verwickelten Lage herbeiführen.

Die Forderungen auf beiden Seiten sollten so fair und ausgewogen sein, dass zumindest eine Mehrheit der Bürger in dem betroffenen Gebiet der Regelung zustimmen wird. Eine internationale Truppe könnte die Einhaltung der vereinbarten Friedensbedingungen überwachen, wie das 1979 für den Sinai nach dem Rückzug Israels von ägyptischem Territorium der Fall war.

Es gibt zwei Faktoren, die Erfolg versprechen, wenn Amerika seine Überzeugungsarbeit mit Blick auf Israel beginnt.

Der eine ist die rechtliche Bestimmung, dass amerikanische Waffen von Israel nur für Verteidigungszwecke eingesetzt werden dürfen. Diese Vorschrift ist sicherlich verletzt worden bei der kürzlichen Zerstörung von Jenin und anderer Städte im Westjordanland.

Richard Nixon hat auf dieser Bedingung bestanden, um Sharon und den Vormarsch des israelischen Militärs nach Ägypten im Krieg von 1973 zu stoppen.

Ich selbst habe diese Forderung durchgesetzt, um 1979 israelische Angriffe auf den Libanon zu unterbinden. (Eine regelrechte Invasion wurde von Sharon durchgeführt, als ich nicht mehr im Amt war.)

Der andere Überzeugungsfaktor sind annähernd 10 Millionen Dollar pro Tag, die Israel von Amerika an Finanzhilfe bekommt. Präsident George Bush sen. drohte 1992 damit, diese Zahlungen zu begrenzen oder einzustellen, um den Bau israelischer Siedlungen zwischen Jerusalem und Bethlehem zu verhindern.

Ich bin mir über die extreme politische Empfindlichkeit in Amerika im Klaren, wenn es darum geht, die Israelis davon zu überzeugen, einen bestimmten Weg zu gehen. Doch es ist besonders wichtig, daran zu erinnern, dass keine der Maßnahmen zugunsten des Friedens einen Eingriff in das souveräne Staatsgebiet Israels bedeuten würde. Es handelt sich nach dem Völkerrecht ausschließlich um ägyptisches, libanesisches und palästinensisches Land.

Die bestehende Situation ist tragisch und wird sich wahrscheinlich noch weiter verschlechtern. Normale diplomatische Bemühungen sind gescheitert.

Es ist Zeit für die Vereinigten Staaten, als dem einzigen anerkannten Vermittler, energischere und wirkungsvollere Schritte für den Frieden ins Auge zu fassen. Der Rest der Welt wird diesen Beweis von Führungskraft ganz sicher begrüßen.«[64]

Der nationalsozialistische Mord an den europäischen Juden bestimmt nicht nur das deutsche Sonderverhältnis zu Israel. Die aus dem Schicksal des Holocaust abgeleitete Sonderstellung Israels in der internationalen Staatengemeinschaft hat auch die Haltung anderer europäischer Länder und der USA gegenüber der israelischen Politik geprägt. Daraus entwickelte sich eine Sonderrolle, die durch die geopolitische Bedeutung Israels im Kalten Krieg noch betont wurde. Als Amerikaner und Sowjets weltweit um Einfluss rangen, wurde Israel für die USA zum strategischen Brückenkopf im Nahen Osten. Denn dort warb die Sowjetunion mit Waffen und politischer Unterstützung um die Gunst der Araber.

Israel war ausgesprochen nützlich für Amerika. Es half nicht nur dabei, den sowjetischen Einfluss in der Region einzudämmen, sondern die israelische Armee testete auch amerikanische Waffensysteme. Der israelische Geheimdienst Mossad sprang häufig dann ein, wenn der CIA bestimmte Operationen nicht durchführen konnte. Besonders zwischen 1967 und 1973 erhöhten die Amerikaner ihre Hilfe für Israel, um den Partner gegen die vordringenden sowjetischen Interessen zu stärken.

Trotz seiner zeitweise erheblichen Abhängigkeit von den USA auf ökonomischem, militärischem und diplomatischem Gebiet hat Israel sich fast immer so verhalten, als sei es völlig unabhängig und autark. 1980 wurden zum Beispiel beträchtliche 42,8 Prozent der israelischen Staatsausgaben durch offizielle und private Finanzzuwendungen aus den USA bestritten.[65] Die amerikanisch-israelischen Beziehungen sind deshalb oft mit dem Satz charakterisiert worden, hier wedele der Schwanz mit dem Hund. Ein Verhältnis, in dem die Supermacht demonstriert, dass sie allenfalls einen begrenzten Einfluss auf den kleinen Klienten-Staat ausübt und, wenn es hart auf hart kommt, sogar damit rechnen muss, von ihm manipuliert zu werden.

Israelische Politiker haben die USA regelmäßig an die moralische Verpflichtung erinnert, die sie gegenüber Israel haben.

Und auch daran, dass Israel als Demokratie mit Amerika dieselben Werte teile. Israels Sicherheit liege im ureigenen Interesse der USA angesichts der Tatsache, dass es der einzige verlässliche Verbündete im Nahen Osten sei, der dem sowjetischen Einfluss entgegenstehe. Das hat über die Jahre dazu geführt, dass Israel nur in sehr begrenztem Umfang Forderungen der Amerikaner erfüllen musste.

Der Oktober-Krieg von 1973 markierte jedoch einen Wendepunkt. Washington begann daran zu zweifeln, ob die israelischen Interessen wirklich immer mit denen der USA übereinstimmen. Die recht beeindruckende Leistung der ägyptischen Streitkräfte im Oktoberkrieg gegen Israel und die Vervierfachung des Ölpreises brachte die US-Regierung zu der Ansicht, dass künftig eine ausgeglichenere Haltung der USA im arabisch-israelischen Konflikt angebracht sei. Dabei dachte Washington in erster Linie an die westlichen Ölinteressen und verbesserte Beziehungen zu den gemäßigten Ölstaaten am Persischen Golf.

Fortan schwebte damit das Damoklesschwert einer amerikanisch-israelischen Interessenkollision über den so ungleichen Partnern. Aber der Zusammenstoß blieb aus. Selbst als der ultranationalistische Menachim Begin 1977 Premierminister wurde, geschah nichts dergleichen. Die Zeit nach Camp David, die islamische Revolution im Iran (1979) und die sowjetische Invasion in Afghanistan (1979) führten gewiss zu Meinungsunterschieden über die Bedeutung Israels als Alliierter und die Dringlichkeit einer Lösung für den arabisch-israelischen Konflikt. Doch diese Ereignisse lenkten gleichzeitig von dem Dissens auch wieder ab.

Die der Sonderbeziehung innewohnenden Spannungen wurden im Laufe des Jahres 1981 jedoch akuter. Die amerikanisch-israelische Vereinbarung über strategische Kooperation, die gegen die sowjetische Bedrohung im Nahen Osten gerichtet war, enthielt zum Verdruss der Israelis keinen offiziellen Passus über eine regionale Zusammenarbeit zwischen den USA und Israel. Das hätte nämlich Israels Ansehen als amerikanischer Verbündeter auf Kosten der prowestlichen arabischen Golfstaaten gestärkt. Stattdessen nutzte Amerika die

Gelegenheit, die der Golfkrieg zwischen Irak und Iran bot, um die moderaten arabischen Staaten zu einer engeren militärischen Kooperation zu bewegen. Vier AWACS-Radarüberwachungsflugzeuge wurden nach Saudi-Arabien geschickt und dann an die Saudis verkauft, um dem Königshaus ein Gefühl der Sicherheit zu geben und die iranischen Mullahs abzuschrecken, arabische Ölanlagen anzugreifen. Aus amerikanischer Sicht bot die amerikanisch-saudische Zusammenarbeit beim Einsatz der AWACS-Flugzeuge die große Chance, das amerikanische Militärengagement im strategisch so wichtigen Königreich entscheidend auszudehnen. Bekanntlich haben die Amerikaner diese Chance konsequent genutzt. Israel hingegen betrachtete die saudische Verfügungsgewalt über die AWACS als unmittelbare Bedrohung seiner Sicherheit.

In der Folge verhielt sich die Regierung Begin in der Region politisch und militärisch auf eine Weise, die die USA in Verlegenheit brachten. Washington war darauf aus, die Beziehungen mit den gemäßigten arabischen Staaten zu festigen und so empfand man Begins Bombardierung des irakischen Atomreaktors im Juni 1981 als Störmanöver. Ebenso den israelischen Luftangriff auf Beirut im Juni und die Annexion der 1967 eroberten syrischen Golanhöhen im Dezember desselben Jahres. Damit erweckte Israel den Eindruck, dass es den Frieden mit Ägypten dazu missbrauchte, sich militärisch gegenüber allen seinen Nachbarn aggressiv zu behaupten. Am schwersten wog der Verdacht der Araber, dass die Regierung Begin im stillschweigenden Einverständnis mit Amerika handelte. Deshalb reagierte Washington in allen drei Fällen öffentlich mit deutlicher Missbilligung.

Die israelische Invasion des Libanon schließlich machte deutlich, dass Premierminister Begin und sein Verteidigungsminister Sharon sich nicht um ihre vertraglichen Verpflichtungen gegenüber den USA scherten. Sie setzten von Amerika gelieferte Waffen in einem Angriffskrieg ein und verstießen damit gegen die Lieferbedingungen und amerikanisches Recht.

Trotz dieses für die USA schädlichen Verhaltens der Regierung Begin, die sich auch bei der von Washington betriebenen Lösung der Libanon-Krise wenig kooperativ zeigte, kam Israel mehr oder weniger ungeschoren davon. Schon bald erholte sich das amerikanisch-israelische Verhältnis von den Spannungen und erstarkte wieder, wozu vor allem der Kongress beitrug. Im Dezember 1982 erhöhte der zuständige Senatsausschuss die von Präsident Reagan vorgeschlagene Finanzhilfe noch um 475 Millionen Dollar.[66]

Die Chance, die sich Ende der 80er, Anfang der 90er Jahre abzeichnete, dass die USA ihre Beziehungen zu Israel neu interpretieren und auf eine Basis stellen könnten, die einer realistischeren Betrachtung der amerikanischen Interessen im Mittleren Osten entsprochen hätte, wurde nicht genutzt.

Die äußerst repressiven Maßnahmen, mit denen die israelische Armee auf den Ausbruch der ersten Intifada in den besetzten Gebieten Palästinas im Dezember 1987 reagierte, riefen international scharfe Kritik hervor. Das ließ Nahostexperten damals vermuten, die USA könnten unter dem Eindruck des weltweiten Drucks ihre bedingungslose Unterstützung für Israel überdenken.[67] Auch diese Vermutung hat sich nicht bestätigt.

Heute, mehr als ein Jahrzehnt nach dem Zusammenbruch des Sowjetreichs, hat sich die strategische Bedeutung Israels für Amerika gewandelt. Der ehemalige Brückenkopf gegen Moskau dient inzwischen als Bollwerk gegen den radikalen und militanten Islamismus in der Region.

Israel hält als einzige Nuklearmacht die Araber in Schach und bildet auf Betreiben der USA zusammen mit der Türkei eine strategische Achse, die vom Nahen Osten über Kleinasien bis nach Zentralasien reicht. Militärexperten schätzen, dass Israel über mindestens 150 bis 200 atomare Sprengköpfe verfügt. Die mittlerweile enge militärische Zusammenarbeit zwischen Israel und der Türkei dient nicht nur den Sicherheitsinteressen der Israelis, sondern stützt auch den Vormachtanspruch Amerikas im Nahen und Mittleren Osten. Angesichts amerikanischer Befürchtungen, Saudi-Arabien könnte sich destabilisieren und unter die Kontrolle antiwestlicher Islamisten geraten, gewinnt die israelisch-türkische Achse für die USA eine zusätzliche Bedeutung. Zumal die Gefahr besteht, dass ein Abfall Saudi-Arabiens von den USA bei den kleinen Anrainerstaaten am Golf einen Domino-Effekt auslösen könnte. Damit wäre nicht nur die amerikanische Kontrolle über die Energiereserven am Persisch-Arabischen Golf bedroht, sondern die USA müssten befürchten, ihre militärische Präsenz in der Golfregion zu verlieren. Seit Anfang der 90er Jahre haben die Amerikaner von Kuwait über Saudi-Arabien bis nach Oman Truppenstützpunkte, Waffenlager und hochmoderne Befehlszentren eingerichtet.

Die strategische Partnerschaft zwischen Israel und Amerika ist eingebettet in das Selbstverständnis der USA, international als Schutzmacht Israels aufzutreten. Das äußert sich auch darin, dass Israel jedes Jahr rund drei Milliarden Dollar an Wirtschafts- und Militärhilfe erhält. Amerika fördert Israels technologische und militärische Entwicklung. Im Gegenzug liefert Israel den USA Informationen über militante arabische Gruppen oder über die Verbreitung von Massenvernichtungswaffen in Ländern wie Syrien, Irak oder Iran. Drei Viertel der Militärhilfe in Höhe von 1,8 Milliarden Dollar fließt in die Vereinigten Staaten zurück, weil Israel das Geld in den Kauf von amerikanischen Waffensystemen wie F16-Jagdbomber und Apache-Helikopter investiert. Es gibt eine enge Kooperation mit der US-Rüstungsindustrie, den Rest der Hilfsgelder steckt Israel in die eigene militärische Forschungs- und Entwicklungsarbeit.[68]

Für die außenpolitischen Falken, die nach dem 11. September in Washington erheblich an Einfluss gewonnen haben, ist Israel mehr denn je ein unersetzlicher Bundesgenosse. »Es gibt kaum glühendere Vertreter der Allianz mit Israel als die amerikanischen Bürokraten, Ideologen und Offiziere, die Weltbeherrschung als eine amerikanische Pflicht begreifen«, schreibt der amerikanische Soziologe Norman Birnbaum.[69]

Im *Krieg gegen den Terror* und im Kampf gegen die *Schurkenstaaten,* wie der Irak unter Saddam oder der Iran unter den Mullahs, ist Israel für die USA eine feste und verlässliche Größe. Egal, wer in Israel regiert, das kleine Land mit der mächtigen Armee ist für Amerika eine strategische Trumpfkarte. Sie sticht umso mehr, als die arabischen Ölstaaten für die Amerikaner unsichere Kantonisten sind, die bei der Jagd nach den Osama Bin Ladens dieser Welt nicht besonders engagiert erscheinen. Das erklärte Ziel von George W. Bush, das Regime von Saddam Hussein notfalls durch einen Krieg zu stürzen, betrachten die Golfaraber mit sehr kritischen Augen. Der amerikanische Hinweis auf den unstillbaren Hunger Saddams, sich biologische, chemische und nukleare Massenvernichtungswaffen zu verschaffen, verfängt bei ihnen kaum. Gegenwärtig fühlen sich die Golfaraber von Saddam nicht bedroht. Sie halten sein Militärpotential derzeit nicht für ausreichend, um am Golf in die Offensive gehen zu können. Dennoch trauen sie dem Herrscher in Bagdad nicht über den Weg. Deshalb plädieren sie für erhöhten Druck auf das irakische Regime, damit Saddam die UN-Waffeninspektoren wieder ins Land lässt, um seine Waffenarsenale unter die Lupe zu nehmen. Die Ölprinzen fürchten, dass die USA – wie schon im Golfkrieg 1991 – kein Konzept haben, das geeignet wäre, bei einem Sturz Saddams einen Bürgerkrieg und eine territoriale Spaltung des Irak zu verhindern. Chaos in dem schwer beherrschbaren Zweistromland wäre die wahrscheinliche Folge. Die verschiedenen ethnischen und religiösen Gruppen würden übereinander herfallen, und der Zentralstaat Irak bräche auseinander. Kurden, Araber, Sunniten und Schiiten würden in wechselnden Koalitionen gegeneinander kämpfen – eine »Libanisierung« des Irak wäre die Folge. Eine solche Entwicklung aber könnte die gesamte Golfregion destabilisieren und die Regimes der Emire, Prinzen und Könige zu Fall bringen. Amerika jedoch scheint sich die Bedenken der Golfaraber nicht zu eigen zu machen.

Das American Colony Hotel in Ost-Jerusalem besuche ich schon seit vielen Jahren. Besonders oft war ich hier während der ersten Intifada der Palästinenser zu Gast, die im Dezember 1987 in den besetzten Gebieten ausbrach.

Das im osmanischen Stil errichtete Anwesen gehörte einst einem arabischen Feudalherrn, der aus einer der ältesten muslimischen Familien in Palästina stammte. Der Großgrundbesitzer Rabbah Daoud Amin Effendi al-Husseini baute das Herrenhaus 1860 für sich und seine drei Ehefrauen. Es war eines der ersten Gebäude außerhalb der Jerusalemer Altstadt auf offenem Grund, nicht weit vom Damaskus-Tor entfernt. Der nach innen gerichtete, mit wehrhaften Festungsmauern versehene Komplex ist typisch für seine Zeit, als Palästina noch türkisch beherrscht war und zum Osmanischen Reich gehörte. Großzügige Räume mit gewölbten Decken und hochbogigen Fenstern, die den Blick auf den mit Bäumen und Blumen bepflanzten Innenhof lenken, sind charakteristisch für die Architektur.

Der Herr des Hauses lebte auf der Westseite, und die Fenster seiner ehemaligen Räume haben alle eine Aussicht auf die Straße, die nach Nablus im Westjordanland führt. Seine Büros befanden sich im Erdgeschoss, ein Stock darüber war sein Schlafgemach – heute, wie es angemessen ist, Zimmer Nr. 1 des Hotels. Genau gegenüber lag der Gerichtssaal, der nahezu genauso aussieht wie vor über 140 Jahren. Der »Raum des Pascha«, wie er heute genannt wird, hat einen elegant gekachelten Boden und eine kunstvoll ausgemalte Holzdecke, die sich an einem Ende des Saales zu einer Kuppel formt. Unter dieser Kuppel hielt der Pascha Audienz. Hier nahm er den Pachtzins seiner Pächter entgegen und sprach Recht über seine Untergebenen. Dieser großartige Raum – einer der ganz wenigen, die aus jener Epoche noch erhalten sind – wird heute für Konferenzen, Konzerte und Partys genutzt.

Das Schlafgemach des Hausherrn hatte natürlich einen bequemen Zugang zu den Zimmern seiner drei Ehefrauen auf der Nordseite des Gebäudes. Die Frauen verfügten über Sommerräume zu ebener Erde (heute Hotelzimmer 14, 15 und 16) und im Winter nutzten sie die Räume darüber (Hotelzimmer 3, 4 und 5). Alle diese Räumlichkeiten gingen auf den als Garten angelegten Innenhof, der für die Frauen des Haushalts reserviert war.

Keine der drei Frauen des Pascha brachte jedoch einen Sohn und Erben zur Welt. Deshalb nahm sich Rabbah Effendi nach guter islamischer Tradition eine vierte Ehefrau, die jünger und zu allem Überfluss viel hübscher war als die anderen. Für sie ließ der Pascha zwei Zimmerfluchten am östlichen Ende des Hofes bauen, die außergewöhnlich prächtig waren. Doch es half nichts. Kein Sohn wurde dem Herrn geboren und er starb 1895 ohne einen männlichen Erben.

Wenig später erstanden die Mitglieder der American Colony in Jerusalem das Anwesen. Die American Colony bestand aus einer Gruppe amerikanischer und skandinavischer evangelikaler Christen, die – angeregt durch die christliche Erweckungsbewegung und die messianische Inbrunst ihrer Zeit – nach Jerusalem gezogen waren, um dort karikative Arbeit für die Bedürftigen zu leisten.

1902 suchte Baron Ustinov (der Großvater von Peter Ustinov), der in Jaffa das Park Hotel besaß, einen Platz in Jerusalem, wo er seine Besucher aus Europa unterbringen konnte. Er arrangierte sich mit der Amerikanischen Kolonie, und so entstand die American Colony Herberge. Es gabt dort keinen modernen Komfort, aber es war bequem und vor allem sauber. Damals kamen die westlichen Touristen, überwiegend Pilger, nur in den Wintermonaten, weil sie den Sommer im Heiligen Land als zu heiß erachteten. Die Zimmer wurden mit Öllampen erleuchtet und durch große Öfen geheizt, in denen Olivenholz verfeuert wurde. Wenn es sehr kalt war – Jerusalem liegt immerhin 800 Meter über dem Meeresspiegel –, stellte man zu den Mahlzeiten Holzkohlenbecken unter den Tisch, um die Füße der Gäste zu wärmen. Die Wärme wurde durch bodenlange Tischdecken daran gehindert, zu entweichen. Die Tourismusindustrie war damals klein, aber sehr gut organisiert. Die ärmeren Pilger waren oft zu Fuß unterwegs. Aber die Wohlhabenden kamen mit dem Schiff im Hafen von Jaffa an und wurden dann mit einem Ruderboot an Land gebracht. Nach einer Übernachtung in Jaffa begannen sie ihre Tour am nächsten Tag in Begleitung eines einheimischen Agenten. Sie reisten per Pferd und übernachteten im Freien an dazu hergerichteten Stellen. Zelte und die notwendige Ausrüstung waren mit Packtieren vorausgeschickt worden. Nach einem langen Tag im Sattel und einigen Besichtigungen erwartete die Touristen ein heißes Bad, eine zivilisierte Mahlzeit und ein bequemes Bett unter einem Moskitonetz. Von der Art waren die Touristen, die Baron Ustinov betreute und die ihre Zeit in Jerusalem in der Herberge der American Colony verbrachten. Mitte der 50er Jahre des vergangenen Jahrhunderts wandelte sich das American Colony zu einem komfortablen Hotel mit neuen Badezimmern, Zentralheizung und Warmwasserversorgung. Heutzutage genügt das Haus mehr als gehobenen Ansprüchen.

Die Geschichte des *American Colony* ist die Geschichte von Jerusalem in einem Zeitraum von weit über einhundert Jahren. Die Schockwellen von vier Kriegen sind über das einst feudale Anwesen hinweggegangen, und das Herrenhaus des Rabbah Effendi hat vier verschiedene politische Systeme erlebt und überlebt: die Türken, die Briten, die Jordanier und die Israelis. Die traditionelle arabische Architektur mit ihren hohen und weitläufigen Räumen, umgeben von alten Bäumen und blühenden Gärten, erzählt von dem scheinbar unwandelbaren Charakter des Vorderen Orients, der doch in Wirklichkeit immer wieder eruptiven Veränderungen unterworfen wird.

Das American Colony ist wie eine Oase des Friedens. Umgeben von meterdicken osmanischen Mauern, sind die Besucher des blumengesäumten Innenhofs abgeschirmt von dem hasserfüllten Geschrei der Konfrontation zwischen Juden und Arabern, das nicht weit von hier die Verhältnisse beherrscht.

Unterdrückung, Gewalt und Gegengewalt, die den Konflikt um Palästina prägen, bleiben draußen vor dem Tor und dringen dennoch ein in dieses Refugium. Denn Journalisten aus aller Welt bringen ihre Beobachtungen aus dem Krisengebiet hierhin zurück, weil das American Colony zum Sammelpunkt der internationalen Medien geworden ist. Einmal mehr berichten sie im Frühjahr 2002 über den Nahost-Konflikt, in dem die Palästinenser das begehren, was sich die Israelis schon lange erkämpft haben und ihrem Gegner verwehren.

Welch ein Kontrast bilden die arabischen Hochbögen des American Colony in Ost-Jerusalem zu den hypermodernen Glas- und Betonriesen, die sich auf der Küstenstraße von Tel Aviv aneinander reihen. Die pulsierende Wirtschaftsmetropole ist die eigentliche Hauptstadt Israels und hat sich in den letzten Jahrzehnten in seiner äußeren Erscheinung immer mehr »amerikanisiert«. Oberflächlich betrachtet, deutet hier so gut wie nichts darauf hin, dass Israel – nicht nur geographisch – auch ein orientalisches Land ist. Lässig und salopp gekleidet, fallen die jüngeren Leute durch ihr freizügiges Benehmen auf. Besonders das Viertel um die Sheinkin-Straße, scherzhaft »Greenwich Village von Tel Aviv« genannt, symbolisiert den Wunsch vieler Israelis – vor allem der jungen Generation –, ein normales Leben zu führen. In Tel Aviv gedeiht die israelische Kultur in all ihren Facetten. Jerusalem – wo politische Spannungen, Gewalt und ideologischer Streit das Bild beherrschen – ist im Vergleich dazu eine andere Welt.
Tel Aviv steht für dieses Gesicht Israels: säkular, offen, pluralistisch, vital und tolerant. Exzentrische Individualisten, asiatische Gastarbeiter, russische Neubürger und bärtige, mit schwarzen Hüten bekleidete orthodoxe Juden bilden ein buntes Gemisch, das die Stadt ebenso prägt wie ihr ausgelassenes Nachtleben. Quer durch Tel Aviv finden sich Ableger der amerikanischen Starbucks-Cafés, Superpharm- und Office-Depot-Ketten.
Der am Rande der Stadt liegende Campus der Universität Tel Aviv erscheint dagegen als ein Hort der konzentrierten Ruhe. Das weitläufige Areal mit unzähligen Fakultätsgebäuden ist

durchsetzt mit grünen Rasenflächen und Blumenbeeten. Hier und da spendet ein Baum Schatten; überall rieseln Wassersprenger, und die Anlage ist peinlich sauber.

In dieser Umgebung treffe ich Mitte April 2002 den Historiker Moshe Zuckermann. Er ist Direktor des hiesigen Instituts für deutsche Geschichte. Der 1949 in Tel Aviv geborene Sohn deutscher Holocaust-Überlebender ist ein scharfer und kritischer Beobachter der israelischen Verhältnisse. Er schaut aber auch mit wachen Augen auf die Geschehnisse in Deutschland, wo er selbst zwischen 1960 und 1970 in Frankfurt am Main gelebt hat.[70] In Israel gehört der Geschichtsprofessor zu einer kleinen Minderheit streitbarer *Linker,* denen das so genannte *nationale Lager* besonders in dieser Zeit mit Unverständnis, Misstrauen und Feindseligkeit begegnet.

»Der Frieden ist für Israel eine Existenzfrage«, sagt Zuckermann. »Deshalb muss sich die israelische Gesellschaft über seinen *Preis* klar werden. Das gilt heute, nach dem Ende des Oslo-Prozesses und dem Scheitern der israelisch-palästinensischen Verhandlungen, mehr denn je. Durch die Eskalation der Gewalt in der zweiten Intifada sind die Konfliktparteien in eine Sackgasse geraten, und niemand weiß, wie man aus ihr wieder herauskommt. Eine von den Schrecknissen der palästinensischen Selbstmordattentate erschütterte israelische Gesellschaft hat einen merklichen Rechtsdrall erfahren – und viele, sehr viele ›wollen den Krieg‹ und verlangen eine rigorose Bekämpfung ›der Palästinenser‹. Die brutale Rückeroberung der palästinensischen Städte im Westjordanland unter dem Vorwand der ›Zerschlagung des Terrors‹ hat den Machtapparat der Autonomiebehörde fast gänzlich zerstört und damit Arafats Aktionsfähigkeit mehr oder weniger lahm gelegt. Aus alldem geht Israels Premierminister Ariel Sharon als einziger ›Sieger‹ hervor. Denn er hat seinen innerparteilichen Rivalen Benjamin Netanjahu neutralisiert. Vor allem konnte er das umsetzen, was schon seit Jahrzehnten sein eigentliches Anliegen ist, nämlich die Palästinenser niederzukämpfen, ihre Führung zu zerschlagen und das Besatzungsregime zu zementieren, wenn nötig durch einen massiven *Bevölkerungstransfer* der Palästinenser.

128

Die Zerschlagung des Terrors ist bei genauem Hinsehen nichts als eine perfide Ideologie, solange die eigentlichen Ursachen des Terrors, also die seit Jahrzehnten andauernde Besatzung und die systematische Unterdrückung des palästinensischen Volkes, nicht beseitigt werden. Genau daran aber ist Sharon nicht gelegen. In der Logik seiner Gewaltpolitik wird der Terror sozusagen hingenommen, wenn nur die Siedlungen im Westjordanland unangetastet bleiben. Und diese müssen unangetastet bleiben, weil Sharon sonst seine politische Macht sofort verlöre. Die treuesten Anhänger hat Sharon ja in der Siedlerbewegung.

So offensichtlich Sharon und ein großer Teil seiner Koalitionsregierung ein Interesse an der Fortsetzung der Gewalt haben, so sehr fragt sich, warum die Mehrheit der jüdisch-israelischen Bevölkerung Sharon unterstützt. Obwohl doch den meisten Israelis klar sein müsste, dass es keine militärische Lösung für die Beseitigung des Terrors geben kann und es für sie erkennbar sein müsste, dass die Zerstörung der palästinensischen Infrastruktur nur zu mehr Hass, Verzweiflung und Terror auf palästinensischer Seite führt – wie ist es dann zu erklären, dass sie Sharons Gewaltpolitik hinnehmen oder sie sogar begeistert unterstützen?

Die Antworten darauf sind unterschiedlich. Es ist die Rede davon, dass die Bevölkerung auf die äußere Bedrohung mit größerem inneren Zusammenhalt reagiert. Manche sagen, es gäbe in Israel ein deformiertes Bewusstsein durch den jahrzehntelang von Unterdrückung und Gewalt bestimmten Alltag. Die nicht überwundenen historischen Traumata, die militaristische Mentalität vieler Israelis und die wachsende Entpolitisierung der breiten Öffentlichkeit werden außerdem genannt. Alle diese Faktoren spielen zweifellos in diesem Zusammenhang eine Rolle. Aber es gibt noch einen Aspekt, der bisher vernachlässigt worden ist, und noch nicht so richtig in das Bewusstsein der Menschen gedrungen ist. Denn Israel steht an einem historischen Scheideweg, der die jüdisch-israelische Bevölkerung vor ein Dilemma stellt. Folgende Szenarien sollen das verdeutlichen.

Angenommen, Israel beschlösse, im Rahmen einer Friedensregelung die besetzten Gebiete zu räumen und die Siedlungen aufzugeben. Mit großer Wahrscheinlichkeit würde sich der allergrößte Teil der Siedler dem staatlich verordneten Räumungsbeschluss beugen. Wenn sich aber eine Gruppe von militanten Hardlinern – Hunderte, vielleicht Tausende von Siedlern – verschanzen und der Räumung hartnäckig widersetzen würde und der israelische Staat von seinem Gewaltmonopol Gebrauch machen müsste, käme es zu einer blutigen Auseinandersetzung, bei der »Juden auf Juden« schießen würden. Für viele Israelis eine schlechthin unvorstellbare Vision. Ein solche Entwicklung trüge potentiell die Gefahr eines Bürgerkrieges in sich, der das Land zerreißen würde.

Andererseits könnte Israel beschließen, die besetzten Gebiete unter keinen Umständen zu räumen, weil alle Regierungen seit 1967 eine Infrastruktur von Siedlungen geschaffen haben, die als irreversibel eingestuft wird oder aus militärischen Sicherheitserwägungen als unverzichtbar gilt oder schließlich aus einem religiös begründeten Anspruch erhalten bleiben muss. Diese aus unterschiedlichen Gründen von den Linksliberalen wie vom rechten Lager geforderte Beibehaltung des Besatzungszustandes impliziert objektiv die Schaffung einer binationalen Struktur in Palästina mit jüdisch-israelischer und palästinensischer Bevölkerung.

Sollten die Palästinenser das zurückweisen, würde der Dauerkonflikt zwischen den beiden Völkern zur Norm erhoben. Und zwar in Form von Unterdrückung und Gegengewalt mit allen daraus erwachsenen Gefahren für die israelische Zivilgesellschaft.

Die binationale Struktur könnte aber auch von den Palästinensern akzeptiert werden, sogar mit der Bereitschaft, die israelische Staatsbürgerschaft anzunehmen.

Wenn wir das Extrem eines massiven Bevölkerungstransfers (Vertreibung) ausschließen – weil dies zwangsläufig zu einem regionalen Krieg mit unabsehbaren Folgen für alle Beteiligten führen müsste –, bedeuten die beiden Szenarien das innere oder das ›von außen‹ bewirkte Ende des zionistischen Projekts, also des jüdischen Nationalstaates.

Es ist fraglich, ob viele Israelis das deutlich vor Augen haben.

Ebenso fraglich ist, ob die Mehrheit der Israelis sich jemals darüber Rechenschaft abgelegt hat, welchen Preis sie für einen wahren Frieden tatsächlich zahlen will. Deshalb verharren so viele Israelis in der Lähmung einer vorbewussten Ahnung und bleiben so unfähig zur politisch mündigen Handlung. Stattdessen geben sie sich bereitwillig den leeren Versprechungen eines *starken Mannes* hin. Denn sie haben Angst vor der Frage einer neuen Selbstdefinition, jenseits des zionistischen Projekts.«

Frieden, aber wie?

»Für meine Begriffe wird eine Friedenslösung nur unter folgenden Voraussetzungen zu haben sein: eine fast vollständige Räumung der 1967 eroberten Gebiete, ein Abbau nahezu aller Siedlungen, eine Regelung der Jerusalem-Frage im Sinne einer Zweistaatenlösung und eine zumindest symbolische Anerkennung des Rückkehrrechts der Palästinenser in das Kernland Israel. Ich sage symbolisch, denn unannehmbar wäre natürlich für die Israelis eine Rückkehr von drei Millionen Palästinensern. Aber ja, wir haben ein Unrecht, ein historisches Unrecht begangen und sind jetzt bereit, etwa im Rahmen einer Regelung über Familienzusammenführung, 250 000 bis 300 000 Palästinenser aufzunehmen. Das wäre für mich eine symbolische Anerkennung.
Unterhalb dieser vier Punkte wird kein Frieden erreichbar sein.
Ehud Barak, der Vorgänger Sharons, ist zwar in vielerlei Hinsicht sehr weit gegangen, aber er war eben nicht bereit, die angesprochene vollständige Lösung anzubieten. Vom Standpunkt der Palästinenser aus betrachtet, sind die vier Punkte das Minimum, das sie fordern müssen. Denn sie haben 1988 den Staat Israel anerkannt und damit 78 Prozent dessen, was sie als ihr ursprüngliches Heimatland ansehen, aufgegeben. Das war für die Palästinenser ein großer Schritt, wenn man bedenkt, dass sie im Kampf um nationale Souveränität zuvor das ganze Land im Visier hatten. Darauf musste die israelische

Regierung bei den Verhandlungen in Camp David (Sommer 2000) antworten. Das Angebot von Barak war quasi der Versuch, über die übrig gebliebenen 22 Prozent zu verhandeln. Mit anderen Worten, Teile der Westbank, des Gazastreifens und natürlich Ost-Jerusalem standen aus israelischer Sicht hierbei zur Disposition. Das war für die Palästinenser nicht annehmbar. Arafat wäre jedenfalls nicht in der Lage gewesen, seiner Bevölkerung eine solche Lösung zu verkaufen. An dieser Stelle gerieten Bill Clinton, Ehud Barak und Yassir Arafat in Camp David in die Sackgasse, weil beide Seiten eine rote Linie erreicht hatten.

Dann brach die Intifada aus (September 2000). Für uns in Israel stellte sich damals die Frage, ist das eine Taktik der Gewalt im Rahmen einer Friedensstrategie oder handelt es sich um die Anwendung von Gewalt als Teil einer abgestuften Gewaltstrategie. Wir waren zu Anfang der Meinung, dass die Palästinenser tatsächlich an der Friedensstrategie festhielten.

Ich glaube, dass auch Barak das so aufgefasst hat. Denn in den Gesprächen von Taba sind die Parteien ja über Camp David hinausgegangen, und nach meinen Quellen sind die Unterhändler dort mehr oder weniger zu einem Abkommen gelangt. Warum das zu nichts geführt hat, darüber streiten die Gelehrten. Die einen behaupten, Arafat wollte nicht mitziehen. Viele Israelis, die dabei waren, meinen, Barak sei zurückgeschreckt, weil die Meinungsumfragen klar voraussagten, dass er die bevorstehende Wahl verlieren werde. Soweit ich informiert bin, soll Barak gesagt haben, unter diesen Voraussetzungen darf ich diesen Friedensplan gar nicht einbringen. Wenn er jetzt nämlich bei den Wahlen verspielt wird, ist er ein für alle Mal begraben.

So kam es, dass die Intifada zur Kommunikationsebene zwischen Israelis und Palästinensern wurde. Nun allerdings mit einem Mann vom Schlage Sharons. Also, um das noch einmal zu wiederholen: Barak hat aus seiner Sicht ein *großzügiges Angebot* gemacht, das objektiv auch weiter ging als jedes israelische Angebot vorher, aber für Arafat war es schlechterdings nicht annehmbar. Uri Avneri, der israelische Publizist und Friedenskämpfer, hat es auf den Punkt gebracht: Zweifellos ist jemand, der 20 Kilometer gerannt ist, weiter gelaufen als einer, der an der 10-Kilometer-Marke aufgibt. Aber ein Marathonlauf ist eben erst nach 42,195 Kilometern zu Ende.« Moshe Zuckermann unterbricht seinen Redefluss, um ein wichtiges Telefonat zu beantworten. Er verlässt für ein paar Minuten sein Büro, in dem eine nüchterne Arbeitsatmosphäre herrscht. Die prall gefüllten Bücherregale und der mit Manuskripten überhäufte Schreibtisch bestimmen das Bild des relativ kleinen, spärlich möblierten Raumes. Nach der nur kurzen Pause setzen wir unser Gespräch fort.

Wie Israelis den Konflikt sehen

»Sprechen wir über die psychologische Seite, Herr Professor Zuckermann. Während des Friedensprozesses (1993–2000) haben alle israelischen Regierungen in den besetzten Gebieten weiter Siedlungen gebaut und Land konfisziert. Das hat viele Palästinenser misstrauisch gemacht. Israel verlor dadurch in ihren Augen die Glaubwürdigkeit als Friedenspartner. Den meisten Israelis dagegen scheint gar nicht bewusst gewesen zu sein, welche überragende Bedeutung die Siedlungs- und Landfrage für die Palästinenser hat. Warum ist das so?«
»Ja, in Israel war man sich dessen nicht bewusst. Denn man wollte nicht auf jene Leute hören, die dauernd darauf hingewiesen haben. Ich spreche von der kritischen israelischen Linken, die seit dem Oslo-Abkommen immer wieder bemängelt hat, dass der Siedlungsbau fortgesetzt wurde. Übrigens, wie Sie schon erwähnt haben, geschah das bei allen Regierungen. Nicht nur die rechten, sondern auch die sozialdemokratischen Premierminister Rabin, Peres und Barak haben kräftig Siedlungen errichtet. Dadurch entstand der Eindruck – und man kann das auch im Nachhinein so auslegen –, dass die *Besatzung mit friedlichen Mitteln* zementiert werden sollte.
Deshalb gab es eine ganze Menge – nicht nur palästinensische, sondern auch israelische – Stimmen, die das Osloer Abkommen kritisierten. Denn man kann nicht auf der einen Seite den Frieden haben und andererseits weiter okkupieren wollen.

Diese Stimmen wurden aber nicht gehört. Unter anderem deshalb, weil sie in der breiten Öffentlichkeit in Israel nie ernst genommen worden sind. Das hat dazu geführt, dass sie bis zum heutigen Tag im israelischen Diskurs eher draußen am Rand geblieben sind.

Aber Sie haben vollkommen Recht. Es gab unter den Palästinensern ein wachsendes Misstrauen gegenüber den offiziellen israelischen Initiativen und ein nicht minder großes Misstrauen seitens der israelischen, kritischen Linken.«

»Warum sehen viele Israelis keinen Zusammenhang zwischen dem erdrückenden Besatzungsalltag der Palästinenser und ihrer gewachsenen Militanz? Aus israelischer Sicht geht es allein um den davon völlig losgelösten Sicherheitsaspekt. Die israelische Bevölkerung fühlt sich natürlich durch die entsetzlichen Selbstmordanschläge bedroht. Aber sie denkt quasi nur von A bis C und nicht von A bis Z. Warum?«

»Na ja, die Frage ist zunächst einmal, von welchen Israelis wir reden. Nehmen wir die rechtsgerichteten Israelis. Sie haben eine vollkommen gefestigte Meinung über die Palästinenser. Für sie steht fest, dass die Palästinenser seit jeher nichts anderes im Schilde führen, als letztendlich das Kernland Israel auszuheben und die *Juden ins Meer zu treiben.*

Für diese Leute ist ein Friedensabkommen nicht möglich, weil sie glauben, dass der Konflikt mit Kompromissen nicht beizulegen ist. Entscheidend ist jedoch, was die Konservativen, die Linksliberalen und die anderen Menschen denken, also die große Gruppe der Standard-Zionisten in Israel. Warum sind die nicht fähig, das zu sehen? Ich glaube, das hat damit zu tun, dass in dem Moment, wo sich die Gewalt so barbarisiert – übrigens beidseitig –, ein Ausnahmezustand entsteht, in dem nur noch Freund-Feind-Bilder gesehen werden.

Es ist also eine Schwarzweißmalerei als unmittelbare Reaktion darauf, dass in Tel Aviv, in Jerusalem oder in Haifa Kaffeehäuser in die Luft fliegen. Dann reagieren die Leute geschockt und reden nicht mehr über das, was strukturell den Konflikt schafft. Sie sagen, wenn wir angegriffen werden, müssen wir zurückschlagen. Aber was am Tag danach passiert und welche Lösung man dann anpeilen will, auch hinsichtlich der Rettung der nächsten Generation auf beiden Seiten, das ist natürlich eine ganz andere Sache.«

Das Samson-Syndrom

»Ich glaube, das ist bisher unter anderem nicht vollzogen worden, weil hier bei den Israelis ein bisschen das Samson-Syndrom hineinspielt.

Samson, wie Sie wissen, hatte übermenschliche Kräfte und kämpfte gegen die Philister, die Urahnen der Palästinenser. Er geriet in die Fänge der schönen Delila, einer Philisterin, die seine Geliebte wurde und ihm durch Scheren seines Haupthaares seine Stärke raubte; so konnten ihn die Philister überwältigen. Sie blendeten ihn und setzten ihn in Gaza gefangen. Bei einem Opferfest seiner Feinde bittet er Gott, ihm seine Kraft noch einmal zurückzugeben. Und mit dieser letzten Kraft bringt er die Säulen des Tempels des Philistergottes Dagon zum Einsturz, um damit noch mehr Philister mit in den Tod zu reißen, als er in seinem ganzen Leben getötet hat.

Israel ist so bewaffnet, dass es den Großteil des Nahen Ostens in Schutt und Asche legen kann. Mit seinem Arsenal ist es in der Lage, nicht nur Beirut und Amman, sondern auch Damaskus, Kairo und Bagdad dem Erdboden gleichzumachen. Allerdings bedeutet das auch, dass Tel Aviv, Haifa, Netanja und vielleicht sogar Jerusalem zerstört werden. Mehr oder weniger sagt man hier in Israel, wir gehen vielleicht dabei drauf, aber die anderen sind auf jeden Fall erledigt.

Man baut darauf, dass die anderen uns nichts anhaben können, weil wir letztlich alle mit in den Tod reißen würden. Das führt zu einer selektiven Wahrnehmung, bei der ausgespart bleibt, dass ein solches Vorgehen mehr oder weniger einem israelischen Selbstmord gleichkäme. Ein bisschen Samson-Syndrom spielt hier mit eine Rolle.

Der Grund, warum man der Erkenntnis ausweicht, dass israelische Unterdrückung palästinensische Gegengewalt provoziert, liegt in der Angst der meisten Israelis, sich den genannten Alternativen auszusetzen, die ein Ende der Unterdrückungspolitik zwangsläufig mit sich bringen würde. Für meine Begriffe ist das auch einer der Gründe, warum Yitzak Rabin ermordet worden ist. Denn in dem Augenblick, wo Rabin den Frieden wirklich ins Visier nahm, standen die meisten Israelis vor der Frage: Was bedeutet dieser Frieden? Schafft er Verhältnisse, mit denen wir nach unserem Selbstverständnis als Zionisten noch umgehen können? Deshalb ist Yitzak Rabin auch als *Antizionist,* also als Verräter am Zionismus, apostrophiert worden.

Verstehen Sie, es geht darum, dass eine Friedenslösung die einzige Möglichkeit für das Überleben darstellt – gleichzeitig aber nach der Vorstellung vieler Israelis ihre Identität in Zweifel zieht. Deshalb hört man jetzt allenthalben, dass die Loslösung von den Palästinensern erfolgen müsse, damit wir ein demokratischer, jüdischer Staat sein können.

Vermutlich wird dies zunächst die einzuschlagende Richtung sein, weil auch die Palästinenser einen souveränen Staat verlangen. Längerfristig wird das jedoch keinen Bestand haben. Palästina wird ohne Israel und Israel wird ohne Palästina nicht mehr existieren können. Es müsste schon auf längere Sicht eine konföderative Struktur zwischen Israel und Palästina, vielleicht sogar einschließlich Jordanien, geschaffen werden.«

»Israel ist die einzige Demokratie im Nahen Osten. Darauf beruft sich vor allem die politische Klasse in Israel immer wieder. Nun sind aber im Rahmen des jüngsten israelischen Feldzuges gegen die Palästinenser häufiger Berichte von unabhängigen Beobachtern über den Vandalismus israelischer Soldaten veröffentlicht worden. Wie wirkt das auf Sie als Israeli; ist davon nicht das Selbstverständnis Israels als Demokratie betroffen?«

»Schauen Sie, ich bin der Meinung, dass demokratische Staaten zu Kriegszeiten zutiefst antidemokratisch werden. Das gilt nicht nur für Israel, sondern ganz allgemein, wie wir aus der Geschichte lernen können. Es ist ein Leichtes, in Zeiten des friedlichen Wohlstandes demokratisch zu sein. Die Kriegszeiten sind hier das Kriterium. Da hat sich bisher noch kein Land als besonders demokratisch erwiesen. Es gab und gibt dann immer Notstandsgesetze und Ausnahmezustände. Was nun die Verwüstungen in Jenin und anderen palästinensi-

schen Städten anbelangt, so trifft der Vorwurf für meine Begriffe nicht die einzelnen Soldaten. Sie sind als Soldaten einem
Gewaltunternehmen unterstellt. Da geraten sie selbst in le-
bensbedrohliche Situationen, wenn sie auf Gegenwehr treffen.
Dann tun sie das, was Soldaten tun, sie schießen und sie töten.
Die große Frage ist, ob nicht die Politik von vornherein diesen
Vandalismus mit in Kauf genommen hat. Was erwartet man
denn, wenn man mit schweren Panzern in dicht besiedelte Gebiete eindringt? Was soll dabei herauskommen? Es ist genau
das entstanden, was wir jetzt erst allmählich zu sehen bekom-
men. Nicht von ungefähr haben die israelischen Behörden das
Gebiet über zwei Wochen lang für die Weltpresse gesperrt und
auch für die israelische Presse.«
»*Warum haben sie das gemacht?*«
»Na ja, weil sie genau wussten, was Bilder bewirken können.
Es reicht schon, diese Bilder zu senden, die aussehen wie Berlin 1945, um daraus zu folgern, wie da rumgewütet worden
ist. Dass die Palästinenser das wahrscheinlich auch für ihre
Propaganda instrumentalisiert hätten, ist für mich nur eine
Nebenfrage. Die Hauptfrage ist, dass die israelische Regierung sehr wohl wusste, was sie da angerichtet hatte. Da gab es
ein Schuldbewusstsein. Es war kein anderer als Außenminister Shimon Peres, der in einer Kabinettssitzung gesagt hat, in
Jenin habe ein Massaker stattgefunden. Er hat das kurz darauf
dementieren lassen. Doch selbst, wenn das nicht stimmt, muss
er sich bewusst gewesen sein, wie da rumgewütet worden ist.«

Die Instrumentalisierung des Holocaust

»*Sie haben sich intensiv mit dem Holocaust in den politischen
Kulturen Israels und Deutschlands auseinander gesetzt.*[71] *Wie
bewerten Sie die Aussage von Ariel Sharon, es wundere ihn
nicht, dass seine Politik in Europa kritisiert werde. Er sei dort
eben nicht sehr beliebt, und man könne klar sehen, dass in Europa auch der Antisemitismus wieder im Kommen sei?*«
»Ich glaube, Sharon ist noch einen Schritt weiter gegangen.
Gestern (15. April 2002, d.V.) war in einer der größten Tages-

zeitungen Israels zu lesen, Sharon habe gesagt, es wundere ihn nicht, dass in Europa Kritik an ihm geübt werde. Das sei nichts anderes, als der Versuch der Europäer – die ehedem den Nazis Beistand geleistet hätten –, sich nun durch die Kritik an ihm rein zu waschen.

Also, das ist natürlich die Instrumentalisierung des Holocaust auf die perfideste Art. Es mag heute in Europa durchaus unterschiedliche Motivationen für die Kritik an Israel geben, und ich würde nicht für einen Moment Antisemitismus bei der einer oder anderen Gruppe ausschließen. Denn es gibt durchaus solche Tendenzen in Europa. Aber es ist natürlich vollkommen hanebüchen, zu behaupten, Leute wie Blair oder andere führende Politiker der Europäischen Union äußerten sich aus antisemitischen Gründen kritisch gegenüber der Politik Sharons. Es ist in der Tat eine Art der Instrumentalisierung und übrigens ein altbewährtes Mittel in Israel. In dem Augenblick, wo man Antisemitismus sagt, hat man sofort eine Kohäsionskraft, also eine Art Kittfunktion für die an sich sehr gespaltene israelische Gesellschaft. Denn Antisemitismus ist die von außen kommende Bedrohung, die dann natürlich sofort in diese Reaktion umgesetzt wird: *Jetzt müssen wir zusammenhalten.*

Das ist es, was in den letzten Wochen passiert. So ein Spruch von Sharon hätte vor einem halben Jahr, ganz bestimmt vor zwei Jahren, zu einem riesigen Aufschrei in der israelischen Presse geführt. Vor knapp einem dreiviertel Jahr, als Sharon die amerikanische Haltung gegenüber Arafat mit der Beschwichtigungspolitik der europäischen Mächte gegenüber Hitler und dem Münchner Abkommen von 1938 verglich, gab es tatsächlich in den israelischen Zeitungen einen solchen Aufschrei. Jetzt aber, nach dieser Provokation, war überhaupt nichts zu hören.

Das bedeutet mehr oder weniger, dass man jetzt die Reihen fest geschlossen hat. Sie wissen, dass wir in der letzten Woche den Holocaust-Gedenktag gehabt haben. Dieses Gespräch heute führen wir am Tag des Gedenkens für die gefallenen Soldaten. Morgen ist der Unabhängigkeitstag. Wir beide haben eben sogar die Sirenen draußen gehört. An solchen Tagen

stehen die Gefühle im Vordergrund. Die Menschen denken an die Verfolgung der Juden mit dem Kulminationspunkt Holocaust und an den Heroismus der israelischen Soldaten. In dieser Atmosphäre kann ein Mann wie Sharon sagen, was er will. Das wird hingenommen und mehr oder weniger auch abgesegnet. Es gibt natürlich eine kritische Öffentlichkeit, die sich bald mit dieser Äußerung von Sharon wird auseinander setzen müssen. Aber bislang haben wir noch nichts gehört. Ich muss auch sagen, als jemand, der gewöhnlich mit solchen Aussagen wissenschaftlich umgeht – also Leute wie ich finden im Moment unter diesem Gesichtspunkt wenig Gehör. Ich war zum Beispiel vergangene Woche am Holocaust-Gedenktag in Jerusalem eingeladen, um im Israel-Museum einen Film über Saul Friedländer, den berühmten Geschichtsprofessor und Holocaust-Überlebenden, zu kommentieren. Im Publikum waren 250 Personen, von denen ungefähr die Hälfte nach den ersten zehn Minuten meiner Rede aufstanden und hinausgingen.«
»Aber hat ein solches Verhalten nicht vor allem mit den Jahrhunderten von Verfolgungsgeschichte zu tun, die sich als kollektive Erinnerung festgesetzt hat und sich im Moment der Bedrohung häufig irrational in den Vordergrund schiebt?«
»Man kann aus dem Holocaust, wenn Sie so wollen, zweierlei ›Lehren‹ ziehen oder zweierlei Haltungen ableiten. Die eine entspricht dem Standpunkt, der in der israelischen politischen Kultur zum Ausdruck kommt: *Nie wieder soll es u n s widerfahren.* Deshalb müssen wir immer auf der Hut sein. Wenn das bedeutet, unsere Feinde zu zerschlagen, z. B. die Palästinenser – müssen wir sie eben mit allen Mitteln niederringen, die uns zur Verfügung stehen. *Denn nie wieder soll es u n s widerfahren.*
Die andere Möglichkeit wäre es, zu fragen, was für ein Holocaustgedenken es ist, wenn wir im Namen der Opfer immer neue Opfer auf der anderen Seite hervorbringen. Unabhängig von der moralischen Frage, die die beschriebene Holocaustlehre aufwirft, ist diese Haltung unter praktischen Gesichtspunkten ein enormer Fehlschluss. Denn die daraus abgeleitete Politik, die wir ja auch momentan betreiben, kann durchaus in eine gefährliche Eskalation führen. Daraus könnte ein tota-

ler Krieg hier in der Region entstehen, in dem der halbe Nahe Osten in Schutt und Asche gelegt, aber auch Israel dem Erdboden gleichgemacht würde.

Andererseits kann ich die Ängste der Juden in Israel sehr gut verstehen. Ich bin ja selbst ein Sohn von Auschwitz-Überlebenden. Mir braucht man keine großen Moralpredigten zu halten nach dem Motto: Wir müssen stark sein. Ich lebe aus freiem Willen in diesem Land, ich lebe hier als Sohn von Überlebenden des Holocaust, die das Schlimmste überhaupt überstanden haben, nämlich das Vernichtungslager. Von daher glaube ich in der Tat, dass man Holocaust hier nicht nur als das verstehen sollte, was er an realen Ängsten bewirkt hat. Gewiss, diese Ängste darf man nie aus den Augen verlieren. Aber man sollte auch mitbedenken, wie diese Ängste dann instrumentalisiert, ideologisiert und auch fetischisiert worden sind.

Ich will noch einmal das Problem ansprechen, das der israelische Historiker Yehuda Elkana[72] 1988 in einem Zeitungsartikel auf den Punkt gebracht hat. Er sagt darin, von den Juden sprechend: ›Symbolisch ausgedrückt, sind aus Auschwitz zwei Völker hervorgegangen – eine Minderheit, die behauptet, es soll nie wieder passieren, und eine verschreckte, furchterfasste Mehrheit, die behauptet, es soll nie wieder *uns* passieren.‹

Im ersten Fall leitet die kleine Minderheit einen universellen Aspekt von Auschwitz ab. Das heißt, ›Auschwitz‹ solle keiner Gemeinschaft, zu keiner Zeit an keinem Ort der Welt jemals widerfahren. Mit anderen Worten, es handelt sich um ein grundsätzliches Gelübde, dass sich ein systematischer Völkermord in der Menschheitsgeschichte nie mehr wiederholen solle.[73]

Die Mehrheit hingegen leitet von Auschwitz die partikulare Forderung ab, ›es‹ solle nie wieder *uns*, also dem jüdischen Volk, geschehen. Und beschränkt sich somit im kollektiven Andenken auf das spezifisch Jüdische des Holocaust. Das ist das von Israel gewählte Postulat. Diese spezielle die Juden betreffende Forderung ermöglicht ihre unmittelbare, konkrete Verwirklichung, d.h. die Gründung eines Staates, der selbst dafür sorgen kann, dass eine systematische Vernichtung von Juden nie wieder vorkommt.[74]

Und so entsteht der Anspruch, dass alles legitim sei, was Israel tun kann, um diesem Ziel zu dienen. Wenn das jedoch dazu führt, dass die Opfer des Holocaust für etwas herangezogen werden, das tendenziell neue Opfer schafft, dann käme das einer Instrumentalisierung des Holocaust nahe. Man kann nicht irgendwie Opfer mit Opfern verrechnen wollen.

Lange Zeit hat das Holocaust-Gedenken in Israel ethisch, aber auch im Sinne des eigentlichen Andenkens an die Opfer nicht wirklich dem Wesen des Holocaust entsprochen. Schließlich kann man erwarten, dass die Menschen in einem Staat, der ja auch infolge des Holocaust entstanden ist, einen universellen Aspekt des Holocaust für sich selbst in Anspruch nehmen.

Als ich das neben Tom Segev[75] 1993 als einer der ersten thematisierte, gab es einen riesigen Aufschrei. Danach hat sich aber etwas in dieser Hinsicht getan. Die Tatsache, dass gegenwärtig wieder die Reihen geschlossen werden – man wieder aufschreit, wenn jemand einen kritischen Gedanken zum Holocaust-Gedenken anbringt –, hat mit dem momentanen Zustand des um das Stammesfeuer versammelten Volkes Israel zu tun.

Das wird sich wieder geben. Ich glaube, das Thema bleibt in der Diskussion.

Für deutsche Jugendliche – das habe ich schon vor einigen Jahren in Weimar gesagt – sollte das eigentliche Holocaust-Gedenken in emanzipativer politischer Arbeit liegen, durchaus auch im sozialen Bereich. Das ist der beste Weg, wenn man vom Holocaust im praktischen Sinne überhaupt etwas ableiten will. *Nie wieder Opfer* bedeutet eben eine Politik zu betreiben, die sich der Opferwerdung von Menschen in der Praxis widersetzt.«

Wie denkt die israelische Rechte?

Rifka Goldschmidt ist Lehrerin in Gush Katif, einem jüdischen Siedlungsblock im südlichen Gaza-Streifen. Sie lebt dort seit Ende der 70er Jahre und unterrichtet Kinder im Alter zwischen zehn und 14 Jahren. Sie sagt:

»Wenn die Araber uns wirklich verstehen würden, wenn sie wirklich Frieden wollten – dann hätten sie schon vor einigen Jahren aufgehört zu schießen. Damit hätten sie uns Siedlern bewiesen, dass es sich für uns lohnte zu gehen – obwohl ich glaube, dass wir überhaupt kein Land aufgeben sollten, weil es uns gehört. Aber lassen wir das zunächst beiseite.

Sagen wir, ich nähme einmal den Standpunkt der Palästinenser ein. Sie waren noch nicht einmal klug oder menschlich genug, ihre Waffen beiseite zu legen, um den Israelis zu zeigen, dass sie den Frieden ansteuern. Welchen anderen Beweis braucht die Welt, dass sie keinen Frieden wollen – sie sind nicht am Frieden interessiert, sondern am Krieg.

Ich lebe hier in Gush Katif im Gaza-Streifen – um das klarzustellen –, weil das unser Land ist.

Als Anwar al Sadat (Ägyptischer Präsident 1970–1981, d. V.) zu uns gekommen ist, um im israelischen Parlament eine Rede zu halten, die den Israelis klar machen sollte, warum der Frieden so notwendig sei, da hatte er eine Botschaft in der Tasche. Er sagte, er wolle die ganze Halbinsel Sinai zurück haben, weil sie ihm gehöre. Er sprach nicht davon, dass er Teile des Gebietes aus Sicherheitsgründen oder wegen der Archäologie oder wegen der Ölquellen beanspruche. Nein, er sagte klipp und klar, er wolle das Land zurück, weil es ihm gehöre.

Ich sage dasselbe und ich warte darauf, dass der israelische Premierminister sich genauso erklärt.

Wir haben uns hier im Gaza-Streifen niedergelassen, weil das Land unser Eigentum ist.

Wenn wir nicht das Recht haben, im Westjordanland, auf den Golan-Höhen oder in Gaza zu siedeln, dann haben wir auch kein Recht, in Tel Aviv, Haifa oder Jerusalem Wurzeln zu schlagen.

Viele Nationen auf der Welt haben im Laufe der Jahre verschiedene Positionen eingenommen. Nicht alles, was sie sagen, trifft auch ein. Nicht immer bewahrheitet sich das, was dem internationalen Standpunkt entspricht. Eines Tages werden wir der Welt beweisen, dass das unser Land ist. Das kann auf zweierlei Weise geschehen. Eine Möglichkeit besteht darin, dass die Araber hier bleiben und sich wie menschliche Wesen benehmen. Niemand wird sie deportieren, aber sie werden keine israelischen Staatsbürger sein. Sie dürfen ihre Autonomie haben, aber nur über ihr tägliches Leben, und keinesfalls über das Land.

Die andere Alternative sieht so aus: Wenn sie sich weiter so verhalten wie jetzt – grausam, wie eine Bande von Mördern –, dann werden sie von hier deportiert.

Wir haben sie nicht von hier verjagt. Doch sie haben das mit uns versucht, als wir noch innerhalb der *grünen Linie* waren, also vor dem Sechstagekrieg 1967. Ich möchte die Welt daran erinnern, dass die Araber uns damals immer und immer wieder angegriffen haben. Warum? Welchen Grund hatten sie dazu? Sie hatten keinen. Wenn die Siedlungen das ganze Problem sind, warum haben die Araber uns dann vor 1967 attackiert, als es diese noch gar nicht gab?

Das ist noch mehr Beweis dafür, dass mein Wohnort hier keine *Siedlung* ist und dass Israel nicht auf das Gebiet innerhalb der *grünen Linie* beschränkt sein muss. Israel muss in Israel sein, d. h. im ganzen Land Israel. Denn wenn Hebron (Westbank, d. V.) nicht Israel ist, dann liegt Tel Aviv auch nicht in Israel.

Ich glaube zutiefst an die Bibel und die jüdische Geschichte. Aus diesem Glauben erwächst die Tatsache, dass wir eines Tages in ganz Israel leben werden.

Die Araber halten einfach Land besetzt, das ihnen nicht gehört.«[76]

So wie Rifka Goldschmidt denken viele Siedler. Darunter sind zahlreiche Zuwanderer aus europäischen Ländern wie Frankreich, Holland oder Großbritannien. Auch in den USA haben viele jüdische Bürger ihre Existenz aufgegeben, um in einer der Siedlungen ein neues Leben auf *biblischer Heimaterde* zu beginnen. Oft sehen die Siedler sich als Pioniere in der Tradition ihrer zionistischen Vorväter, besonders wenn sie völlig isolierte Außenposten besetzen. Sie wollen nicht gelten lassen, dass ihre Siedlungen in den israelisch besetzten palästinensischen Gebieten gegen die Genfer Konventionen und somit gegen das Völkerrecht verstoßen. Sie sehen sich ohne jede Einschränkung im biblisch begründeten Recht und betrachten die Palästinenser als »Zuwanderer« im Gelobten Land ohne jeden Rechtstitel.

Daran ändert aus der Sicht der Siedler auch die Tatsache nichts, dass die arabische Bevölkerung Palästinas dort schon seit weit über eintausend Jahren beheimatet ist, zum Teil wohl auch von Völkern abstammt, die schon zu biblischen Zeiten in diesem Gebiet lebten, also lange bevor die im 7. Jahrhundert n. Chr. aus der arabischen Halbinsel an das östliche Mittelmeer vorstürmenden Araber das Land eroberten und dort den noch jungen Islam verbreiteten.

Es gibt religiöse und weltlich orientierte Siedler. Im Zentrum von Hebron z. B. finden sich orthodoxe Amerikaner, die die Stadt Abrahams für sich beanspruchen. Anders als die sefardischen Juden, die bis zum Massaker von 1929 dort lebten und immer um Toleranz mit den Muslimen bemüht waren, verachten diese amerikanischen Siedler den Koran und das Neue Testament.

Doch eine große Zahl von Siedlern sind gar keine richtigen *Siedler*. Sie haben keine ideologischen Gründe, die sie dazu bewegen, außerhalb Israels zu leben. Sie sind in diese »Wohnanlagen« gezogen, weil der israelische Staat sie dorthin gelockt hat. Er bietet ihnen komfortables Wohnen, Gärten mit Swimmingpool für die Kinder und sehr gute Straßen, die sie schnell an ihre Arbeitsplätze in Israel bringen. Und das alles zu außerordentlich günstigen Bedingungen. Der israelische Steuerzahler subventioniert den Bau der Siedlungen und die damit verbundenen Infrastrukturmaßnahmen mit vielen Millionen Dollar jährlich.

Die genauen Daten darüber sind nur schwer zu erhalten. Aber im laufenden Haushaltsjahr 2002 steckt allein das Transportministerium mehr als 300 Millionen Schekel (ca. 64 Mio. US-Dollar) in den Siedlungsstraßenbau. Das Handelsministerium erhöht 2002 die Zuschüsse für Investitionen in die Siedlungen um 12 Prozent, und das Landwirtschaftsministerium hat in diesem Jahr 90 Millionen Schekel (ca. 19 Mio. US-Dollar) an die Siedlerorganisationen überwiesen.[77]

Alle diese Ministerien werden übrigens von Repräsentanten der Arbeitspartei geführt, deren Vorsitzender Benjamin Ben-Eliezer offen einräumt, dass der Bau der Siedlungen ein historischer Fehler gewesen sei. Dennoch hat Ben-Eliezer als Verteidigungsminister der Koalitionsregierung Sharon 228 Millionen Schekel (ca. 49 Mio. US-Dollar) in sein Budget für 2002 eingestellt, die für Umgehungsstraßen und Verteidigungssysteme von isolierten Siedlungen und illegalen Außenposten bestimmt sind.

Das Problem des knappen Wassers in den besetzten Gebieten wird durch die Siedler noch verschärft. Die Siedlungen liegen in der Regel auf den Hügeln Palästinas, und ihre Bewohner nehmen sich unter dem Schutz der israelischen Armee das Wasser aus den Tälern, in denen die Palästinenser leben, die indes ihre eigenen Brunnen nur bis zu einer bestimmten Tiefe bohren dürfen. Die arabische Bevölkerung leidet unter Wassermangel, während sich die Siedler blühender, grüner Gärten erfreuen. Bemerkenswert ist, dass die eigentliche Baufläche der Siedlungsanlagen nur 1,7 Prozent des Westjordanlandes ausmacht. Doch die Gesamtfläche, die der israelische Staat den Palästinensern seit 1967 weggenommen hat, umfasst immerhin 42 Prozent des arabischen Landes. Das schließt die *Verwaltungszonen* der Siedlungen und das Straßennetz mit ein, das von den Siedlern und der israelischen Armee kontrolliert wird. Die israelische Menschenrechtsorganisation Betselem hat dies dokumentiert und im Mai 2002 veröffentlicht.[78] Sie spricht von insgesamt 380 000 Siedlern in der Westbank. Dazu zählen auch die 180 000 Menschen, die in den Vierteln rund um Jerusalem leben, die 1980 zusammen mit Ost-Jerusalem von Israel annektiert worden sind. Ohne »Groß-Jerusalem« leben etwas mehr als 200 000 jüdische Siedler in der Westbank und im Gaza-Streifen – umgeben von rund drei Millionen Palästinensern. Israel hat nach dem Sechstagekrieg 1967 mit dem Siedlungsbau begonnen, und zwar unter den regierenden Sozialdemokraten von der Arbeitspartei. Es entstanden *strategische Siedlungen* am Jordangraben und in der Jordansenke. Aus diesen Militärposten entwickelten sich später oft »zivile« Siedlungen.

145

Als Menachim Begin 1977 mit seinem rechtsgerichteten Likud-Block an die Macht kam, ließ er *politische Siedlungen* bauen. Damit sollte das zusammenhängende palästinensische Land durchschnitten werden. Die *politischen Siedler* bauten ihre Anlagen auf den Hügeln Palästinas und trennten so die Ländereien der arabischen Dörfer voneinander.

Seither haben alle israelischen Regierungen – ob von Likud oder von der Arbeitspartei geführt – kontinuierlich Siedlungen in den besetzten Gebieten errichten lassen.

Nach dem Golfkrieg gegen Saddam Hussein gelang es dem amerikanischen Außenminister James Baker im Oktober 1991, die Friedenskonferenz von Madrid zu versammeln. Damit erfüllte die erste Regierung Bush eine Zusage an die arabischen Staaten, die ihre Teilnahme an der Anti-Saddam-Koalition davon abhängig gemacht hatten, dass die USA sich nach dem Krieg um eine Lösung der Palästina-Frage bemühen würden. Damals stellte die palästinensische Delegation unter Haidar Abdel Shafi und Hanan Ashrawi die Siedlungsfrage in den Mittelpunkt ihrer Erörterungen. James Baker nannte die Siedlungen »ein Hindernis für den Frieden«.

Als Yassir Arafat seine Geheimverhandlungen mit der israelischen Regierung für das Abkommen von Oslo führte, machte er einen schweren, strategischen Fehler. Er ließ sich darauf ein, die Siedlungsfrage zunächst auszuklammern, obwohl er dieses Kernproblem in den Mittelpunkt der Gespräche hätte rücken müssen. Stattdessen sollten die Siedlungen erst in den Verhandlungen über den Endstatus Palästinas, also Jahre später, behandelt werden.

Israel baute oder erweiterte in den sieben Jahren des Friedensprozesses so viele Siedlungen, dass sich die Zahl der Siedler von 100 000 auf über 200 000 verdoppelte. Das schließt die annektierten Wohnviertel von Ost-Jerusalem nicht mit ein.

Wie Betselem feststellt, »verstößt die Errichtung von Siedlungen in der Westbank gegen das humanitäre Völkerrecht«. Darüber hinaus hat der Siedlungsbau die Menschenrechte der Palästinenser verletzt, indem »ihre Bewegungsfreiheit und ihre Eigentumsrechte eingeschränkt« wurden. Die hauptsächlich von Israel angewendete Methode, um sich des palästinensischen Landes zu bemächtigen, besteht darin, es zum »Staatsland« zu erklären; und zwar auf der Basis eines osmanischen Gesetzes aus dem 19. Jahrhundert. »In vielen Fällen«, so heißt es in dem Bericht von Betselem, »waren sich die palästinensischen Bewohner der Tatsache gar nicht bewusst, dass ihr Land im Namen des Staates registriert worden war. Als sie dessen gewahr wurden, war es zu spät, um dagegen Widerspruch einzulegen.«

Andere Methoden für die israelische Landnahme bestanden darin, palästinensische Grundstücke aus »militärischer Notwendigkeit« oder »im öffentlichen Interesse« zu beschlagnahmen. Mitunter wurde das Land von Palästinensern auch von Amts wegen als »herrenlos« deklariert. Die von den israelischen Behörden ergriffenen Maßnahmen sind in aller Regel vom Obersten Gerichtshof abgesegnet worden. Dadurch erhielten sie, wie Betselem ausführt, den »Schein der Legalität«. Infolge der Siedlungen wendet der israelische Staat im Westjordanland »zwei verschiedene Rechtssysteme« an, und zwar »auf der Basis von Rassendiskriminierung«, stellt der Bericht fest. Siedler genießen nicht nur Privilegien gegenüber ihren palästinensischen Nachbarn, sie erhalten auch höhere staatliche Zuwendungen als in Kern-Israel lebende Bürger. Im Jahr 2000 haben die regionalen Siedlungsräte Finanzhilfen bekommen, die durchschnittlich 165 Prozent über den Leistungen an vergleichbare Empfänger in Israel liegen.

Nicht nur in den Kreisen der politischen Rechten, auch in den linken Parteien und in der nationalreligiösen Bewegung hat es seit 1967 immer einflussreiche Befürworter für die Besiedlung der besetzten palästinensischen Gebiete gegeben. Für die Linken standen dabei gewöhnlich Sicherheitsaspekte im Vordergrund. Likud und andere rechts stehende Kräfte aber versuchten, ihren ideologischen Anspruch auf das Land zu rationalisieren. Sie tun dies unverändert und bemühen dabei die Geschichte und das Völkerrecht.

Botschafter Zalman Shoval, ein hoher israelischer Diplomat und Berater Sharons, hat das in einem Beitrag für die »Washington Times« so formuliert:

»Die Europäische Union nimmt die Haltung der Araber ein

und bezeichnet die jüdischen Siedlungen in den Territorien als ›illegal‹, obwohl viele Rechtsexperten dem widersprechen. Jerusalem wird ebenfalls als ›besetztes Gebiet‹ eingestuft, obwohl die Stadt – wie jeder Christ, jeder Jude und die meisten Muslime wahrscheinlich wissen – seit über 3000 Jahren im Mittelpunkt jüdischen Denkens gestanden hat. Dabei wird geflissentlich übersehen, dass Israel weder Judäa und Samaria noch Gaza kontrollieren würde, wenn es 1967 nicht angegriffen worden wäre. Trotz seiner unstreitigen, historischen und moralischen Rechte auf die Gebiete. Israel hat einen rechtlich begründeten Anspruch auf dieses Land.

Die Feinde Israels bemühen sich auch ganz erfolgreich darum, die Welt vergessen zu machen, dass auf diesem Gebiet niemals ein palästinensischer Staat existierte. Nach dem Völkerrecht ist Israels Anspruch auf die Souveränität über Judäa, Samaria und Gaza mindestens ebenso viel wert, wenn nicht mehr, als die Ansprüche von jemand anderem.«[79]

Shoval bezieht sich damit auf die Meinung des israelischen Völkerrechtlers Yehuda Blum, der darauf verweist, dass das Westjordanland bis zum Ende des Ersten Weltkrieges unter der Hoheit des Osmanischen Reiches stand. Dann folgte die Mandatsherrschaft Großbritanniens und nach dem ersten arabisch-israelischen Krieg 1948 sei das Gebiet von Jordanien annektiert worden. Israel, so Blum, habe also 1967 nicht palästinensisches Land erobert, sondern ein Territorium, das ausgeschiedenen Teilhabern gehörte und staatsrechtlich heute niemandem zugeordnet sei. Deshalb fänden die Genfer Konventionen keine Anwendung, wonach die Besatzungsmacht keine eigenen Staatsbürger in diesem Gebiet ansiedeln dürfe. Yehuda Blum vertritt eine absolute Minderheitsmeinung, die nach Auffassung aller führenden internationalen Völkerrechtsexperten unzulässig ist. Das geht zweifelsfrei aus den Darlegungen in der völkerrechtlichen Enzyklopädie hervor, die das Heidelberger Max-Planck-Institut für Völkerrecht herausgibt. Israel steht also mit dieser Position praktisch alleine. Nicht einmal die USA teilen offiziell die israelische Haltung, wonach die Westbank und der Gaza-Streifen »umstrittene« – und nicht besetzte – Gebiete seien.

Der Schutzherr der Siedler

Die nationalistischen Siedler sind zutiefst davon überzeugt, dass die Westbank nicht den Palästinensern gehört. Seit dem Scheitern des Friedensprozesses und dem Amtsantritt von Premierminister Sharon sehen sich diese Gruppen wieder gestärkt. Sie betrachten sich als Avantgarde, die das nationale Bewusstsein ihrer Landsleute schärfen müssten. Damit meinen sie, dass die Israelis die Grenzen von vor 1967 aus ihren Köpfen verbannen und sich auf *Eretz Israel* konzentrieren sollten. »Ganz Israel« ist ihr Credo, und dazu gehören auf jeden Fall *Judäa und Samaria*, also das Westjordanland. Die politische Lobby der Siedler steht rechts und extrem rechts.

Ihren Hauptsponsor haben die Siedler seit Jahren in Ariel Sharon, der im Sommer 2002 zwar einen Sparhaushalt verabschieden musste, aber bei den Siedlern keinen Schekel gestrichen hat. Die Regierung Sharon investiert enorme Summen in die Stärkung der Siedlungen und will auf diesem Wege erreichen, dass die israelische Präsenz in den besetzten Gebieten irreversibel wird. Diesen Verdacht äußert Yuli Tamir in der linksliberalen Tageszeitung »Haaretz«:

»Mehr und mehr Leute (in Israel, d. V.) sagen seit einiger Zeit, es bestehe politisch kein Unterschied mehr zwischen links und rechts. Der größte Teil der Öffentlichkeit hat jedes Vertrauen in den Friedensprozess verloren. Dennoch glauben dieselben Leute, dass Israel die Gebiete überwiegend aufgeben und die meisten Siedlungen räumen muss. Das ist die neue israelische Übereinstimmung, die erklärt, warum die Regierung der nationalen Einheit so breit unterstützt wird.

Mit anderen Worten, es ist legitim, dass Israel in den Gebieten bleibt. Auf kurze Sicht. Am Ende einer Übergangsphase wird Israel die Gebiete größtenteils verlassen müssen.

Die Regierung Sharon handelt in entscheidender Weise gegen diesen künftigen Rückzug.

Die Armee besetzt die Zone A (palästinensisch kontrolliertes Gebiet, d. V.), zerstört die Überreste der palästinensischen Autonomiebehörde, setzt die israelische Militärverwaltung wieder ein und schafft die Vereinbarungen ab, die auf der Basis der

Verträge von Oslo entstanden sind. Gleichzeitig steckt die Regierung Sharon so viel Geld in Maßnahmen, die die Siedlungsanlagen stärken und führt damit eine Lage herbei, die die israelische Anwesenheit in den Gebieten unwiderruflich macht.

Die Kampagne gegen den Terror rechtfertigt nicht den Bau von Wohnhäusern und Geschäftszentren, auch nicht die Gewährung von Hypotheken und Steuererleichterungen oder die Erhöhung der Erziehungsbeihilfen für Bewohner der Siedlungen. Und es ist offensichtlich, dass sie nicht erklären kann, warum der israelische Staat dreimal soviel Geld für einen jüdischen Siedler ausgibt wie für einen Bürger in Israel innerhalb der grünen Linie.

Die Investitionen in den Gebieten beruhen entweder auf ökonomischer Dummheit, oder es handelt sich dabei um politischen Betrug.

Wenn die Siedler mit finanziellen Mitteln beruhigt werden sollen, bis sie evakuiert werden, dann ist es die höchste Bestechungssumme, die jemals in Israel bezahlt worden ist. Das lässt Zehntausende von Israelis unter der hohen Steuerlast, der Arbeitslosigkeit und den schwindenden Sozialleistungen stöhnen. Wenn es ein Versuch ist, jeden möglichen Rückzug in der Zukunft zu verhindern, dann geschieht es unter dem Deckmantel notwendiger Sicherheitsmaßnahmen und verstößt gegen den Willen der Bevölkerungsmehrheit und den der amerikanischen und europäischen Vermittler bei einem künftigen Kompromiss.«[80]

Ariel Sharon ist einer der Väter der Siedlungsbewegung, und er hat mehrfach als Premierminister öffentlich bekräftigt, dass er keine Siedlung räumen will – keine einzige.

Wie schon Anfang der 70er Jahre behauptet Sharon immer noch, die Siedlungen seien von strategischer Bedeutung und trügen zur Sicherheit Israels bei. Dem widersprechen israelische Sicherheitsexperten und Offiziere der Armee entschieden. Für sie sind die Siedlungen eine Last, weil sie gegen die Attacken militanter Palästinenser militärisch geschützt werden müssen, ohne heute einen strategischen Wert darzustellen. Die Revolte der Palästinenser, vor allem jedoch die furchtbaren Selbstmordattentate, haben es Sharon erleichtert, ungestört weiter Siedlungen zu bauen. Das Leid der Opfer und ihrer Familien erschütterten die Bevölkerung, die in ihrem Schmerz und ihrer Angst keine Gedanken an dieses Thema verschwendete. Sharon nutzte die *geschlossenen Militärzonen,* um unliebsame Zeugen von den Baustellen fern zu halten. Als die Amerikaner im Januar 2002 monierten, Sharon umgehe den vereinbarten Baustopp und ihm als Beweis dafür Satellitenaufnahmen präsentierten, sagte er höflich zu, die Sache prüfen zu lassen.

Sharons Ziele

Ariel Sharon ist nicht mehr der Polterer von einst, der sich schnell mit den Amerikanern anlegte, wenn jene sich gegen seine Aktionen stellten. Wie z. B. während der Invasion des Libanon im Sommer 1982, als die israelischen Truppen auf seinen Befehl bis nach Beirut vordrangen und die Stadt wochenlang belagerten, um die umzingelten PLO-Kämpfer zur Aufgabe zu zwingen.

Er nimmt auch den Mund nicht mehr so voll wie früher, als er gerne bombastische Ankündigungen machte. Was er politisch wirklich plant, behält er heute weitgehend für sich. Und er bemüht sich außerordentlich, seine Politik mit der amerikanischen Regierung abzustimmen, in der es ja mächtige Fürsprecher gibt, deren Weltsicht der seinen sehr nahe kommt. Ariel Sharon will sich Präsident George W. Bush gewogen halten.

Sharon hat außerdem gelernt, dass er einen breiten Konsens in der Bevölkerung herstellen muss, um handlungsfähig zu sein. Deshalb investiert er viel Energie, um die Koalition mit der Arbeitspartei am Leben zu erhalten. Nur ab und zu lässt er seine harte Linie erkennen. Allerdings ist er bereit, aus taktischen Gründen wieder zurückzuweichen, wenn es notwendig ist.[81]

Ariel Sharon verfolgt ein strategisches Ziel, das darauf gerichtet ist, in der Westbank einen palästinensischen Staat zu verhindern. In der gegenwärtigen Situation will er nicht über eine endgültige Lösung mit den Palästinensern verhandeln. Seine Erklärung – oder der Vorwand – dafür ist, dass Israel nicht mit jemandem spricht, der einen Terrorkrieg gegen israelische Bürger führt.[82] Er ist allenfalls bereit, mit den Palästinensern über zweitrangige praktische Fragen zu sprechen. Auf diese Weise will er jede palästinensische Staatlichkeit auf die lange Bank schieben. Damit liegt er, ohne es laut zu sagen, auf der Linie seiner Likud-Partei, deren Zentralkomitee im Mai 2002 beschloss, niemals einen unabhängigen Staat Palästina zu akzeptieren.

Der israelische Militär- und Sicherheitsexperte Ze'ev Schiff sagt, nach Sharons Verständnis ist ein erfolgreiches Krisenmanagement von entscheidender Bedeutung, während die Lösung des Konflikts selbst keine Dringlichkeit hat. Zu diesem Zweck soll die israelische Armee palästinensisches Land auf unbestimmte Zeit wieder besetzen, einschließlich des Gebiets, das bisher unter Kontrolle der Autonomiebehörde stand.

Hier ist eine Parallellinie erkennbar: Ernsthafte, auf eine permanente Regelung des Konflikts zielende Verhandlungen sind wegen der andauernden Terrorakte unbegrenzt lange aufgeschoben, während die israelischen Truppen das palästinensische Land unter ihrem Besatzungsregime hält, bis dem Terrorismus ein Ende gemacht ist.

Die Palästinenser müssen also weiter unter der Knute der israelischen Besatzer leben, ohne die Aussicht auf ein absehbares Ende dieses Zustands. Damit schafft Sharon die besten Voraussetzungen für mehr Hass und Gewaltbereitschaft im palästinensischen Volk.

Da Sharon weiß, dass die islamistischen Extremisten weiter bomben werden, weil sie einen territorialen Kompromiss mit Israel ohnehin ablehnen, bleibt der Teufelskreis von Unterdrückung und Gegengewalt erhalten; vermutlich mit wechselnder Intensität.

Die Drahtzieher der palästinensischen Bombenleger, ob sie unter dem Deckmantel der Religion oder des nationalen Befreiungskampfes agieren, machen sich zu Komplizen Sharons, weil sie ihm und seinen Plänen, eine Zwei-Staaten-Lösung zu torpedieren, in die Hände spielen. Die Terroristen sind zweifach schuldig: gegenüber den wehrlosen israelischen Bürgern, die sie ermorden, und gegenüber ihrem eigenen Volk, dessen eigenständige Zukunft sie aufs Spiel setzen.

Sharons Plan läuft auf eine Aufteilung der Westbank in zwei Sicherheitszonen hinaus.[83] Im Osten will er den ganzen Jordangraben unter israelischer Kontrolle halten. Im Westen geht es um eine Zone, die in bestimmten Abschnitten weit über die *grüne Linie* (Grenze zwischen Israel und der Westbank vor 1967) hinausreicht und damit tief in das Land der Palästinenser hineinschneidet. Jerusalem wird weitgehend von den Palästinensern in der Westbank isoliert, während sich dazwischen, im Herzen Palästinas, die Siedlungen befinden.

Der Gaza-Streifen soll, ohne den Katif-Block jüdischer Siedlungen, ein Eigenleben führen und nur eine lose Verbindung zur Westbank haben, wenn überhaupt.

Ariel Sharon beabsichtigt, die Palästinenser in eine Lage zu zwingen, in der sie keine andere Wahl haben werden, als einer *langfristigen* Übergangslösung zuzustimmen.[84] Dahinter steckt das Ziel, den Staat Israel auf lange Sicht durch Annexion der Westbank bis zum Jordan auszudehnen. Sharon verfolgt unverändert die Idee eines Groß-Israel.

Um das zu erkennen, muss man darauf achten, was er tut. Auf das, was Sharon öffentlich sagt, kommt es nicht an.[85]

Die Grundsatzrede von Präsident Bush im Juni 2002 hat gezeigt, dass die Amerikaner Ariel Sharon beim *Krieg gegen den Terror* keinerlei Fesseln anlegen wollen. Sharon ist von den Schutzherrn in Washington nicht auferlegt, selbst dazu beizutragen, dass wieder eine Verhandlungsperspektive entsteht, die dem palästinensischen Volk Hoffnung geben kann. Bushs Vision von einem *Staat Palästina* ist so unbestimmt, dass darunter auch ein Gebilde fallen könnte, das formal ein Ministaat wäre, de facto aber einem Protektorat Israels gleichkäme. Da George W. Bush und sein Team der Regierung Sharon auf dem »Weg zum Frieden« keinerlei Friedenspflichten abverlangen, ihr aber jeden Beistand beim Kampf gegen den palästinensischen Terror versprechen, hat Sharon die Chance, planmäßig vorzugehen.

Wenn Ariel Sharon sich durchsetzen sollte, würde ein System etabliert, das man ein palästinensisches Bantustan unter israelischer Kontrolle nennen könnte. Das System hätte eine binationale Struktur, in dem eine noch existierende israelische Mehrheit eine rapide wachsende palästinensische Minderheit beherrschen würde. Es wäre ein neues Regime der Apartheid. Damit würde der Dauerkonflikt zementiert, vor dem der Historiker Moshe Zuckermann gewarnt hat. Und hinzu käme der demographische Faktor.

In Israel zählt man heute 6,1 Millionen Einwohner; davon sind eine Million israelische Araber. In der Westbank und im Gaza-Streifen leben rund 3,1 Millionen Palästinenser. Zwischen dem Mittelmeer und dem Jordan gibt es also noch eine jüdische Bevölkerungsmehrheit. Aber schon im Jahr 2010 werden die Araber die Juden demographisch überrundet haben. 2020 sind die Juden mit 6,7 Millionen schon deutlich gegenüber den Palästinensern mit 8,1 Millionen in der Minderheit.[86]

Das ist eine für Israel bedrohliche Perspektive. Das Problem könnte nur durch eine massive jüdische Einwanderung behoben werden, die jedoch sehr unwahrscheinlich ist. Die Alternative wäre der *Transfer,* wie rechtsgerichtete Israelis die gewaltsame Vertreibung der palästinensischen Bevölkerung beschönigend nennen. Eine solche »Lösung« des demographischen Problems würde aber die ganze Region in einen zerstörerischen Krieg treiben. Deshalb gilt sie als unwahrscheinlich.

Zwischen Vernunft und Befürchtungen

Anstatt vernünftigerweise einen unabhängigen und lebensfähigen Staat Palästina zuzulassen, stemmt sich Sharon mit aller Macht gegen eine solche Entwicklung. Dabei garantiert allein die Zwei-Staaten-Lösung den zionistischen Traum eines starken jüdischen Israel. Das bedeutet, dass Sharon mit seiner Politik langfristig die Existenz Israels und dessen Selbstverständnis als jüdischer Staat in Gefahr bringt.

Die Likud-Partei und die gesamte israelische Rechte behaupten das Gegenteil. Ein palästinensischer Staat westlich des Jordan wäre eine »tödliche Bedrohung für Israel«.[87] Das sagt der ehemalige Premierminister Benjamin Netanjahu – im Likud ein Rivale Sharons um die Macht, ideologisch jedoch sein Gesinnungsgenosse.

»Wir dürfen den Palästinensern nicht die Macht souveräner Rechte einräumen, die ihnen erlauben könnte, uns zu zerstören«,[88] bekräftigt Netanjahu. Er spricht damit die Befürchtungen seiner Landsleute an, eine palästinensische Regierung könnte auf ihrem Boden anderen arabischen Staaten die Möglichkeit verschaffen, Israel anzugreifen.

Ein künftiger Staat Palästina an der Seite Israels wäre dazu aber praktisch nicht in der Lage. Erstens würde er nur über eine eingeschränkte Souveränität verfügen, weil er keine eigene Armee unterhalten dürfte und israelische Beobachtungsposten auf seinem Gebiet erlauben müsste. Palästina entsteht nur als entmilitarisierter Staat oder gar nicht. Das ist die Geschäftsgrundlage, auf der bisher zwischen den Israelis und den Palästinensern verhandelt worden ist. Etwas anderes käme verständlicherweise für keine israelische Regierung in Betracht. Außerdem müsste es an den Außengrenzen zu den arabischen Nachbarn gemeinsame israelisch-palästinensische Grenzkontrollen geben. Hinzu kommt: Ein Staat Palästina wäre wirtschaftlich so eng mit Israel verwoben und finanziell in seiner Existenz so stark von Europa abhängig, dass die Verwicklung in Angriffspläne gegen Israel seinen sofortigen Untergang bedeuten würde. Ganz zu schweigen von der überragenden Militärmacht, mit der Israel jedes arabische Land existenziell bedrohen kann.

Gewiss, Palästina kann nur ein verlässlicher Partner für Israel sein, wenn es ein demokratisch verfasster Rechtsstaat ist, der über ein funktionierendes Polizei- und Ordnungssystem verfügt. Denn extremistische Friedensfeinde müssen vermutlich auch künftig gebändigt und notfalls hinter Gitter gebracht werden.

Der beste Weg wäre natürlich ein Friedensschluss zwischen Israel und der gesamten arabischen Staatenfamilie. Hier kommt die Initiative des saudischen Kronprinzen Abdallah ins Spiel. Er hat vorgeschlagen, alle arabischen Staaten sollten ihr Verhältnis zu Israel durch einen Friedensschluss und die endgültige Anerkennung des jüdischen Staates normalisieren. Die Herstellung nachbarschaftlicher Beziehungen und eines funktionierenden Wirtschaftsaustauschs würden von Israel mit der Gegenleistung beantwortet, sich aus allen besetzten arabischen Gebieten zurückzuziehen und die Gründung eines palästinensischen Staates zu gestatten. Durch eine völkerrechtlich verbindliche Aussöhnung zwischen Israel und allen seinen arabischen Feinden würden die erwähnten Befürchtungen von israelischer Seite ausgeräumt.

Sharons Pläne fußen auf dem Gedanken, dass er in den besetzten Gebieten frei schalten und walten kann. Allerdings hat auch Yassir Arafat mit seiner Politik der Zweideutigkeit Ariel Sharon in die Hände gespielt. Mit der faktischen Duldung terroristischer Gewalt hat er sich mitschuldig gemacht, so dass es für Sharon ein Leichtes wurde, Präsident Bush davon zu überzeugen, dass der Palästinenserpräsident kein »Partner für den Frieden« mehr sein könne. In diese Falle hätte Arafat nach dem 11. September nicht tappen dürfen. Das war dumm und kurzsichtig; vom moralischen Aspekt ganz zu schweigen. Angesichts der realen Machtverhältnisse in Palästina weiß Arafat genau, dass es nur mit Hilfe der USA zu einem palästinensischen Staat kommen kann. Er hätte die Hand, die ihn füttert – mag die Speise noch so mager sein –, nicht beißen dürfen.

Einzige Demokratie und Besatzungsmacht

Am 5. Juni 1967 begann der dritte arabisch-israelische Krieg zwischen Israel, Ägypten und Jordanien. Syrien griff etwas später in die Kämpfe ein. Sechs Tage später hatten die siegreichen israelischen Truppen das Westjordanland, Ost-Jerusalem, Gaza, die Halbinsel Sinai und die Golan-Höhen erobert. Die Israelis waren euphorisch angesichts dieses triumphalen Siegs über die Araber. Mit einem Schlag war aus dem bedrohten Zwerg, dem kleinen und verwundbaren jüdischen Staat, ein Riese geworden. Israel war jetzt eine Besatzungsmacht und ist es bis heute geblieben.

Damals gab es nur wenige Stimmen, die diesen Triumph in seinen langfristigen Folgen als schwere moralische Bürde für Israel erkannten. Saul Friedländer, der angesehene Historiker, gehörte zu jenen, die Wasser in den Wein der allgemeinen Begeisterung schütteten.

Er fürchtete, dass die Besatzung zu einer Dynamik der Dominanz führen würde.[89] Dieses wiederum, so meinte er vorausschauend, werde sich negativ auf die israelische Gesellschaft auswirken und die Werte zerstören, welche die idealistischen Zionisten so gepflegt hätten. In der Tat ist der völkerrechtswidrige Bau von Siedlungen mit der Tradition der Juden als eines rechtstreuen Volkes schwerlich vereinbar.[90]

Ibrahim al Tus ist 81 Jahre alt und Eigentümer von 30 Morgen Land in der Nähe von Bethlehem, das er von seinem Großvater geerbt hat. Von den Trauben und den anderen Früchten, die er erntete, konnte er gut leben. Bis zu dem Tag, an dem jüdische Siedler im Jahr 1994 den Hügelkamm oberhalb seines Landes besetzten. Die Siedler drohten dem Bauern Prügel an, wenn er sein Land weiter bearbeite. Deshalb traute sich Ibrahim dort nicht mehr hin. Schließlich entschied das Oberste Gericht, der Palästinenser habe das Recht, mit seinem Traktor durch die Siedlung zu fahren, um seinen Boden pflügen zu können. Als Ibrahim das versuchte, wurde er von den Siedlern geschlagen.[91] Diese Misshandlung eines alten Mannes ist durch nichts zu rechtfertigen. Sie ist überhaupt nur möglich, weil Israel in den besetzten Gebieten als Kolonialmacht auftritt.

Professor Friedländer war damals übrigens nicht allein in seiner Sorge um die Folgen einer andauernden Besatzung des arabischen Landes. David Ben Gurion, der Staatsgründer Israels, ging nach den Eroberungen von 1967 an die Öffentlichkeit und warnte davor, an den besetzten Gebieten langfristig festzuhalten. Um Frieden zu bekommen, müssen wir zu den Grenzen von vor 1967 zurückkehren, sagte er. »Frieden ist mehr wert als Land.«[92]

Ben Gurion betonte, die Territorien sollten schnell zurückgegeben werden, bevor sich bei den Arabern Groll, Ablehnung und Wut entwickeln können. Die Araber würden sicher nicht sofort Frieden schließen. Das verhindere ihr Stolz nach einer solchen Niederlage. Doch der Frieden werde eines Tages eintreten.

Als Israel und die PLO 1993 die Vereinbarungen von Oslo schlossen, glaubte man im Westen zumindest an die Chance für eine friedliche Entwicklung im Nahen Osten. Die palästinensische Bevölkerung hoffte, das Abkommen brächte ihr den so lange ersehnten Staat an der Seite Israels. Doch die Wirklichkeit sah anders aus. Denn der *Friedensprozess von Oslo* änderte nur die Modalitäten der Besatzung, aber nicht das grundlegende Konzept.

Der israelische Historiker Shlomo Ben-Ami schrieb später, dass die »Oslo-Verträge auf einer neokolonialistischen Grundlage geschlossen wurden, auf der Basis des Lebens in Abhängigkeit der einen von der anderen Partei, für immer«.[93]

In der Praxis hieß das eine »begrenzte Autonomie«, bei der die Palästinenser Selbstverwaltungsaufgaben wahrnehmen durften in den Bereichen Gesundheit, Abfallentsorgung, Erziehung, Postdienste und Tourismus. Außerdem räumte Israel ein, dass eine palästinensische Polizeistruktur aufgebaut werden dürfe. Israel hingegen behielt die Kontrolle über das Land und die Wasserressourcen. Die israelische Armee zog sich zwar aus den Bevölkerungszentren zurück. Das war aber nur ein taktischer Stellungswechsel. An der Tatsache der Besatzung änderte sich unter strategischen Gesichtspunkten nichts. Das wäre für eine begrenzte Zeit hinnehmbar gewesen, wenn die Oslo-Vereinbarungen eine verlässliche Perspektive auf die Übertragung souveräner Rechte für die Palästinenser eröffnet hätte. Doch davon konnte keine Rede sein. Denn Israel hat in Oslo an keiner Stelle explizit anerkannt, dass es *Besatzungsmacht* in den palästinensischen Gebieten ist, noch grundsätzlich zugesagt, die *Besatzung* zu beenden.

Das veranlasste den Ex-US-Außenminister James Baker zu der Feststellung, Israel habe in Oslo keine einzige Position aufgegeben. Es habe lediglich die PLO als Vertretung des palästinensischen Volkes anerkannt. Und das verpflichtete Israel in den entscheidenden Fragen zu nichts. Bis heute nämlich hat keine israelische Regierung das Selbstbestimmungsrecht des palästinensischen Volkes anerkannt.

Arafat und die PLO jedoch gaben in Oslo den einzigen diplomatischen Trumpf, den sie für Verhandlungen mit Israel jemals hatten, aus der Hand. Mit der Anerkennung des Existenzrechts des Staates Israel entblößte sich Arafat, ohne dafür eine entsprechende Gegenleistung der Israelis zu erhalten. Damit waren er – und mit ihm sein Volk – in allen nachfolgenden Verhandlungen über die Zukunft Palästinas vollends dem Gutdünken der israelischen Seite ausgeliefert. Schon Oslo hat gezeigt, dass Arafat nicht der richtige Sachwalter der Interessen seines Volkes ist.

Das Oslo-Abkommen hätte dennoch eine Chance für den Frieden bieten können, trotz der von den islamistischen Terroristen auch schon damals begangenen Bluttaten. Dann nämlich, wenn Israel praktische Schritte unternommen hätte, die seine Bereitschaft zu einem tragfähigen Frieden mit den Palästinensern untermauert und Vertrauen geschaffen hätten. Dazu wäre vor allem ein Stopp des Siedlungsbaus erforderlich gewesen. Aber Israel tat genau das Gegenteil. Im Schatten von Oslo intensivierten die israelischen Regierungen den Bau und die Erweiterung von Siedlungsanlagen in einem Ausmaß, das den Palästinensern signalisieren musste, Oslo sei nicht der Weg zum Frieden, sondern zum endgültigen Verlust ihrer Heimat. Für diese Entwicklung trägt die amerikanische Regierung unter Präsident Bill Clinton eine große Mitverantwortung. Denn sie hat den Siedlungs- und Straßenbau nicht nur geschehen lassen und teilweise mitfinanziert, sondern Israel indirekt sogar dazu ermuntert. Waren die Siedlungen vorher in Washington öffentlich als »Hindernis für den Frieden« kritisiert worden, bezeichneten die Sprecher Clintons sie nur noch als »nicht hilfreich«.

Auch die Europäer, die sich im *Oslo-Prozess* stark engagierten, sind mitverantwortlich. Sie kritisierten zwar die Siedlungspolitik, ließen Israel aber ansonsten unbehelligt. Dabei wussten sie genau, dass mahnende Worte bei den israelischen Regierungen ungehört verhallen, es sei denn, sie sind mit Konsequenzen verbunden, die spürbar israelische Interessen berühren.

Im Sommer 2000, als Präsident Clinton in Camp David erfolglos versuchte, Israelis und Palästinenser zu einer endgültigen Regelung zu bewegen, war die palästinensische Bevölkerung in der Westbank auf 200 zerstreute Teilgebiete zurückgedrängt.

Das *historische Angebot* des damaligen Premierministers Ehud Barak an Yassir Arafat bestand darin, dass aus den vielen kleinen territorialen Inseln nunmehr drei größere, aber voneinander getrennte Kantone werden sollten. Diese sollten durch Korridore unter der Kontrolle Israels miteinander verbunden sein. Ein kleines Gebiet am Rande von Ost-Jerusalem, doch außerhalb des historischen Kerns, wäre die vierte, und der Gaza-Streifen die fünfte Enklave des »palästinensischen Staates« gewesen. Die Außengrenzen der Kantone hätte Israel ebenfalls kontrolliert. Bei diesem »Bantustan-Staat« wäre das palästinensische Volk für immer dem Willen der israelischen Besatzungsmacht ausgeliefert gewesen.

Patriotismus und Intoleranz

Israel ist eine funktionierende Demokratie. Darauf können die Israelis stolz sein. Denn trotz aller der Gesellschaft innewohnenden Gegensätze zwischen den verschiedenen Ethnien und Kulturen, vor allem aber den unvereinbar scheinenden Auffassungen zwischen den religiösen und säkularen Kräften, herrscht ein demokratischer Grundkonsens im Lande.

Allerdings hat sich durch die Zuspitzung des israelisch-palästinensischen Konflikts eine Atmosphäre der Intoleranz und der Repression im Lande ausgebreitet. Politiker der Rechten missbrauchen die weit verbreiteten Ängste in der Bevölkerung vor den Selbstmordanschlägen, um eine Stimmung von übersteigertem Patriotismus zu schüren, der auch chauvinistische Züge aufweist. Gegen die Sängerin Jaffa Jarkoni gab es im Frühjahr 2002 eine regelrechte Hexenjagd im Lande, weil sich die 78-jährige Dame kritisch über das Vorgehen der israelischen Armee im palästinensischen Flüchtlingslager Jenin geäußert hatte. Die Sängerin, an sich eine nationale Ikone, die

die Israelis an die heroischen Zeiten der Staatsgründung erinnert, hatte es gewagt zu äußern, die Behandlung der in Jenin zusammengetriebenen jungen Palästinenser, die massenhaft von der Armee mit erhobenen Händen abgeführt worden seien, habe sie an Bilder der deutschen Untaten erinnert. Damit nicht genug, hatte die Volkssängerin verlangt, die Besatzung müsse beendet werden, und betont, sie unterstütze die Reservisten, die sich weigerten, in den besetzten Gebieten als Soldaten dabei mitzuwirken, die Palästinenser zu unterdrücken. Sie könne auch nachempfinden, dass gegen Israel gehetzt werde, wenn israelische Kampfbomber palästinensische Städte bombardierten.

Unverzüglich wurde Jaffa Jarkoni zum Opfer des von der rechtsgerichteten Presse geschürten Volkszorns. Der Künstlerverband sagte eine geplante Ehrung ab, die rechten Medien riefen zum Boykott der Sängerin auf, und verschiedene Jugendorganisationen folgten dem auf dem Fuße. Nur ein einziger Künstler in Israel, der Popsänger Gidi Gov, solidarisierte sich mit der Ausgestoßenen.

Als eine Reihe von Hochschullehrern aus Jerusalem eine Zeitungsanzeige veröffentlichten, in der sie zur Unterstützung der Verweigerer aufriefen, drohte die Erziehungsministerin Limor Livnat (Likud-Partei) den Intellektuellen rechtliche Schritte an. Denn Wehrdienstverweigerung und die Anstiftung dazu werden in Israel mit Haftstrafen geahndet. Der Knessetabgeordnete Gideon Ezra (Likud) forderte die Geheimdienste auf, künftig sorgfältiger die Aktivitäten der linken Friedensgruppen unter die Lupe zu nehmen. Außerdem warf er Amira Haas und Gideon Levy von der Tageszeitung »Haaretz« vor, sie schürten durch ihre Berichterstattung antiisraelische Kampagnen. Die beiden Journalisten sind die Einzigen in Israel, die darüber berichten, was auf der palästinensischen Seite des Konflikts passiert.

Die Zeitung musste sich zudem den Vorwurf gefallen lassen, sie sei antizionistisch, weil sie »zu stark für die Palästinenser Partei ergreife«. Das kam von der als liberal eingestuften Schriftstellerin Irit Linur, die mit diesem Brief auch ihr Abonnement für »Haaretz« kündigte. Das Ganze geht einher mit einer faktisch gleichgeschalteten Berichterstattung in Rundfunk und Fernsehen, da die Sender nahezu keine Kritik an der israelischen Politik mehr zulassen. Für die Fernsehzuschauer ist das Leid der palästinensischen Zivilbevölkerung praktisch nicht existent, wohingegen die blutigen Folgen arabischer Bombenanschläge auf Israelis in aller Ausführlichkeit gezeigt werden.

Diese selbstverordnete Zensur führt zu einer extrem verengten Sichtweise auf den Konflikt und verstärkt bei vielen Israelis das Gefühl, sich in einer exklusiven Opferrolle zu befinden, für die sie die Unmenschlichkeit der Palästinenser verantwortlich machen.

Dabei verlieren sie aus dem Blick, dass auch auf israelischer Seite Dinge geschehen, die mit dem Ethos einer demokratischen Gesellschaft nicht vereinbar sind. Wie z.B. das Verhalten jener israelischer Soldaten, die sich aufführen wie die Vandalen. Angehörige der IDF, der israelischen Verteidigungskräfte, haben nicht nur die Einrichtungen und die medizinischen Apparaturen in palästinensischen Arztpraxen und in palästinensischen Krankenhäusern willkürlich zerstört. Israelische Soldaten haben geplündert, gestohlen und große Verwüstungen angerichtet – in Büros von gut situierten Geschäftsleuten, aber auch in den schäbigen Behausungen armer Leute in den palästinensischen Flüchtlingslagern.

Die Praxis des Kardiologen Dr. Mohammed Batrawi, der auch eine Abteilung im Ramallah-Hospital leitet, sah aus, als sei ein Sturm über sie hinweggezogen. Doch für Chaos und Zerstörung waren israelische Soldaten verantwortlich. Ein israelischer Militärarzt hatte Dr. Batrawi eine schriftliche Notiz hinterlassen. Darin teilte er mit, er habe die Praxisräume benutzt, um kranke Palästinenser und Soldaten zu behandeln. Er habe sein Bestes getan, um Schäden an der Praxis zu vermeiden und er hoffe, dass ihm dies gelungen sei. Das EKG-Gerät war zerstört, die EKG-Ergebnisse flogen überall herum, die Krankenblätter aller Patienten von Dr. Batrawi waren über den ganzen Fußboden verstreut. Daneben lag das Stethoskop. Die Praxiseinrichtung war stark in Mitleidenschaft gezogen, und der Praxiscomputer war verschwunden.

Die Medizingerätefirma Lemix, deren Büros sich ein Stockwerk über der Praxis von Dr. Batrawi befinden, beklagte den Verlust von zahlreichen medizinischen Instrumenten, aller Festplatten der Computer und die gewaltsame Beschädigung anderer Geräte. Nachdem die Soldaten die Räume verlassen hatten, fehlten exakt 5017 US-Dollar und 17 800 Schekel (ca. 3700 US-Dollar) an Bargeld.

Während der israelischen Feldzüge in den besetzten Gebieten im Jahr 2002 ist es wiederholt vorgekommen, dass israelische Soldaten in den Häusern arabischer Familien vorsätzlich Möbelstücke, vor allem Fernsehgeräte, zertrümmerten. In einem Fall zertraten sie vor den Augen eines älteren Mannes dessen Brillen und stahlen dann die Videokamera seiner Tochter, die damit Aufnahmen bei privaten Partys machte, um ihr Schulgeld bezahlen zu können.

All dieses hat die israelische Journalistin Amira Haas berichtet.[94] Doch es sind viele Vorkommnisse dieser Art von Mitarbeitern internationaler humanitärer Organisationen registriert worden.

Es gab allerdings noch viel schlimmere Übergriffe der israelischen Armee, die eine ernsthafte Verletzung des humanitären Völkerrechts darstellen. Dazu gehört die häufig geübte Praxis, bei militärischen Operationen palästinensische Privatpersonen als lebende Schutzschilde zu missbrauchen, die Häuser von Zivilisten mit Panzern oder mit Bulldozern niederzuwalzen und die unverhältnismäßige Gewaltanwendung gegen unbeteiligte Zivilisten bei legitimen militärischen Aktionen. Das hat Human Rights Watch in seinen Berichten vom April und Mai 2002 dokumentiert.

»Der siebte Tag des Krieges«

Israel ist die einzige Demokratie im Nahen Osten. Israel ist aber auch eine Besatzungsmacht, die in den palästinensischen Gebieten mit den Mitteln der Repression ihre Herrschaft sichert.

Es gibt keine demokratische Besatzungsmacht.

Das hat Michael Ben-Yair, von 1993 bis 1996 Generalstaatsanwalt in Israel, veranlasst, der israelischen Gesellschaft und der politischen Klasse seines Landes in einem Zeitungsartikel den Spiegel vorzuhalten:

»Der Sechstagekrieg ist uns aufgezwungen worden; der siebte Tag des Krieges jedoch, der am 12. Juni 1967 begann und bis heute andauert, ist das Produkt unserer Wahl.

Mit Enthusiasmus haben wir beschlossen, ein kolonialistisches Land zu werden, internationale Verträge zu ignorieren, Ländereien zu enteignen, Siedler aus Israel in die besetzten Gebiete zu bringen, Diebstahl zu begehen und für all diese Aktivitäten auch Rechtfertigungen zu finden. Da wir so furchtbar erpicht darauf waren, die besetzten Gebiete zu behalten, haben wir zwei Rechtssysteme entwickelt: ein fortschrittliches und liberales in Israel und ein grausames System, das den Menschen in den besetzten Gebieten Schaden zufügt. Tatsächlich haben wir ein Apartheid-Regime in den besetzten Gebieten installiert, unmittelbar nach ihrer Eroberung.

Dieses unterdrückerische Regime besteht bis auf den heutigen Tag.

Der siebte Tag des Sechstagekrieges hat uns von einer der Moral verpflichteten Gesellschaft in eine Gesellschaft verwandelt, die ein anderes Volk unterdrückt, das wir daran hindern, seine legitimen, nationalen Rechte zu verwirklichen.

Der siebte Tag hat uns von einer gerechten in eine ungerechte Gesellschaft verwandelt. Denn wir sind entschlossen, unsere Kontrolle auszuweiten und dabei den Niedergang einer anderen Nation zu bewirken. Die Missachtung unserer moralischen Grundlagen hat uns als Gesellschaft geschadet. Damit haben wir die Argumente der Kräfte des Bösen in der Welt gestärkt und ihren Einfluss vergrößert.

Die Intifada ist der Befreiungskrieg des palästinensischen Volkes. Die Geschichte lehrt uns, dass keine Nation bereit ist, unter fremder Herrschaft zu leben. Sie zeigt uns auch, dass der Befreiungskampf eines unterdrückten Volkes erfolgreich sein wird. Das ist unvermeidlich. Wir verstehen diesen Zusammenhang, aber wir ziehen es vor, ihn zu ignorieren.

Stattdessen betreiben wir eine Konfrontation, die eine historische Entwicklung verhindern soll. Das tun wir, obwohl wir wissen, dass der Befreiungskampf eines jeden Volkes moralisch ebenso gerechtfertigt ist wie sein Selbstbestimmungsrecht; das tun wir, obwohl wir wissen, dass dieser historische Prozess zwangsläufig an sein Ziel gelangen wird.

Dies bildet den Hintergrund für jene Zeugenaussagen, die wir über das Verhalten von Soldaten der israelischen Verteidigungskräfte in den besetzten Gebieten erhalten haben.

Ich vermeide es, die Details dieser schmerzlichen Phänomene zu wiederholen, die aus dem Besatzungsregime folgen und aus unserem Feldzug, der es aufrechterhalten soll.

Es reicht wohl, wenn ich daran erinnere, dass kleine Kinder getötet wurden, als sie flohen, um sich in Sicherheit zu bringen. Es genügt, wenn ich die Exekutionen ohne Gerichtsurteil von gesuchten Personen erwähne, die nicht auf dem Weg waren, um einen Terrorakt zu begehen; und die Einkesselungen, Sperrungen und Straßenblockaden, die das Leben von Millionen Menschen zu einem Albtraum gemacht haben.

Selbst wenn alle diese Maßnahmen dadurch bedingt wären, dass wir uns als Besatzungsmacht verteidigen müssen, so wären sie doch überflüssig, wenn es die Besatzung nicht gäbe.

Folglich weht eine schwarze Flagge über diesen Aktionen.

Das ist die raue Wirklichkeit, die dazu führt, dass wir die moralische Grundlage unserer Existenz als freie und gerechte Gesellschaft verlieren. Diese Verhältnisse gefährden langfristig das Überleben Israels. Israels Sicherheit ist nicht allein mit dem Schwert erreichbar; sie muss sich vielmehr auf unseren moralischen Prinzipien von Gerechtigkeit und Frieden mit unseren Nachbarn begründen – denen, die nebenan wohnen, und jenen, die etwas weiter entfernt leben. Ein Besatzungsregime untergräbt die Grundsätze der moralisch verankerten Gerechtigkeit und verhindert die Erlangung des Friedens. Also bringt ein solches Regime die Existenz Israels in Gefahr. Vor diesem Hintergrund müssen wir auch die Weigerung der Reserveoffiziere und Soldaten betrachten, nicht in den besetzten Gebieten zu dienen. In ihren Augen ist das Okkupationsregime verwerflich, und Militärdienst in den Territorien ist auch verwerflich. In ihren Augen ist es schändlich, wenn sie durch den Militärdienst in den besetzten Gebieten gezwungen werden, unmoralische Handlungen zu begehen. Wenn sie auf ihr Gewissen hören, können sie an solchen Aktionen nicht mitwirken. Folglich ist ihre Dienstverweigerung eine Gewissensentscheidung, die gerechtfertigt ist und in jedem demokratischen System anerkannt wird.

Das Urteil der Geschichte wird zeigen, dass es ihre Weigerung war, die unser moralisches Rückgrat wieder aufgerichtet hat.«[95]

Was geschah in Jenin?

Am 3. April 2002 führte die israelische Armee eine große Militäroperation in dem palästinensischen Flüchtlingslager von Jenin durch. Dort leben ungefähr 14000 Menschen, die überwältigende Mehrheit davon Zivilisten.

Das erklärte Ziel des Angriffs war es, militante Palästinenser gefangen zu nehmen oder zu töten, die für Selbstmordanschläge verantwortlich waren, bei denen seit März 2002 mehr als 70 Israelis umgebracht wurden. Die israelischen Streitkräfte standen vor einer schweren Aufgabe, weil sich die palästinensischen Kämpfer in dem dicht bevölkerten Lager verborgen hielten und viele Bombenfallen gelegt hatten.

Es kam zu den härtesten Kämpfen seit Ausbruch der Intifada im September 2000. Das Ausmaß der Zerstörung war gewaltig. Nach Ende des Sturmangriffs vom Boden und aus der Luft bot sich im Zentrum des Flüchtlingslagers ein Bild des Grauens. Über den bizarr geformten Trümmern lag überall ein stechender Verwesungsgeruch. Die etwa 150 ein- bis dreistöckigen Häuser des Viertels waren während der Kampfhandlungen von den Israelis mit riesigen Bulldozern niedergerissen und dem Erdboden gleichgemacht worden, weil sich dort die mit Kalaschnikows und Sprengstoff bewaffneten Palästinenser verschanzt hatten.

Vor dem israelischen Angriff waren einige tausend Zivilisten aus dem Lager geflohen. Nachdem die israelischen Panzerverbände in das Wohngebiet vorgerückt waren, wurde die Bevölkerung von der israelischen Armee per Megaphon aufgefordert, das Lager zu verlassen. Daraufhin machten sich Tausende von Frauen, Männern und Kindern auf und wanderten in die umliegenden Dörfer. Man schätzt, dass ungefähr 4000 Menschen in ihren Häusern völlig isoliert ausharrten und tagelang den Geschützdonner und die Bombardierungen ohne Wasser, Nahrung und medizinische Hilfe über sich ergehen lassen mussten.

Über das Ausmaß und die Art der israelischen Kriegsführung gibt es gegensätzliche und widersprüchliche Darstellungen.

Palästinenser haben behauptet, Israel habe in Jenin ein Massaker begangen. Die israelische Regierung hat das empört zurückgewiesen. Der kommandierende Befehlshaber der Operation, Brigadegeneral Eyal Shlein, sagte, die meisten Toten auf palästinensischer Seite seien Kämpfer gewesen, die während der äußerst heftigen Kämpfe gefallen seien. Im Übrigen sei das Vorgehen der israelischen Armee »militärisch notwendig« gewesen. Shlein glaubt, es seien nur wenige Zivilisten getötet worden.

»Es wäre kein Problem gewesen, die Operation sofort mit einem Schlag zu beenden. Aber wir haben uns zurückgehalten, denn wir sind eine humane Armee«, beteuerte der General gegenüber der Zeitung »Haaretz«.

Wie viele Opfer bei diesem Lagerkrieg zu beklagen waren, ist bis heute unklar. Allerdings gibt es Aussagen israelischer Offiziere, die bestätigen, dass gezielt auf palästinensische Ambulanzen gefeuert worden ist, um sie daran zu hindern, verwundeten Kämpfern oder angeschossenen Zivilisten zu helfen. Außerdem wurde dem Internationalen Roten Kreuz der Zugang zum Lager verweigert.

Die Schilderung eines israelischen Reservisten, der anonym bleiben möchte, vermittelt einen Eindruck über den Charakter der Kämpfe:

»Nach dem Tod unseres Truppenkommandanten in den ersten Minuten der Schlacht erhielten wir den klaren Befehl, jedes Fenster und jedes Haus zu beschießen, egal, ob von dort gefeuert wurde oder nicht. Man hat uns deutlich gesagt: ›Macht sie fertig!‹

Von da an haben wir mit allen Waffen, die die Armee hat, massiv geballert. Nur nicht mit der Artillerie. Wir haben die Raketen reihenweise in die Häuser geschossen und auf jedes Fenster die schweren Maschinenpistolen gerichtet. Wir haben sogar ein Pferd erledigt, weil es zufällig über die Straße lief. Während der Ausgangssperre haben wir *Gewaltpatrouillen* gemacht. Ein Panzer überrollte alles, was sich auf dem Weg befand und feuerte auf jeden, der die Ausgangssperre verletzte.

Ich selbst habe keine Toten gesehen. Sie waren alle in den Häusern. Die meisten Menschen, die in den letzten Tagen herauskamen, waren Frauen, Kinder und alte Leute, die trotz unseres Beschusses überlebt hatten. Wir haben ihnen nicht die Möglichkeit gegeben, das Lager zu verlassen. Das war eine große Zahl von Leuten. Eines Nachts hatte ich Wache in der Wohnung, in der wir uns aufhielten, und ich hörte stundenlang ein kleines Mädchen weinen.

Was da passiert ist, war ein Prozess der Entmenschlichung. Es stimmt, wir sind schwer unter Beschuss von den Palästinensern geraten, doch dafür haben wir eine Stadt ausradiert.«[96]

Am 11. April war alles vorbei. Noch Tage später verwehrte die israelische Armee dem Internationalen Roten Kreuz den Zugang zum Lager Jenin. Auch die israelische und die internationale Presse durften nicht zum Ort des Geschehens. Das verwüstete Lager und seine Umgebung blieben hermetisch abgeriegelt. Das machte die Medien und Weltöffentlichkeit misstrauisch. Es kamen immer mehr Zweifel an der offiziellen Darstellung der israelischen Regierung über die Vorgänge in Jenin auf. Schließlich wurden die Vorwürfe immer lauter, es sei in Jenin zu Kriegsverbrechen an der palästinensischen Bevölkerung gekommen.

Der UN-Sicherheitsrat befasste sich mit der Angelegenheit und beschloss dann mit Zustimmung der USA, eine Untersuchungskommission einzusetzen, die herausfinden sollte, was in Jenin tatsächlich passiert war.

Anfangs gab Israel seine grundsätzliche Zustimmung zur Einsetzung einer solchen Kommission. Dann aber stellte die israelische Regierung eine Bedingung nach der anderen. Zunächst hatte sie verlangt, die Kommission müsse mehr militärischen Sachverstand haben, damit sie beurteilen könne, warum die besonderen Bedingungen des Lagerkrieges in Jenin eine bestimmte militärische Vorgehensweise notwendig gemacht hätten. Als Generalmajor a. D. William L. Nash, der früher bei der US-Armee gedient hatte, sein internationales militärisches Expertenteam in Genf versammelte, um sich im Auftrag der UN auf die schwierige Aufgabe vorzubereiten, stellte die Regierung Sharon neue Forderungen. General Nash beschreibt in einem Beitrag für die »International Herald Tribune«, wie er und seine Kollegen in Genf die Hinhaltetaktik Israels erlebten:

»Wir entwarfen einen umfassenden Plan über unser Vorgehen bei der Ermittlung relevanter Tatsachen vor Ort, um vorgefasste Schlussfolgerungen zu vermeiden.

Am Ende der ersten Woche jedoch hatte sich das Zögern Israels, verbunden mit dem Wunsch nach Klarstellung, in eine Obstruktionshaltung verwandelt, die unsere Mission blockieren sollte. Unsere Stimmung verschlechterte sich zusehens. Zuerst waren wir irritiert, dann frustiert und schließlich verärgert.

Es wurde so viel Desinformation über unsere Absichten verbreitet, über unseren fachlichen Hintergrund und darüber, ob dieser uns nicht zwangsläufig dazu disponierte, die militärischen Zwänge und die tragischen Umstände eines Lagerkrieges misszuverstehen.

Ab und zu wurden wir gefragt, wie wir mit den israelischen Bedenken hinsichtlich der Vorgehensweise und des Inhalts unserer Mission umgehen wollten. Die Antworten von Präsident Martti Ahtissari aus Finnland, der die Kommission leitete, waren immer ausgewogen und darauf gerichtet, eine Verständigung herbeizuführen. Bald aber war klar, dass die israelischen Argumente im Prinzip darauf hinausliefen, das ganze Konzept zu verwerfen. Israel stand der Idee feindlich gegenüber, herausfinden zu lassen, was in Jenin geschehen war.

Der Sicherheitsrat konnte oder wollte dem UN-Generalsekretär nicht dabei helfen, seine eigene Resolution durchzusetzen. Die Rolle der amerikanischen Regierung, sich nicht für die Resolution einzusetzen, obwohl sie für sie gestimmt hatte, war eine Enttäuschung für mich.

Es ist höchst interessant, dass sich ein ziemlich übereinstimmendes Bild herausschält, wenn man die gegenwärtige öffentliche Debatte in Israel mit den Berichten der internationalen Presse und der Nichtregierungsorganisationen verknüpft.

Es scheint, dass die Führung der israelischen Streitkräfte darüber besorgt ist, dass der Verlauf der Schlacht von Jenin unter militärischen und unter rechtlichen Gesichtspunkten untersucht werden könnte.

Es gibt viele Anzeichen dafür, dass die Einheiten, die in den Kampf geschickt worden sind, überhastet zusammengestellt wurden und wenig Zeit für Vorbereitung, Planung und Übung des Angriffs hatten. Sie hatten zu wenig Erkenntnisse über das Flüchtlingslager, um einen gut geplanten und durchdachten Angriff zu ermöglichen, den die Umstände erforderlich machten.

Unangemessene Maßnahmen wurden ergriffen, angesichts dessen, dass 14 000 Menschen in dem Lager leben, einige davon bewaffnet und gefährlich; manche unbewaffnet, aber aktiv auf der Seite der Kämpfer und einige wirkliche Nonkombattanten. Die israelische Armee scheint den Widerstand, auf den sie gestoßen ist, unterschätzt zu haben.

Auf der Basis der Quellen, die ich in den letzten zwei Wochen ausgewertet habe, gibt es ausreichende Gründe für eine sorgfältige Untersuchung von mutmaßlichen Verstößen gegen das Kriegsvölkerrecht, wie es in der Haager Konvention und in den vier Genfer Konventionen festgelegt ist.

Diese ernsten Befürchtungen über mögliche Kriegsverbrechen betreffen die israelischen Streitkräfte und die bewaffneten Palästinenser.

Die Palästinenser haben bewaffnete Elemente in dicht bevölkerten Vierteln platziert; die Kämpfer haben sich hinter unbeteiligten Zivilisten verschanzt, um dadurch einen militärischen Angriff abzuwenden. Und sie haben wahllos Bombenfallen gelegt. Nicht zu vergessen natürlich, die Terroranschläge gegen Zivilisten in ganz Israel.

Auf der israelischen Seite muss man fragen, ob die unbeteiligte Bevölkerung in Jenin in angemessener Weise gewarnt wurde und Maßnahmen zu ihrer Evakuierung und zu ihrem Schutz getroffen worden sind. Es geht um die Anwendung exzessiver Gewalt und den Missbrauch von Privatpersonen als menschliche Schutzschilde. Eine Rolle spielt auch die Behinderung des medizinischen Personals bei der Versorgung von Verletzten und die Weigerung, den Ambulanzen freie Durchfahrt zu gewähren. Die vorsätzliche Zerstörung von privatem Eigentum muss ebenfalls untersucht werden.

Doch anstatt dazu beitragen zu können, die Tatsachen über das Geschehen im Flüchtlingslager von Jenin aufzuklären, mussten wir Genf unverrichteter Dinge verlassen, weil unsere Mission vereitelt wurde.«[97]

Was war geschehen? Israel hatte den Vereinten Nationen unhaltbare Bedingungen für die Einreise und Arbeit der Jenin-Kommission gestellt. Dazu gehörte, dass von der Kommission nur Soldaten befragt werden sollten, die Israel vorher ausgewählt hätte. Die Aussagen der Befragten sollten vor einem internationalen Gericht nicht verwendbar sein. Darüber hinaus sollte der Kommission versagt bleiben, aus ihren Ermittlungen Schlussfolgerungen zu ziehen.

Dem konnte UN-Generalsekretär Kofi Annan keinesfalls zustimmen, ohne die Glaubwürdigkeit der Vereinten Nationen nachhaltig zu beschädigen. Da die Regierung Sharon unbeirrt auf ihrem Standpunkt beharrte und Kofi Annan keine Rückendeckung von den USA erhielt, sah er sich schließlich gezwungen, die Kommission aufzulösen. Welch eine Blamage für die UN. Israel sagt nein, und die Weltorganisation muss klein beigeben.

Der einstimmige Beschluss des Sicherheitsrates wird stillschweigend zu den Akten gelegt, weil Israel sich weigert, ihn zu respektieren. Wie so oft schon, bleibt das ohne Folgen.

Amerikas Außenminister Colin Powell bedauert achselzuckend; neben ihm steht Joseph Fischer und redet dem mächtigen Kollegen nach dem Munde.

Israel düpiert die Vereinten Nationen, und die ganze Welt schaut zu. Hier zeigt sich einmal mehr die Sonderrolle Israels.

Es mag sein, dass im Hintergrund ein Tauschgeschäft für diesen Ausgang der Dinge mitverantwortlich war. Denn kaum war die Jenin-Kommission aufgelöst, durfte Yassir Arafat auf ein Ende seines Hausarrests in Ramallah hoffen. Hat Ariel Sharon Arafats Bewegungsfreiheit bei George W. Bush gegen einen Persilschein für die Militäroperation von Jenin eingetauscht? Hat Sharon etwas zu verbergen?

Human Rights Watch stellt in seinem Bericht vom Mai 2002 fest,[98] dass die israelische Armee bei ihrem Einfall in das Flüchtlingslager von Jenin ernsthafte Verletzungen des humanitären Völkerrechts begangen hat, die in einigen Fällen Kriegsverbrechen darstellen, wofür glaubhafte Beweise des ersten Anscheins (prima facie) vorliegen. Weitere Untersuchungen waren durch die Blockadehaltung der israelischen Regierung unmöglich.

Südlibanon / Gaza-Stadt, Februar 2001.
Hikmet zeigt mit ausgestrecktem Arm auf die schneebedeckten Gipfel des Hermon, der höchsten Erhebung des Anti-Libanon-Gebirges.
»Ich weiß nicht, ob die israelischen Soldaten diese großartige Aussicht so genießen konnten, wie wir das heute tun«, sagt er ironisch und beugt sich nach vorne, um einen Blick auf die steil abgefallenen Felshänge zu werfen. 300 Meter unter uns schlängelt sich der Litani durch die südlibanesische Landschaft. In der hereinbrechenden Abenddämmerung erscheint der Fluss wie ein dunkel schimmerndes Band.
Wir stehen auf dem höchsten Punkt der Kreuzritterfestung Beaufort, die die israelische Armee im Mai 2000 bei ihrem überhasteten Rückzug aus dem Libanon Hals über Kopf aufgegeben hat. Gewaltige Betonquader, meterlange Sandsackreihen und in die Felskuppe gehauene Unterstände zeugen von der bedrohlichen Lage, in der sich die israelischen Besatzungssoldaten hier über viele Jahre befanden. Denn die zur Ebene hin gelegene Seite des mittelalterlichen Kastells bot den Guerillas der Hisbollah (»Partei Gottes«) die Möglichkeit zu überfallartigen Kommandoaktionen. Hikmet S. ist ein alter Bekannter aus meinen Beiruter Tagen, der die israelische Besatzungszeit im Südlibanon durchlebt hat. Für einen Augenblick lauscht er den Gebetsrufen aus dem Halbdunkel, die der Wind aus den umliegenden Dörfern herüberträgt.
Dann sagt er: »So unerschütterlich wie die Schiiten an den Opfertod ihres Imam Hussein glauben, so sicher ist es, dass die israelische Armee nicht freiwillig von hier abgerückt ist. Die ständigen Attacken der Hisbollah-Kämpfer, die immer mehr jungen, israelischen Soldaten das Leben kosteten, haben

die Besatzer zermürbt und ihre Moral untergraben. Das hat sie aus dem Land getrieben. Ich frage mich, ob das nicht auch das richtige Konzept für die Palästinenser in der Westbank und im Gaza-Streifen ist.«

Hikmet spricht das aus, was viele Palästinenser denken, die sich enttäuscht und voller Wut vom Friedensprozess abgewendet haben. Und in der Tat, was weltweit als *Friedensprozess* bezeichnet worden ist, war für die Palästinenser in Wahrheit eine traumatische Erfahrung. Jene zornigen jungen Männer, die heute am Ende ihrer Geduld sind, waren anfangs für den Friedensprozess. Aber nach sieben Jahren Alltag im Zangengriff der israelischen Besatzungsarmee ist die Hoffnung auf ein Ende der Fremdherrschaft zerstoben. Statt mehr Land zu bekommen, mussten die Palästinenser mitansehen, wie immer mehr Siedler noch mehr fruchtbaren Boden an sich rissen. Der Friedensprozess hat ihnen nicht weniger, sondern mehr Schikanen durch die israelischen Besatzer gebracht.

Als sich Ariel Sharon am 28. September 2000, abgeschirmt von Hunderten von Polizisten, den Weg zum »Haram al-Sharif« auf dem Tempelberg in Ost-Jerusalem bahnte, um auf höchst provokative Weise eines der großen islamischen Heiligtümer für eine zionistische Demonstration der Macht zu missbrauchen, war die Stimmung in den besetzten Gebieten schon auf dem Siedepunkt. Sharons Provokation war der Funken, den es brauchte, um die Lunte in Brand zu setzen. Der sich nun bahnbrechende Volksaufstand der Palästinenser, die »Al-Aksa-Intifada«, war die Folge. Sharon war der Anlass für die Intifada. Doch im Grunde geht sie auf die verzweifelte Wut der Palästinenser zurück, die sich aus den leeren Versprechungen des *Friedensprozesses* speist.

Aber der Aufstand richtet sich nicht nur gegen die israelischen Besatzer, sondern teilweise auch gegen das korrupte Regime unter Yassir Arafat. In Gaza und in der Westbank pfeifen es die Spatzen von den Dächern, wie schamlos sich viele Minister und Arafat-Berater bereichern, während das Volk weiter verarmt. Fast 40 Prozent der Arbeitnehmer sind arbeitslos, und ein Drittel der Palästinenser muss mit weniger als drei Euro am Tag auskommen.

Auf den Straßen von Gaza sind die steinewerfenden Jugendlichen, die monatelang das Bild der Intifada bestimmten, inzwischen seltener zu sehen. Jetzt tobt ein brutaler Kleinkrieg verschiedener Milizgruppen gegen die israelische Armee und gegen die jüdischen Siedler. Es herrscht eine Atmosphäre geballter Aggressivität – überall ist die Wut der Verzweiflung zu spüren. Davon zeugen die Graffiti an den Häuserwänden in den schmutzstarrenden, hoffnungslos übervölkerten Flüchtlingslagern.

»Israel hat Atombomben, wir haben Menschenbomben«, heißt es schrill an der Außenmauer der Islamischen Universität in Gaza, die fest in der Hand von Hamas ist. Die militante islamistische Organisation lehnt jeden Kompromiss mit Israel ab. In der augenblicklichen Lage gewinnt sie stetig an Einfluss, und natürlich auch deswegen, weil viele Palästinenser sich von Arafats Verwaltung im Stich gelassen fühlen. Viele Familien, die während der Intifada einen Sohn oder sogar den Ernährer verloren haben, erhielten von Arafats Leuten ungedeckte Schecks. Die Sendboten Saddam Husseins jedoch zahlten jeder Opferfamilie 10 000 US-Dollar bar auf die Hand. Kein Wunder, dass der irakische Herrscher bei vielen Palästinensern wieder so populär ist. Denn er hilft ihnen nicht nur, er bietet auch den Amerikanern die Stirn, die in ihren Augen mitverantwortlich sind für die israelische Besatzungspolitik. Um 7000 jüdische Siedler in Gaza zu schützen, hat die Armee die Hauptstraße von Norden nach Süden unpassierbar gemacht und alle Olivenhaine, Weingärten und Orangenplantagen zerstört, jeden Baum und jeden Strauch in der Nähe einer Siedlung dem Erdboden gleichgemacht.

Gaza ist nicht nur von der Außenwelt abgeriegelt, sondern auch im Innern geteilt. Kinder können nicht zur Schule gehen, Farmer können ihre Zitrusfrüchte nicht ausführen, und die Bauarbeiter können nicht mehr zu ihren Arbeitsstellen in Israel. Trotz der wirtschaftlichen Not und der seelischen Belastung ist aber vorerst kaum damit zu rechnen, dass sich die Menschen in Gaza dem israelischen Druck beugen werden.

»Die Leute hier haben nichts zu verlieren. Seit 50 Jahren sitzen sie im Dreck und Arafat hat ihr Los auch nicht verbessert«, sagt ein Hamas-Vertreter, der sich Hassan nennt. »Es mag sein«, fügt er hinzu, »dass wir die israelischen Besatzer nicht verjagen werden. Aber wir können ihnen wehtun und ihnen Verluste zufügen. Die Israelis werden solange keine Sicherheit haben, wie sie uns besetzt halten.«

Das war im Februar 2001.

Im Sommer 2002 ist der Gaza-Streifen ein riesiges Gefängnis, umgeben von elektrischen Zäunen und Wachtürmen der israelischen Armee.

Ein Drittel des gesamten Landes hat Israel beschlagnahmt, entweder für die 7000 jüdischen Siedler oder für militärische Zwecke. Über eine Million Palästinenser müssen sich mit dem Rest begnügen. Sie sind dort teilweise zusammengedrängt wie eine Herde Vieh. Sie haben keine Arbeit und folglich kein Einkommen. 80 Prozent der Menschen in Gaza sind für ihren Lebensunterhalt auf das Flüchtlingshilfswerk (UNWRA) der Vereinten Nationen oder auf Spenden aus der arabischen Welt angewiesen. Im Juli 2002 entwarf die Regierung Sharon eine Kabinettsvorlage, die für die Familien von Selbstmordattentätern eine zeitgenössische Spielart von Sippenhaft vorsah. Die Familien der Mörder sollten von der Westbank in den Gaza-Streifen deportiert werden. Es gab einen internationalen Aufschrei des Protestes, selbst die USA mochten Sippenhaft nicht gutheißen, und so verschwand das Papier vorerst wieder in der Schublade.

Im Westjordanland sind die Menschen auch gefangen, in Dutzenden von isolierten *territorialen Zellen*. Nachdem Ariel Sharon alle palästinensischen Verwaltungseinrichtungen durch die Armee hat zerstören lassen, sind jetzt die Städte und Dörfer total umzingelt und abgeriegelt. Auch in der Westbank wird mittlerweile ein Zaun gebaut.

Niemand darf *seine Stadt* oder *sein Dorf* verlassen, auch nicht zu Fuß.

Wer sich zwischen den einzelnen *territorialen Zellen* hin und her bewegen will, braucht eine schriftliche Genehmigung der israelischen Besatzungsmacht. Überall sind Heckenschützen oder schwer bewaffnete Soldaten postiert, die verhindern, dass Palästinenser *verbotenerweise* auf ihre Felder, ins Büro, zur Arbeit, zum Unterricht, zum Arzt oder ins Krankenhaus gehen.

Das Ende der palästinensischen Teilautonomie und die Wiederherstellung der vollen Militärherrschaft hat Sharon schon kurz nach seiner Amtsübernahme, also von langer Hand, geplant. Öffentlich tut er jedoch so, als seien alle militärischen »Schutzmaßnahmen« die direkte Reaktion auf den Terror der Palästinenser.

Armee und Geheimdienst haben nach Beendigung des Feldzuges »Operation Schutzwall« die neu entstandene Lage in der Westbank analysiert. Sie sind zu dem Ergebnis gekommen, dass die palästinensische Zivilverwaltung einen Tiefstand erreicht, der durch die systematische Zerstörung vieler Verwaltungsstellen in Ramallah bedingt ist. Besonders negativ wirkt sich aus, dass die israelischen Truppen die elektronischen Rechner und die Datenbasen zertrümmert haben. Die den Menschen geraubte Bewegungsfreiheit macht sie »arm, abhängig, beschäftigungslos, hungerleidend und (politisch) extrem«[99], wie die israelischen Experten vom militärischen Geheimdienst nüchtern feststellen. Bald wird die Mehrheit der palästinensischen Bevölkerung nur durch ausländische Hilfe in der Lage sein, ein gerade noch erträgliches Leben zu führen. Auf diese Weise wird das Westjordanland auf dasselbe Armutsniveau gezwungen wie der Gaza-Streifen. Hier liefert der *Kampf gegen den Terror* Ariel Sharon einen willkommenen Vorwand, ein ganzes Volk in menschenunwürdige Zustände zu treiben.

Mehr Terror wird die Folge sein.

Stimmen des Hasses

»Jeder Mensch, dessen Land überfallen wurde, dem man alles, was er besaß, genommen hat, besitzt ein Recht auf Widerstand. Und zwar mit jedem Mittel, das ihm zur Verfügung steht. Unsere militärischen Operationen bringen den Palästinensern nicht sofort ihre Freiheit zurück, aber sie sind ein Schritt in diese Richtung.

Ich unterstütze die Selbstmordaktionen innerhalb von Israel. Wir wenden nie Gewalt als Erste an. Unsere Operationen sind immer die Antwort auf bestimmte Verbrechen gegen uns. Ich würde nicht zögern, eine solche Operation auszuführen, wenn ich dazu aufgefordert würde. Viele von uns denken genauso. Kürzlich haben dreizehn- und vierzehnjährige Kinder die Siedlung Netzarim angegriffen und sind dabei zu Märtyrern geworden. Sie haben Messer von ihrem Taschengeld gekauft, und dann sind sie losmarschiert. Das beweist doch, dass ich mit meiner Meinung nicht allein dastehe.

Meine Familie unterstützt mich in meiner Haltung. Eins will ich klarmachen: Wir sind eher bereit zu sterben, als ein solches Leben zu führen. Und das gilt für alle Palästinenser. Für uns gibt es keine Sicherheit. Das Wort ›Selbstmord‹ ist nicht wichtig. Wir betrachten das nicht als Selbstmord. Es ist Widerstand.

Wir haben während der ersten Intifada sieben Jahre lang gekämpft, um unser Land zurückzubekommen. Dann kam der Oslo-Prozess, dem wir eine Chance gegeben haben. Aber er brachte uns nichts. Wir werden nicht noch einmal auf diesen Punkt zurückgehen, nur um zu erleben, dass Israel innerhalb von Stunden wieder in unser Land einfällt.

Das ist ein Befreiungskrieg, und es ist ein Krieg bis zum Ende. Was ich meine, wenn ich sage, wir ziehen den Tod einem solchen Leben vor? Alles, was wir tun, ist der Versuch, Glück und Frieden in unserem Land zu erreichen und die Kontrolle über unsere heiligen Stätten zurückzugewinnen.

Die Palästinenser wollen keinen Bürgerkrieg zwischen uns und der Autonomiebehörde. Aber wir werden nicht zu dem Zustand zurückkehren, den wir vor der Intifada hatten. Dann wären 1800 Märtyrer umsonst gestorben. Israel hat vor der Intifada kein einziges Abkommen mit uns eingehalten. Die Dinge müssen nach vorn bewegt werden, bis zu unserer Befreiung. Das ist die einzige Lösung.

Die Palästinenser, die unsere Operationen nicht unterstützen, frage ich, was hat euch geholfen? Der Frieden? Wir haben den Friedensprozess ausprobiert, sieben Jahre lang, und er hat uns keine Freiheit beschert.

Die israelische Gesellschaft ist eine militarisierte, keine zivile Gesellschaft. Schon in jungen Jahren, als Zwölf- oder Dreizehnjährige, beginnen sie mit der militärischen Ausbildung. Mit siebzehn gehen sie zur Armee. Das gilt für Männer und Frauen. Die Leute sagen, wir töten israelische Zivilisten. Und ich antworte, dass palästinensische Kinder auf dem Schulweg getötet werden, oder wenn sie für ihre Familien einkaufen. Der Koran sagt: »Wer dich angreift, den darfst du auf dieselbe Weise attackieren, wie er es getan hat.« Also ist es unser Recht, mit gleicher Münze heimzuzahlen.

Widerstand kann verschiedene Formen annehmen – bewaffneter Kampf, Raketen, Granaten, Selbstmordanschläge, Himmelfahrtskommandos. Wir wenden alle Mittel an, die wir haben, als Antwort auf die militärische Stärke Israels.

Rein militärisches Vorgehen ist nicht die einzige Quelle der Stärke. Schauen Sie, was im Libanon passiert. Selbst in Vietnam hätte die amerikanische Armee doch rein militärisch betrachtet einen überwältigenden Sieg davontragen müssen. Aber am Ende haben die Vietnamesen ihr Ziel erreicht.

Unser militärisches Vorgehen während der ersten Intifada setzte Israel unter Druck und brachte es dazu, die PLO anzuerkennen und den Oslo-Prozess einzuleiten. Mit unseren gegenwärtigen Aktionen haben wir noch nicht viel erreicht. Aber wir sehen, dass die israelische Gesellschaft Angst hat, und mehr als eine Million Israelis haben das Land verlassen. Das sind Erfolge, und wenn wir diesen Weg weitergehen, wird Israel bald fallen.

Wenn jemand Ihr Haus überfällt und die Eindringlinge dann in das Haus einziehen, würden Sie nicht auch verlangen, dass sie von dort entfernt werden müssen?

Wir werden keine zwei Staaten in Palästina akzeptieren. Denn Palästina gehört uns.

Wenn sie das Land gekauft hätten, würde es ihnen zustehen, aber sie haben es sich einfach genommen. Ein Staat Israel kann nicht sein, nur ein Staat Palästina. Unsere Rechte müssen verwirklicht werden. Das wird geschehen. Vielleicht nicht in dieser, der nächsten oder der übernächsten Generation. Doch am Ende werden wir alle unsere Rechte bekommen.

Wir würden vielleicht eine Übergangsregelung oder einen Waffenstillstand zwischen uns und dem israelischen Gebilde akzeptieren. Aber eine Zwei-Staaten-Lösung als Basis für einen dauerhaften Frieden würden wir nicht hinnehmen.

Als Kämpfer würde ich einer Waffenruhe zustimmen, wenn Israel als Gegenleistung den Gaza-Streifen, die Westbank und Ost-Jerusalem aufgäbe. Doch wir können niemals den Staat Israel anerkennen.«[100]

Das ist die Meinung von Abu al-Abed. Er ist 24 Jahre alt und lebt seit seiner Geburt in Gaza. Er gehört zur »Izzedine al-Qasim Brigade«, dem militärischen Arm von Hamas.

Die militante islamistische Organisation verficht einen extremistischen Kurs gegenüber Israel und lehnt das Existenzrecht des jüdischen Staates auf dem Boden des historischen Palästina ab.

Die radikalen Ansichten des jungen Extremisten sind in ihrer Verbohrtheit und borniertem Realitätsferne ein schlagendes Beispiel für palästinensischen Fanatismus und Maximalismus. Sie klingen wie die *Alles oder nichts*-Parolen der Araber in den 50er und 60er Jahren des 20. Jahrhunderts, als sie Israel von der Landkarte streichen wollten.

Für Hamas ist ein Frieden an der Seite Israels aus ideologischen Gründen ausgeschlossen.

Der jüdische Staat darf nach Meinung dieser Fundamentalisten nicht fortbestehen, weil er historisch betrachtet auf *islamischem Boden* errichtet wurde. Dort aber, wo der Islam einmal Fuß gefasst hat, erwachsen ihm *zeitlich unbegrenzte territoriale Rechte von höchster Exklusivität*. Mit anderen Worten, diese Islamisten sprechen den Israelis das Recht auf staatliche Existenz ab, weil Palästina islamisch war, ist und immer bleiben wird.

Hier zeigt sich in frappierender Weise, wie ähnlich sich die islamischen und die jüdischen Fundamentalisten in ihren Ausschließlichkeitsansprüchen sind.

Vor der Intifada lagen die Sympathien für Hamas in der palästinensischen Gesellschaft bei etwas weniger als 15 Prozent. 1996, bevor den Menschen klar wurde, wohin der Oslo-Prozess sie führen würde, unterstützte die öffentliche Meinung in

Palästina ein hartes und konsequentes Vorgehen der Autonomiebehörde gegen die Terroristen von Hamas. Die Mehrheit der Palästinenser wollte die islamistischen Extremisten hinter Schloss und Riegel sehen, weil sie diese für den schleppenden Fortgang der Verhandlungen mit Israel mitverantwortlich machte.

Nach Ausbruch der Intifada im Herbst 2000 und der schon von Premierminister Ehud Barak betriebenen Eskalation der Gewalt, gepaart mit brutalen Unterdrückungsmaßnahmen gegen die wehrlose palästinensische Bevölkerung, gewannen Hamas und andere islamistische Gruppen erheblich an Zustimmung.

Spiegelbildlich zur Verhärtung der öffentlichen Meinung in Israel glaubten mehr und mehr desillusionierte Palästinenser, der Dialog mit Israel führe nicht in die Unabhängigkeit, sondern zementiere ihre Unfreiheit. Im Laufe des Konflikts bewegte sich die Unterstützung für Hamas und das islamistische Lager auf 30 Prozent zu.[101]

Dennoch gibt es für die extremistischen Islamisten in der palästinensischen Gesellschaft keine strukturelle Mehrheit. Gewiss, die Stimmung unter den Palästinensern wurde immer explosiver, je länger die Intifada andauerte und je unerträglicher die israelischen Unterdrückungsmaßnahmen auf den Menschen lasteten. Zeitweise unterstützte eine vorher nicht gekannte Mehrheit von 70 Prozent der Bevölkerung bewaffnete Angriffe gegen Israelis.[102]

Ähnlich wie die israelische ist auch die palästinensische Gesellschaft in Widersprüche verstrickt. In Israel befürwortet heute eine Mehrheit einen palästinensischen Staat, gleichzeitig unterstützen dieselben Bürger Sharon und seine destruktive Politik gegenüber den Palästinensern. Und die meisten Palästinenser treten für eine Zweistaatenlösung ein. In demselben Atemzug sprechen sie sich jedoch dafür aus, dem anderen Volk, dem sie sich so ausgeliefert sehen, wehzutun. Gemeinsam sind beide Völker durch die Politik ihrer jeweiligen Führung in die Sackgasse geraten.

Auf der palästinensischen Seite herrscht schon lange großer

Unmut über die *Regierungspraxis* der Arafat-Verwaltung. Der Ruf nach Reformen und Veränderungen an der Spitze des Arafat-Regimes sind viel älter als die amerikanisch-israelische Forderung nach einer Demokratisierung dieses Systems. Mahmoud Shahin, ein 36-jähriger Oberkellner aus dem Dorf Irtas, in der Nähe von Bethlehem, spricht das aus, was viele realistisch eingestellte Palästinenser denken:

»Ich sehe keine Anzeichen dafür, dass sich die Dinge zum Besseren wenden werden.

Vor der Intifada gab es zumindest etwas Hoffnung, aber die Lage verschlechterte sich zusehends. Und mit der gegenwärtigen israelischen Regierung ist keine Besserung zu erwarten. Natürlich können wir nicht alles auf die Israelis schieben. Ich gehörte zu jenen, die anfangs große Hoffnung auf die palästinensische Behörde setzten. Aber offen gesagt, die haben so viele Fehler gemacht – wir haben so viele Fehler gemacht.

Der Hauptfehler besteht darin, dass wir mit all der Schießerei und den Bomben in der Welt den Eindruck erweckt haben, wir seien eine Armee. Die Intifada hätte darin bestehen sollen, gegen die Besatzung zu protestieren. Es war ein schrecklicher Fehler, den jungen Männern Waffen zu geben und sie damit öffentlich herumstolzieren zu lassen.

Da ist das ganze Gerede über die Palästinenser, die einen Waffenstillstand erklären. Aber das ist doch lächerlich, weil wir so unsäglich schwach sind. Die andere Seite hat Flugzeuge und Panzer und wir – wir haben Gewehre und Pistolen.

Wir sind heute in dieser Lage, weil die Welt glaubt, wir seien ein bewaffnetes Volk. Das sind wir natürlich nicht.

Ein weiteres Versagen der palästinensischen Behörde besteht darin, dass es keine zentrale Planung gibt und keine Autorität, die die Intifada lenkt und kontrolliert. Die palästinensische Behörde hat all diesen verschiedenen Gruppen erlaubt, ihre eigenen Aktionen durchzuführen. Ich persönlich bin absolut gegen das Töten von Zivilisten. Wir sind alle Menschen. Wenn mein Sohn, mein Bruder oder meine Schwester getötet würden, dann würde ich das auch nicht akzeptieren.

Wir sollten uns wirklich mehr wie menschliche Wesen benehmen – das ist es, was alle unsere Religionen uns vorschreiben.

Der Kampf gegen militärische Ziele, so glaube ich, ist berechtigt. Das kann an sich schon als Widerstand betrachtet werden. Und wir haben ein Recht auf Widerstand. Vielleicht müssen beide Führer gehen, Arafat und Sharon. Ich vertraue der palästinensischen Behörde schon lange nicht mehr. Yassir Arafat hat so viele Fehler gemacht und die Israelis werden nicht mehr mit ihm verhandeln. Es gibt 50 000 Leute, die bei der Behörde angestellt sind. Millionen von Dollars von ausländischen Geldgebern fließen hier herein und wir sehen nichts davon.

Die große Mehrheit der Palästinenser ist heute damit einverstanden, dass es eine Zwei-Staaten-Lösung gibt, bei der wir Palästina mit den Israelis teilen. Das Problem ist allerdings, dass die Israelis das Land nicht mit uns teilen wollen.

Es ist möglich, Seite an Seite zu leben. Vor der Intifada hatte ich jüdische Freunde, die ich besucht habe, und wir sind zusammen ins Café gegangen. Ich war in Tel Aviv und habe mir die Stadt angesehen. Es ist möglich, zusammenzuleben und auch zusammenzuarbeiten.

Die Situation veränderte sich völlig, als Sharon auf den Haram al-Sharif (Tempelberg) ging und dann gewählt wurde. Der Hass wuchs, das führte zur Intifada und zu den Selbstmordanschlägen. Diese haben die Haltung der Israelis sehr stark beeinflusst und natürlich auch die Weltmeinung. Aber sie sehen unseren Standpunkt nicht.«[103]

Das System Arafat

Die Jahre des *Friedensprozesses* waren für die Palästinenser eine leidvolle Zeit, in der sie politisch und wirtschaftlich großen Schaden erlitten.[104] Und der Osloer Prozess wurde verfälscht.[105] Israel übte als direkte Folge der Verträge eine wachsende Kontrolle über das Leben der Palästinenser aus und teilte das palästinensische Territorium in isolierte Enklaven auf. Ein weiterer wichtiger Grund war der Charakter der Arafat-Behörde, die sich zu einem unterdrückerischen und korrupten Regime entwickelte.

Der Niedergang in den palästinensischen Gebieten hängt also weitgehend mit den Bedingungen zusammen, nach denen der »Autonomie-Prozess« von Oslo gestaltet wurde. Mit den Abkommen wurde nämlich der Konflikt zwischen Israelis und Palästinensern aus dem Bereich des Völkerrechts, im dem die Palästinenser noch eine stärkere Position hatten, auf die Ebene zweiseitiger Verhandlungen zwischen zwei völlig ungleichen Akteuren verlagert.[106]

Folglich fand das Prinzip der Gerechtigkeit bei den erarbeiteten Vereinbarungen keine Anwendung. Jedes Papier, das die beiden Parteien unterzeichneten, war gekennzeichnet durch die Macht in der Hand Israels und die Impotenz der Palästinenser.

Das Außergewöhnliche an diesem *Friedensprozess* war, dass das existierende Ungleichgewicht der Kräfte nicht nur bestätigt, sondern auch legalisiert und sanktioniert wurde. So etwas hat es vor Oslo noch nie gegeben.[107]

Bevor Yassir Arafat sich mit seiner Gruppe 1994 in Gaza und in Ramallah niederließ, hatte die israelische Besatzungsmacht in den besetzten Gebieten alle politischen Aktivitäten verboten. Jeder Zusammenschluss wurde kriminalisiert, selbst, wenn er gemeinnütziger Natur war. Die Unterdrückung ging so weit, dass jemand bestraft werden konnte, der bei sich zu Hause eine Landkarte von Palästina aufhängte.

Natürlich konnte von solcherart Willkür nach der Einrichtung der Arafat-Behörde keine Rede mehr sein. Aber Yassir Arafat installierte ein Regime, das mindestens ebenso repressiv war wie die Herrschaft der israelischen Besatzungsmacht. Seine *politische Ordnung* war autoritär und basierte faktisch auf einem *Einparteiensystem*, in dem andere Meinungen unterdrückt wurden. Außer der Arafat-Partei al-Fatah spielte nur noch die islamistische Organisation Hamas eine Rolle. Die weltlich orientierten, kleineren Gruppierungen, die früher die politische Kultur der Palästinenser mitgeprägt hatten, waren völlig an den Rand gedrängt.

Das Arafat-Regime zeichnete sich dadurch aus, dass es einen großen Teil seiner Energie und seiner Ressourcen für die Polizei- und die Sicherheitsdienste aufwendete. Fast die Hälfte aller staatlichen Angestellten gehörten zu den verschiedenen Polizeieinheiten oder den miteinander konkurrierenden Geheimdiensten. Vor allem viele junge Leute wurden in den Sicherheitsbereich integriert. Häufig mit dem Ziel, Abhängigkeiten zu schaffen oder potentielle Gegner zu neutralisieren. Aber das geschah natürlich auch, um Kontrollmechanismen zu installieren. Arafat herrschte mit Hilfe eines mächtigen Unterdrückungsapparates.

Arafat legte es schnell darauf an, den Legislativrat, also das »Parlament« der Palästinenser, zu entmündigen. Er ignorierte einfach die von den gewählten Abgeordneten beschlossenen Gesetze. Er vermied es jahrelang, das palästinensische Grundgesetz zu unterzeichnen und schwang sich so zum Alleinherrscher auf, der die ganze Macht auf seine Person konzentrierte. Er ist zwar demokratisch legitimiert, weil er 1995 von den Palästinensern mit 88 Prozent zum Präsidenten der Autonomiebehörde gewählt wurde – jedoch nur im Rahmen der Verfassung, die er erst im Mai 2002 auf Druck der USA ratifizierte.

Arafats Vetternwirtschaft ließ andere arabische Herrscher vor Neid erblassen. Dabei galt das bekannte Muster: Nicht die Qualifikation entscheidet über die Vergabe einflussreicher Posten, sondern die Nibelungentreue zu Arafat. In den Ministerien schuf er immer mehr Pfründe, um seine Gefolgsleute zu bedienen und sie gleichzeitig damit in die Hand zu bekommen.

Arafat schreckte auch nicht davor zurück, die palästinensischen Nichtregierungsorganisationen unter Druck zu setzen. So musste seit dem Sommer 1999 jede Gründung einer solchen Organisation vorher vom Geheimdienst genehmigt werden.

Yassir Arafat hat den Pluralismus der palästinensischen Gesellschaft durch sein autoritäres Regime zerstört. Sein Hauptinteresse bestand offensichtlich vor allem darin, seine Macht zu sichern. Vergessen scheint sein Schwur, den er 1983 – gejagt von Syriens Präsident Hafis al-Assad – auf einem Hügel über der nordlibanesischen Hafenstadt Tripoli abgab: »Palästina«

werde »eine Demokratie« sein; anders als alle anderen arabischen Staaten. Es werde keine Geheimpolizisten geben, kein »Regime«, keinen Nepotismus und keine Korruption.[108] Stattdessen ist Arafat ein »korrupter kleiner Despot« geworden,[109] der in seinem ihm von Israel zugewiesenen Bereich die »Ordnung auf Kosten der Freiheit«[110] wiederherstellte. Seine Revolverhelden und Geheimdienstschergen wurden vom CIA ausgebildet. In der Westbank unterhielt der CIA fünf Dienststellen. Der CIA machte sich zum Komplizen Arafats, der seine palästinensischen Gegner ins Gefängnis warf und foltern ließ. All das wurde von den Sponsoren des *Friedensprozesses* gebilligt und unterstützt. Die USA und Israel waren ganz auf Arafats Seite, solange er alle Palästinenser unterdrückte, mundtot machte und neutralisierte, die in der israelischen Anwendung der Oslo-Verträge einen Ausverkauf ihrer nationalen Rechte sahen. Es störte sie auch nicht sonderlich, dass Arafat ein System der Tyrannei errichtete, in dem die Menschenrechte verletzt wurden. Es geschah unter den Augen des amerikanischen Geheimdienstes, dass Menschen willkürlich ihrer Freiheit beraubt wurden. Sie verschwanden, wie bei Saddam Hussein, ohne Gerichtsverhandlung im Gefängnis. Dissidenten wurden ermordet. Keinerlei Opposition war erlaubt. Die Presse wurde geknebelt. Journalisten, die die Zensur ignorierten und unliebsame Artikel schrieben, wurden bedroht oder landeten sofort hinter Gittern. Die Gewerkschaften wurden unterdrückt. Von Rede- und Versammlungsfreiheit konnte keine Rede sein. Eine unabhängige Justiz gab es nicht. Richter, die dem Regime unliebsame Urteile fällten, wurden von ihrem Posten entfernt.

Für viele Palästinenser war das Verhalten des Arafat-Regimes psychologisch und emotional eine schwere Bürde. Dabei hatten sie gehofft, der *Friedensprozess* werde ihnen einen demokratischen Staat bescheren. Die Kooperation zwischen dem palästinensischen Regime und Israel nährte in der palästinensischen Öffentlichkeit den Verdacht, Arafat stecke mit der Besatzungsmacht unter einer Decke.

Es ist sicher angebracht, Demokratie und Rechtsstaatlichkeit für das palästinensische Volk zu verlangen. Wenn diese Forderung jedoch aus Amerika und aus Israel herüberhallt, dann empfinden viele Palästinenser das als den Gipfel der Scheinheiligkeit. Ausgerechnet diese Regierungen, die Arafats repressives und korruptes Regime so lange gestützt haben, behaupten jetzt, Frieden könne man nur mit demokratisch regierten Palästinensern schließen. Der ganze Westen, auch die gelegentlich murrenden Europäer, haben dem *System Arafat* die Stange gehalten, obwohl sie genau wussten, dass das Regime das palästinensische Volk wie seine Beute behandelte. Sie betrachteten Arafat als Garanten der Osloer Verträge, der dafür sorgen sollte, dass extremistische Kräfte wie Hamas nicht an die Macht kamen. Doch das konnte unter den herrschenden Bedingungen nicht gut gehen, wie die Intifada gezeigt hat.

Enttäuschte Hoffnungen

Die Verfälschung des Osloer Friedensprozesses, der aus Sicht der Palästinenser auf dem Prinzip »Land für Frieden« beruhte, hat verhindert, dass in einem allmählich forschreitenden Verhandlungsprozess gegenseitiges Vertrauen aufgebaut wurde. Der damalige Premierminister Yitzak Rabin wollte auf dem Weg zu einem selbständigen Palästinenserstaat vorsichtig, aber stetig vorangehen. Die Mehrheit der Israelis sollte sehen, dass Frieden mit den Palästinensern auch Sicherheit bedeutet. Anstelle von Hass und Misstrauen sollte allmählich ein funktionierendes Nebeneinander treten, das es erlauben würde, zugunsten der Palästinenser auch auf *biblisches Land* zu verzichten. Deshalb ist Rabin 1995 von einem jüdischen Fanatiker ermordet worden. Der Täter gehört zu den nationalreligiösen Orthodoxen, die die arabische Geschichte Palästinas ignorieren und das ganze Land zum exklusiven Erbe aus biblisch-jüdischer Zeit erklären.
Zwar haben damals die islamistischen Extremisten von Hamas mit ihren Terroranschlägen ebenfalls dazu beigetragen, dass die Verhandlungen ins Stocken gerieten. Auch sie hatten die Risiken dieser Politik erkannt und versuchten, sie zu torpedieren. Aber am 4. März 1996 demonstrierten Tausende von

Palästinensern in Gaza gegen den Terror der islamischen Fundamentalisten und für die Fortsetzung des Friedensprozesses. Zu diesem Zeitpunkt glaubte die Mehrheit des palästinensischen Volkes noch an eine Lösung auf der Basis »Land für Frieden«.

Doch mit der Wahl von Benjamin Netanjahu zum Premierminister änderte sich das. Netanjahu hatte seinen Wahlkampf mit demagogischen Hasstiraden gegen die Politik Rabins geführt und immer wieder klar gesagt, ein Palästinenserstaat käme für ihn nicht in Frage. Netanjahu raubte den Palästinensern mit seiner Ablehnungspolitik die Hoffnung auf ihre Selbstbestimmung. Das führte zu einer Verhärtung der Fronten und verschärfte das Glaubwürdigkeitsproblem für Yassir Arafat.

Das Abkommen von Oslo war die formelle Anerkennung Israels durch die Palästinenser. Sämtliche arabischen Ansprüche, die sich seit 1948 auf das israelische Kernland an der Mittelmeerküste bezogen, waren damit erloschen. Psychologisch war das von erheblicher Bedeutung. Denn Arafat hat seinem Volk den eigenen Verzicht auf das ganze Palästina als unvermeidbar und gleichzeitig als Chance dargestellt, in den verbliebenen palästinensischen Gebieten einen souveränen Staat zu errichten. Als Netanjahu großspurig den Ausbau jüdischer Siedlungen mitten im Herzen der Westbank ankündigte, war das für die Palästinenser eine Provokation. Warum sollten sie Frieden mit Israel schließen, wenn sie auch weiterhin auf ihren Staat würden verzichten müssen. Die Selbstverwaltung ihrer Städte in einem von jüdischen Siedlungen durchsetzten Gebiet unter Oberhoheit israelischer Besatzungstruppen, die Netanjahu ihnen gewähren wollte, war für die Palästinenser ein Alptraum.

Die kompromisslose Politik der Regierung Netanjahu war der Beginn vom Ende des Oslo-Prozesses. Nicht nur das, sie stellte auch Arafat bloß, der seinem Volk ein Versprechen gemacht hatte, das er offensichtlich nicht halten konnte. Die verlustreichen Straßenkämpfe vom September 1996 zwischen Palästinensern und der israelischen Armee waren die Vorboten für die Al-Aksa-Intifada vom September 2000.

Die Aufsteiger aus Tunis

Als Yassir Arafat 1994 mit seinen Getreuen aus dem tunesischen Exil nach Gaza kam, um die neu geschaffene palästinensische Autonomiebehörde unter seine Kontrolle zu nehmen, wurde bald deutlich, was die Palästinenser erwarten konnten. Die »Tunesier«, wie sie im Volksmund hießen, bauten sich als Erstes protzige Luxusvillen auf den Sanddünen des Gaza-Streifens. Arafat selbst pflegte zwar unverändert einen bescheidenen Lebensstil, doch seine altgedienten PLO-Helfer schöpften schamlos aus dem Vollen. Dabei blieben sie unbeeindruckt vom Los der palästinensischen Flüchtlinge, die seit Jahrzehnten in Gaza ihr Leben in bitterer Armut fristen mussten.

Unter Arafats Herrschaft bildeten sich schnell neue wirtschaftliche und politische Eliten heraus, die ihren Aufstieg entweder einem der Sicherheitsdienste oder der Vetternwirtschaft verdankten. Die Aufsteiger maßten sich Rechte und Privilegien an, die sie weit über die »normalen« Palästinenser stellten. Natürlich war das nur möglich, weil der für sich selbst in materieller Hinsicht bescheidene Arafat das zuließ. Er setzte die Korruption gezielt als Mittel ein, um die Begünstigten an sich zu binden. Im *System Arafat* waren die Bürger bald gezwungen, dabei zuzuschauen, wie die Palästinenserbehörde mit Erpressung und Betrügereien reich wurde. Ohne Bestechung gab es keinen Führerschein, kein Telefon, keine Krankenversicherung und keinen Arbeitsplatz.[111] Ja, es wurden sogar gestohlene Autos auf offener Straße verkauft. Ein Hauseigentümer, der den Fehler gemacht hatte, an einen der *Privilegierten* zu vermieten, erhielt über ein Jahr keine Miete. Als der Vermieter schließlich das ausstehende Geld verlangte, verwies ihn der *Privilegierte* an sein Ministerium. Denn es handelte sich um den Minister persönlich. Wie zu erwarten, wurde der Hauseigentümer auch dort mit fadenscheinigen Erklärungen abgespeist.

Das *System Arafat* sicherte seine Macht auch mit Hilfe der Clan-Beziehungen. Einen Posten bei der Behörde konnte in der Regel nur ergattern, wer zu einem großen Clan gehörte oder Mitglied bei Arafats Partei al-Fatah war.

Da in diesem System die Sicherheits- und Geheimdienste über dem Gesetz stehen, bleibt dem Einzelnen nichts anders übrig, als die Protektion seiner Familie in Anspruch zu nehmen. Ganz so wie in anderen arabischen Staaten auch. Die Justiz im *System Arafat* versagte völlig. Deshalb entstanden vielerorts Privatmilizen, die der »Gerechtigkeit« mit dem Faustrecht nachhalfen.

Im Dezember 1999 schrieben 20 Universitätsdozenten und Abgeordnete des palästinensischen Legislativrates einen offenen Brief an Yassir Arafat. Darin übten sie scharfe Kritik an ihm persönlich, weil er »die Tür geöffnet habe für weit verbreitete Korruption und die Ausbeutung der palästinensischen Bevölkerung«. Die meisten der Unterzeichner, darunter übrigens auch Mitglieder von Arafats eigener Fatah-Partei, kamen ohne Anklage ins Gefängnis. Ihre Initiative verpuffte. Doch der Vorfall und die offensichtliche Sympathie in der Bevölkerung für die mutigen Protestler zeigten, wie stark der Rückhalt für das Regime geschrumpft war.

In der Wirtschaftspolitik hat das Regime zwar ein funktionierendes Steuer- und Bankenwesen auf die Beine gestellt und hier und da auch etwas für die Infrastruktur getan, aber die Entwicklung des Privatsektors praktisch verhindert.

»Das Letzte, was die Palästinenserbehörde will, ist eine lebensfähige Wirtschaft und eine wirtschaftliche Entwicklung, die dem Einzelnen Nutzen bringen und die Heranbildung anderer Machtzentren begünstigen könnten. Eine solche wirtschaftliche Mündigkeit führt direkt zu politischer Mündigkeit, und davor haben Arafat und seine handverlesene Elite Angst. Er will ein schwaches Volk, das von ihm und seiner Protektion abhängt. Ein starker Privatsektor, wie es ihn eigentlich geben sollte, ist für ihn eine enorme Bedrohung. So herrscht er eben. Die Macht ist ihm wichtiger als eine Reform der Wirtschaft oder der Politik. Andererseits haben Arafat und seine direkte Umgebung mit ihrer wirtschaftlichen Kollaboration mit Israel enorme Gewinne gemacht. Sie sind auf unsere Kosten reich geworden, und sie werden weitermachen, solange es geht. Wenn es aber einmal nichts mehr zu holen gibt, dann gehen sie.«[112] So urteilt ein palästinensischer Wirtschaftswissenschaftler aus der Westbank über das *System Arafat*.

Den Beweis für diese Aussage liefern die Monopole, über die das Regime den Markt beeinflusst. Zeitweise gab es in Gaza 13 Monopole auf den Import von lebensnotwendigen Gütern wie Mehl, Zucker, Öl, Schlachtvieh, Gefrierfleisch, Zement, Stahl, Holz und Petroleum. Diese Monopole werden persönlich von einflussreichen Angehörigen des Regimes kontrolliert, die direkt mit den israelischen Lieferanten zusammenarbeiten. Natürlich verhindert dieses System den Wettbewerb und führt zu Preisabsprachen. Die Arafat-Behörde verdiente an den Importmonopolen jedes Jahr Hunderte von Millionen Dollar, wie das amerikanische Außenministerium mitteilte.[113] 1997 veröffentlichte ein Parlamentsausschuss des palästinensischen Legislativrates einen Bericht, wonach die Arafat-Behörde 40 Prozent ihres jährlichen Haushalts von 800 Millionen US-Dollar verschwendet hatte. Entweder durch Korruption oder durch Missmanagement. Bemerkenswert ist dabei gewiss die Tatsache, dass der Haushalt zu einem großen Teil von ausländischen Regierungen finanziert wurde.

Wie tief die Korruption im *System Arafat* verankert ist, lässt sich daran ablesen, dass das Regime im Jahr 2000 auf Druck der internationalen Geber offiziell zugeben musste, dass es über einen Reptilienfonds verfügte. Der Bericht enthüllte auch, dass das Arafat-Regime nicht weniger als 530 Millionen Dollar nicht ordnungsgemäß verwendet hatte.

Die Legende von Camp David

Nach dem gescheiterten Gipfel von Camp David im Sommer 2000 verteilte der amerikanische Präsident Bill Clinton öffentlich Noten. Er lobte den israelischen Premierminister Ehud Barak wegen seiner »mutigen« Kompromissbereitschaft und beklagte im selben Atemzug die unbewegliche Haltung von Yassir Arafat, den er damit vor aller Welt für das erfolglose Ende der Gespräche verantwortlich machte, obwohl er versprochen hatte, das nicht zu tun.

Damit legte Clinton den Grundstein für die israelische Legende von Camp David, wonach Arafat das »großzügige Angebot« von Ehud Barak ausgeschlagen und so eine »historische Chance« vertan habe. Statt Frieden mit Israel zu schließen, habe Arafat bald darauf die Intifada angezettelt, um Israel mit Gewalt unzumutbare Zugeständnisse abzutrotzen.

Besonders Ehud Barak, der in den Wahlen vom Februar 2001 Ariel Sharon deutlich unterliegen sollte, pflegte diese Legende, an die die meisten Israelis bereitwillig glaubten. Barak verstieg sich schließlich zu der Behauptung, Arafat könne »kein Partner mehr für den Frieden« sein, er habe sein »wahres Gesicht« gezeigt und sei eben ein notorischer Lügner. Im Juni 2002 schreckte Barak selbst vor rassistischen Ausfällen nicht zurück. In einem Interview mit einer amerikanischen Zeitschrift sagte er:

»Sie (die Palästinenser und Arafat, d. V.) sind von einer Kultur geprägt, in der es niemanden stört, wenn man lügt. Sie leiden nicht unter dem Problem, das in der jüdisch-christlichen Kultur besteht, wenn es um Lügen geht. Die Wahrheit betrachten sie als eine irrelevante Angelegenheit. Der stellvertretende Direktor des FBI hat mir erzählt, dass es Völker gibt, bei denen Lügendetektoren nicht funktionieren; bei diesen Menschen rufen Lügen keine kognitiven Unstimmigkeiten hervor.«[114]

Was aber hatte Barak in Camp David wirklich angeboten?

Stimmt es – was auch in der deutschen Presse monatelang zu lesen war –, dass Barak 95 Prozent oder sogar 97 Prozent der Westbank und den gesamten Gaza-Streifen für einen palästinensischen Staat hergeben wollte, mit Ost-Jerusalem als Hauptstadt? Ist es richtig, dass ein *historisches* Abkommen nur gescheitert sei, weil Arafat darauf beharrte, Barak müsse zusätzlich auch noch das Rückkehrrecht von Millionen Palästinensern nach Israel garantieren?

Während des Gipfels in Camp David weigerte sich Barak, mit Arafat persönlich zu verhandeln. Das löste bei der palästinensischen Delegation verständlicherweise erhebliches Misstrauen aus. Der amerikanische Präsident Clinton musste deshalb als Bote zwischen den beiden Parteien hin- und herpendeln. Baraks Verhalten war für die Palästinenser umso unbegreiflicher, als er selbst auf diesem kurzfristig anberaumten Treffen bestanden hatte, nachdem er zuvor die Verhandlungen mit Arafat monatelang verschleppt hatte.

Die Atmosphäre in Camp David war in erster Linie von Misstrauen geprägt, und Bill Clinton ließ immer wieder durchblicken, dass er eher mit den israelischen Positionen sympathisierte, was die Palästinenser zusätzlich unter Druck setzte. Allerdings zeigte Clinton sich zwischenzeitlich auch deutlich verärgert über die eigenartige Verhandlungsführung von Premierminister Barak.

Man kann Arafat sicherlich vieles vorwerfen, aber für das Scheitern von Camp David kann er nicht allein verantwortlich gemacht werden.[115] Das geht aus den Darstellungen mehrerer Zeitzeugen hervor, die an den Gesprächen teilgenommen haben. Darunter Robert Malley, Nahostexperte im Nationalen Sicherheitsrat von Präsident Clinton, und Shlomo Ben-Ami, der damalige Außenminister in der israelischen Regierung.

Deborah Sontag, Israel-Korrespondentin der »New York Times«, hat in einem Sonderbericht[116] Verlauf und Ausgang der Gespräche geschildert. Daraus ergeben sich die vielschichtigen Gründe für das Scheitern des Gipfels von Camp David. Die Autorin hat für diesen sehr ausführlichen Beitrag wichtige israelische und palästinensische Unterhändler sowie amerikanische und europäische Diplomaten interviewt, die an den Friedensgesprächen der Clinton-Barak-Ära beteiligt waren.

Es kann keine Rede davon sein, dass Barak einen Staat Palästina auf über 90 Prozent der Westbank in Aussicht stellte. Barak hat Arafat auch nicht die Souveränität über die arabischen Stadtviertel Jerusalems angeboten. Ebenso wenig wollte Barak eine palästinensische Souveränität über die islamischen Heiligtümer des Haram al-Sharif auf dem Tempelberg anerkennen. Es entspricht auch nicht den Tatsachen, dass die palästinensische Delegation die Rückkehr von drei Millionen Flüchtlingen nach Israel gefordert hat. Im Gespräch waren nur Kontingente von bis zu einigen tausend Palästinensern, deren Rückführung aber in jedem Einzelfall an die Zustimmung Israels gebunden sein sollte.[117]

Im Übrigen verhielt es sich so, dass das Rückkehrrecht der Flüchtlinge in Camp David kaum behandelt wurde. Von Yossi Beilin, dem damaligen israelischen Justizminister, wissen wir, dass Arafat in Camp David klargestellt hat, die Palästinenser würden in dieser Frage die demographischen Bedenken Israels auf jeden Fall miteinbeziehen.[118] Wichtig war in diesem Zusammenhang für die Palästinenser, dass Israel grundsätzlich ein Recht auf Rückkehr anerkennt, auch wenn das faktisch nur moralische Bedeutung haben würde. Nur auf diesem Wege hätte Israel anerkannt, dass 1948 Hunderttausende von Palästinensern von den Israelis vertrieben wurden.

Fest steht, dass Barak in Camp David den Palästinensern einen Staat angeboten hat, der aus drei separaten Kantonen in der Westbank und dem isolierten Gaza-Streifen bestanden hätte. Die Territorien wären durch Korridore unter israelischer Kontrolle miteinander verbunden gewesen. Das heißt, das Leben der Palästinenser wäre auch weiterhin von der israelischen Besatzungsmacht bestimmt worden.

Ohne auf weitere Einzelheiten einzugehen, kann man sagen, dass Barak den Palästinensern in Camp David wahrlich nicht das Blaue vom Himmel versprochen hat, wie Deborah Sontag in der »New York Times« schreibt.[119]

Gewiss, Barak ist mit seinem Angebot weiter gegangen, als alle israelischen Politiker vor ihm. Besonders, weil er bei der heiklen Jerusalem-Frage ein israelisches Tabu gebrochen hat, indem er eine gewisse Fragmentierung Ost-Jerusalems vorschlug, ohne jedoch den Palästinensern die Souveränität über die arabische Altstadt einzuräumen.

Aber Arafat glaubte nicht, dass ihm Barak wirklich einen lebensfähigen Staat konzedieren wollte. Außerdem sollte er in Camp David mit seiner Unterschrift das historische Ende des Konfliktes besiegeln. Hätte er das getan, hätte er sich den Vorwurf gefallen lassen müssen, den Ausverkauf der Rechte seines Volkes betrieben zu haben.

Doch auch, wenn es nicht wahr ist, dass Arafat allein das Scheitern von Camp David zu verantworten hat, so gilt doch der Satz des UN-Sonderbotschafters Terje Roed-Larsen: »Alle drei Parteien haben Fehler gemacht. Davor ist keiner gefeit bei so komplizierten Verhandlungen. Aber niemandem ist der Vorwurf zu machen, er sei allein für den Misserfolg verantwortlich«.[120]

Die größten Versäumnisse haben sich die Beteiligten *vor* Camp David zu Schulden kommen lassen. Die Regierung Clinton hat auf beide Parteien nicht konsequent Druck ausgeübt. Das hat Robert Malley, Clintons Nahostexperte im Nationalen Sicherheitsrat, öffentlich eingeräumt: »Wenn die zugrunde liegende Gleichung ›Land für Frieden‹ lautet, dann darf nicht einerseits täglich Land weggenommen werden und andererseits der Frieden verleumdet werden. Andernfalls verliert die Gleichung ihre Bedeutung und ist nicht mehr relevant«.[121]

Das Friedenslager in Israel muss sich vorwerfen lassen, dass es nicht konsequent genug den Ausbau der Siedlungen verhindert hat. Das betont Yossi Beilin, einer der Architekten des Friedensprozesses, der im gleichen Atemzug selbstkritisch anmerkt, man hätte mehr Druck auf Arafat ausüben müssen, um der Hetze und der Aufstachelung zur Gewalt gegen Israel aus den Reihen der Palästinenser Einhalt zu gebieten.[122]

Ehud Barak, der unmittelbar nach dem Gipfel gesagt hatte, kein israelischer Politiker könne mehr geben, als er in Camp David angeboten habe, machte sechs Monate später im ägyptischen Taba Vorschläge, die erheblich besser geeignet waren, einen historischen Kompromiss im Konflikt um Palästina zu erzielen.

Es ist bemerkenswert, dass Israelis und Palästinenser trotz der bereits begonnenen Intifada und der sich hochschraubenden Spirale der Gewalt weiter Gespräche führten. Das geschah auf Drängen des bald aus dem Amt scheidenden Bill Clinton, der noch im Dezember 2001 ein Friedenspaket vorlegte, das die Grundlage für Taba bildete.

Diese Chance ergriff Arafat sofort, nachdem er sich zuvor häufig als großer Zauderer erwiesen hatte. Arafat war oft unfähig gewesen, eine klare Position einzunehmen und daraus die notwendigen Schlüsse zu ziehen. Anstatt energisch auf das Ziel einer endgültigen Lösung zuzusteuern, drückte er sich lieber vor Entscheidungen, die natürlich auch für die Palästinenser schwer wiegende Konsequenzen bedeutet hätten.

Doch auch jetzt in Taba unterschätzte Arafat ganz offensichtlich die Gefahren, die ihm nach einem Wahlsieg Sharons drohten. Hinsichtlich der USA erwiesen sich seine analytischen Fähigkeiten als ebenso begrenzt, denn Unterstützung erhoffte er sich ausgerechnet von dem rechtsrepublikanischen George W. Bush und seiner Regierung.

Arafat hatte weder in Amerika noch in Israel seine Hausaufgaben gemacht. Er verkannte den Charakter der Bush-Regierung und schätzte die dahinter stehenden Kräfte völlig falsch ein. Er hatte auch nicht verstanden, dass sich die Stimmung in Israel seit Camp David und dem Ausbruch der Intifada grundlegend zu Lasten der Palästinenser verändert hatte.

Barak brach schließlich die Verhandlungen in Taba ab und begründete das mit den bevorstehenden Wahlen. Fortan schimpfte er nur noch öffentlich über den fehlenden Friedenswillen Arafats, der in Camp David seine *Großzügigkeit* missbraucht hätte und nun mit Gewalt versuchen würde, sich das zu holen, was er, Barak, im Interesse der Sicherheit Israels nicht hätte geben können. Er nannte Arafat wiederholt einen Lügner und zweifelte grundsätzlich an der Bereitschaft der Palästinenser, einen friedlichen Ausgleich mit Israel zu suchen. Barak peitschte die öffentliche Meinung in Israel hoch, so wie Benjamin Netanjahu 1996, und redete der Konfrontation das Wort. »Wir oder sie«, rief er demagogisch und verstärkte so die Ängste der Israelis, die ihr Heil dann in der Wahl von Ariel Sharon suchten.

Yassir Arafat und die Intifada

Yassir Arafat hat die Intifada nicht geplant oder provoziert, wie von der Regierung Barak mehrfach behauptet worden ist. Wie geschildert, muss sie mit dem auf dramatische Weise fehlgeleiteten *Friedensprozess* von Oslo erklärt werden. Diese Einschätzung wird selbst von israelischen Fachleuten geteilt. Dazu gehört Joseph Alpher, der als Berater für Premierminister Barak in Camp David fungierte. Er meint, die Intifada sei aufgrund der Fehlschläge des Oslo-Prozesses ausgebrochen.[123]

Auch die internationale Untersuchungskommission unter Leitung des ehemaligen US-Senators George J. Mitchell machte weder Israelis noch Palästinenser alleine für den Zusammenbruch des Oslo-Prozesses verantwortlich. Sie stellte fest, es habe sich aufgrund des Verhaltens beider Seiten eine »tödliche Dynamik« entwickelt, die dann ein zerstörerisches Eigenleben geführt habe.[124]

Wir wissen, dass der palästinensische Chefunterhändler Saeb Erekat am 31. Juli 2000, also rund einen Monat vor Ausbruch der Intifada, in Jericho die Spitze der israelischen Armee getroffen und eindringlich vor der brodelnden Stimmung in der palästinensischen Bevölkerung gewarnt hat.[125]

Der palästinensischen Führung wiederum war bewusst, dass sich die rebellische Haltung unter den Palästinensern nicht nur gegen die israelische Fremdherrschaft richtete, sondern teilweise auch gegen das korrupte und repressive Arafat-Regime.

Der provokative Besuch von Ariel Sharon auf dem Platz vor der Al Aksa Moschee war dann der Auslöser der Intifada. Wütende Demonstrationen brachen sich Bahn, und überall forderten die Palästinenser das sofortige Ende der Besatzung. Premierminister Barak wies die israelische Armee an, unverzüglich mit allergrößter Härte und Brutalität gegen die Demonstranten vorzugehen. Damit trieb Barak die blutige Spirale der Gewalt und die fortschreitende Eskalation weiter an.

Doch Yassir Arafat machte auch schwere Fehler, die zur Verschärfung der Lage beitrugen und einen tief greifenden Vertrauensverlust bei den Israelis herbeiführten. Es begann damit, dass er kurz nach Beginn der Revolte alle in Haft befindlichen islamistischen Extremisten von Hamas und Jihad Islami in die Freiheit entließ.

Damit signalisierte er den Israelis, dass er seinerseits entschlossen war, den Konflikt eskalieren zu lassen. Gewiss, Arafat stand unter Druck, er wollte der Unzufriedenheit in der Bevölkerung ein Ventil öffnen und zeigen, dass er in der Stunde der Konfrontation auf die nationale Einheit der Palästinenser setzte. Und da gehörten auch die Islamisten in die gemeinsame Kampffront gegen den Besatzer. Es war ein taktisch motivierter Schritt, ohne dass dahinter eine Strategie erkennbar wurde. Er ließ es geschehen, dass immer mehr illegale Waffen verbreitet wurden, ohne wirklich einen »Volkskrieg« gegen die Besatzung vorzubereiten. Anarchie und Chaos machten sich breit, weil die palästinensische Führung versagte.

Arafats ferngesteuerte Medien schürten zeitweise den immer gewalttätiger werdenden Aufstand. Und er selbst redete mit gespaltener Zunge. Gegenüber westlichen Politikern und Journalisten sprach er von Deeskalation und der Rückkehr zum Verhandlungstisch, auf Arabisch heizte er mit nationalistischen Parolen und Opferschwüren die Stimmung an. Es blieb völlig unklar, welche Linie Arafat verfolgte. Welches Ziel hatte er im Visier? Wohin sollte dieser *Freiheitskampf* die Palästinenser tragen? Glaubte er, mit unkoordinierten Schießereien gegen israelische Ziele tatsächlich etwas erreichen zu können? Arafat hatte offensichtlich keine Strategie für die Intifada. Er ließ einfach alles laufen.

Er führte nicht, mit der Folge, dass sich die einzelnen Gruppen immer mehr verselbständigten. Mag sein, dass er meinte, sein angekratztes Image als »Vater der Revolution« bei den Palästinensern wieder aufpolieren zu können. Dazu hatte ja seine Weigerung in Camp David, das Barak-Papier zu unterschreiben, schon beigetragen. Durchaus möglich, dass er den Palästinensern zeigen wollte, dass er nicht mehr bereit war, als *Handlanger und Polizist* israelische Interessen auf dem Rücken seines Volkes durchzusetzen. Denn dieser Eindruck war im Laufe des Oslo-Prozesses bei vielen Palästinensern entstanden.

Arafat hat die Eskalation der Gewalt mitbewirkt, ohne ein Ausstiegsszenario zu entwickeln. Deshalb fehlten ihm die Steuerungsinstrumente, um die aktiven Intifada-Elemente zu lenken und zu kontrollieren.

Spätestens nach dem 11. September 2001 und dem von Präsident George W. Bush ausgerufenen *Krieg gegen den Terror* hätte Arafat klar sein müssen, auf welch dünnem Eis er sich bewegte. Ariel Sharon verlor keine Zeit und nannte Arafat schnell »unseren Bin Laden«. Es war offensichtlich, dass Sharon ihn zum Drahtzieher des palästinensischen Terrors gegen Israel stempeln wollte. Sharon versuchte die Amerikaner davon zu überzeugen, dass Arafat ähnlich zu behandeln sei, wie die USA mit den Taliban in Afghanistan umsprangen. Zunächst ging die Bush-Administration nicht auf das Ansinnen Sharons ein. Aber als palästinensische Extremisten im Oktober 2001 den israelischen Tourismusminister Zeevi ermordeten, bekam Sharon in Washington allmählich Oberwasser. Zwar war der erschossene Minister selbst ein Extremist. Der 75-jährige General a. D. pflegte die Palästinenser als »Pest« zu beschimpfen, sie waren für ihn »Läuse«, die nach Mekka gehörten und im Westjordanland nichts verloren hatten. Aber das spielte bei der Bewertung des Falles keine Rolle. Entscheidend war, dass zum ersten Mal seit 1948 ein gewählter israelischer Politiker von Palästinensern getötet worden war. Damit bekam Sharons *Kampf gegen den Terror* ein neue Dimension. Sharon rief nach ultimativer Strafe für die Mörder, die mit ihrer Tat selbst Rache genommen hatten für die Ermordung ihres politischen Führers Ali Mustapha von der Volksfront für die Befreiung Palästinas durch die israelische Armee. Sharon drohte mit Vergeltung und verlangte die Auslieferung der Täter, dabei wurde er von Amerika unterstützt. Arafat saß in der Falle. Er war zwischen zwei Mühlsteine geraten, weil es ihm seit dem 11. September nicht gelungen war, jene gewaltbereiten Kräfte bei den Palästinensern zu neutralisieren, die jeden Ausgleich mit Israel kategorisch ablehnten. Die fortgesetzten *gezielten Liquidierungen*, mit denen die israelische Regierung Führer verschiedener palästinensischer Gruppen ermorden ließ, hatte die Stimmung unter den Palästinensern auf den Siedepunkt gebracht. In den Augen seines Volkes machte sich Arafat zum Handlanger Sharons, als er gegen die Extremisten vorging und seine Polizei in Gaza sogar auf Demonstranten schießen ließ, um Hochrufe auf Osama Bin Laden zu unterdrücken und dabei zwei junge Männer umkamen. Arafat merkte jetzt, was auf dem Spiel stand. Aber er hätte vorher die Initiative an sich reißen und um jeden Preis den Mord an Tourismusminister Zeevi verhindern müssen. Nur das ernsthafte Bemühen Arafats, die palästinensische Gewalt merklich einzudämmen, hätte seinen sinkenden Stern in Washington vor dem freien Fall bewahren können. Dazu fehlte ihm der Mut, denn er fürchtete einen Bürgerkrieg mit den militanten Gruppen. So wurde der Ministermord zum entscheidenden Trumpf in der Hand Sharons in seinem *Kampf gegen den Terror*, in dem Arafat immer mehr in die Enge getrieben wurde.

Arafats Schuld

Besonders große Schuld hat Arafat auf sich geladen, weil er lange Zeit nicht eindeutig gegen die Selbstmordanschläge Stellung bezog. Das wurde weithin als Zustimmung zu diesen unmenschlichen Verbrechen verstanden, die so entsetzlich viel Leid in Israel verursacht – und der palästinensischen Sache in der ganzen Welt geschadet haben. Letztlich waren es diese Terrorakte, die Arafat im Weißen Haus endgültig diskreditierten und das palästinensische Volk in noch größeres Elend stürzten. Es scheint so, als habe Arafat die Untaten gegen wehrlose israelische Bürger gebilligt oder sie billigend in Kauf genommen, um die mangelnde Waffengleichheit zwischen dem »israelischen Riesen« und dem »palästinensischen Zwerg« wenigstens etwas zu kompensieren. Je länger die Intifada dauerte, desto brutaler und blutiger reagierte die israelische Kriegsmaschine. Dies wiederum vertiefte den Hass der Palästinenser und steigerte ihre Rachegelüste. Die Terroranschläge folgten mit immer höherer Frequenz und mit immer schrecklicheren Auswirkungen. Die Entmenschlichung schien grenzenlos.
Diese Untaten sind moralisch verwerflich, politisch sind sie dumm und kurzsichtig. Sie spielten nur in die Hände von Sharon, dem es umso leichter fiel, das palästinensische Volk erneut zu versklaven. Dafür ist Arafat mitverantwortlich.
Er hätte beizeiten gegensteuern müssen, um zu verhindern, dass sich eine »Allianz des Bombenterrors« zwischen den islamistischen und den nationalistischen Gruppen bildet. Die nötigen Machtmittel dazu besaß er.
Sicherlich hätte Arafat nicht alle Attentate von Hamas verhindern können, auch wenn er rechtzeitig gehandelt hätte. Aber

mit seinem Sicherheitsapparat wäre er in der Lage gewesen, die Zahl der Anschläge zu reduzieren. Doch Arafat hat auch vor der Intifada zu keiner Zeit so nachhaltigen Druck auf Hamas und die anderen Islamisten ausgeübt, dass diese sich wirklich zurückgenommen hätten. Er hat wohl hier und da einige Extremisten verhaftet, aber viele von ihnen dann wieder klammheimlich entlassen.

Arafat ist einer ernsthaften Konfrontation mit Hamas während des Oslo-Prozesses immer ausgewichen. Dadurch blieben die militanten Islamisten in der Lage, immer dann Anschläge in Israel zu verüben, wenn sich Fortschritte bei den Verhandlungen abzeichneten. Ihr Störpotential gegen einen Kompromissfrieden war nie ernsthaft gefährdet. Dafür trägt Arafat die Verantwortung.

Natürlich hat die Besatzungspolitik Israels seine Aufgabe nicht gerade erleichtert. Im Gegenteil. Je deutlicher es wurde, dass der *Friedensprozess* mehr Landverlust und kein Ende der schikanösen Besatzungspolitik bedeutete, desto unpopulärer wurden Polizeimaßnahmen gegen Palästinenser, auch gegen die Islamisten. Dies galt umso mehr, als besonders Hamas sich durch eine breit angelegte Sozialarbeit hervortat und damit den Armen half, die von der Arafat-Verwaltung nichts zu erwarten hatten. Außerdem war allgemein bekannt, dass die Führer von Hamas nicht in die eigene Tasche wirtschafteten.

Arafat muss sich den Vorwurf gefallen lassen, dass er während seiner Herrschaft alles unternommen hat, um das palästinensische Volk nicht an die Demokratie heranzuführen.

Eine *Kultur des Friedens* hatte er versprochen. Doch daraus ist nichts geworden.

Es ist sicher richtig, dass ein demokratisches Gemeinwesen nur heranwachsen kann, wenn die dafür notwendigen Bedingungen gegeben sind. Davon kann keine Rede sein, wenn ein repressives Besatzungsregime das Leben der Menschen durch Zwang und Gewalt bestimmt. Dennoch hat auch Arafat mit seiner Herrschaft dazu beigetragen, dass die in der ersten Intifada entstandenen Hoffnungen auf eine offene und selbstverantwortliche Gesellschaft zerstört wurden. Der Oslo-Prozess kann hier nicht als Rechtfertigung dienen, so wie das vielfach von Arafat-Apologeten versucht wird. Oslo verpflichtete Arafat, die militanten Feinde eines Kompromissfriedens an die Kandare zu nehmen, aber doch nicht ein derart repressives Willkürregime zu installieren.

Was die *Kultur des Friedens* angeht, so muss man fairerweise einräumen, dass es schwer ist, die Menschen davon zu überzeugen, dass der Besatzer von heute der friedliche Partner von morgen ist. Das gilt besonders dann, wenn bald sichtbar wird, dass die andere Seite unter Frieden mehr ein Diktat als eine Partnerschaft versteht. Aber, was Arafat in den staatlich gelenkten Medien an antiisraelischer Hetze verbreiten ließ, hat das ohnehin belastete Verhältnis zu Israel weiter vergiftet und noch mehr Hass in die Herzen der Palästinenser gepflanzt. Das war kontraproduktiv.

Auch die im Frühjahr 2001 neu herausgebrachten palästinensischen Schulbücher muss man in diesem Zusammenhang erwähnen. Darin sind noch nicht einmal Karten von Israel in den Grenzen von 1967 enthalten, um nur ein Beispiel zu nennen. Wie soll auf diese Weise ein Bewusstsein der Koexistenz gefördert werden? Zumal im Unterricht der staatlichen Schulen die Indoktrination gegen Israel einen festen Platz hat.

Das Ende einer Ära?

Yassir Arafat ist nicht vom Befreiungskämpfer zum Staatsmann gereift. Er war nicht in der Lage, berechenbar, vorausschauend und verantwortungsvoll zu regieren. Sein Augenmerk galt in erster Linie dem eigenen Machterhalt, am Aufbau einer Zivilgesellschaft zeigte er kein Interesse. Rechenschaft über sein Verhalten wollte er niemals ablegen.

Die Bürger Palästinas behandelte er im besten Fall wie Klienten, und so unterscheidet sich Arafats »Klientel-Politik« kaum von der anderer arabischer Herrscher. Eine rechtsstaatliche Ordnung und eine unabhängige Justiz hielt er für lästig, weil sie ihn eingeengt hätte.

Da wirkte es schon tragikomisch, als er Mitte Mai 2002 vor den Legislativrat trat und den Abgeordneten eröffnete, dass die palästinensische Behörde demokratischer, verantwortlicher und durchschaubarer werden müsse. Derselbe Mann, der das palästinensische »Parlament« sechs Jahre lang gedemütigt hatte, der die Gewaltenteilung gezielt verhindert hatte, forderte nun, »ein festes demokratisches Fundament, rechtsstaatliche Verhältnisse und eine unabhängige Justiz«.

Natürlich hatte sich Yassir Arafat nicht über Nacht zum Demokraten gewandelt, er reagierte auf den wachsenden Druck der USA und Europas. Nachdem die Regierung Sharon seinen Machtapparat mehr oder weniger zerschlagen und die palästinensische Zivilverwaltung zerstört hatte, war das *System Arafat* in seinen Grundfesten erschüttert. Arafats internationales Ansehen hatte wegen seiner zweideutigen Haltung zum Selbstmordterror so gelitten, dass er fürchten musste, nicht mehr als Gesprächspartner akzeptiert zu werden. Deshalb machte er sich flugs zum Vorreiter der Demokratie in Palästina.

Dabei verlor er sich allerdings, wie üblich, in blumiger Unverbindlichkeit. Er kündigte zwar Wahlen an, aber ansonsten blieb er sehr allgemein, legte sich nicht fest und machte keine konkreten Versprechungen. Erst, als Präsident Bush öffentlich auf einer »neuen Führung« für die Palästinenser bestand, die »nicht durch den Terrorismus kompromittiert« sei, merkte Arafat, dass er Gefahr lief, international vollends in die Isolation zu geraten. Denn selbst die Europäer, die ihm als dem gewählten Präsidenten der Palästinenser die Stange gehalten hatten, rückten jetzt merklich von ihm ab. Harte Euros, so hieß es aus Brüssel, fließen nur noch bei ordentlicher Rechnungslegung und bei Umsetzung des Reformprogramms nach Palästina.

Er war gezwungen, zu handeln. Jetzt reichte es nicht mehr, durch taktische Tricks das Problem auszusitzen. Arafat, der Überlebenskünstler, der bisher noch jedem Feind durch die Maschen geschlüpft war, musste die Flucht nach vorn antreten und den Weg zu grundlegenden Reformen des Systems freimachen.

Das Ziel haben ihm die Amerikaner und die Europäer vorgegeben: Mit der Unterzeichnung des Grundgesetzes wird die

Teilung der drei Gewalten eingeleitet. Das heißt, die aufgeblähte Exekutive wird auf ein zahlenmäßig begrenztes Kabinett reduziert; der Aufbau eines unabhängigen Rechtssystems beginnt, und der Sicherheitsapparat wird gesäubert und reduziert. Die verschiedenen Dienste, die 40000 Köpfe umfassen, werden zusammengefasst und einer zivilen Leitung unterstellt. Das Finanzministerium wird gestärkt, damit es einen Haushaltsplan erstellen und die öffentlichen Ausgaben beaufsichtigen kann. Das Finanzgebaren wird von der Legislative, dem palästinensischen »Parlament«, kontrolliert.

Die öffentliche Verwaltung wird reformiert. Ausschlaggebend für die Beschäftigung muss künftig die Qualifikation der Mitarbeiter sein, nicht ihre Ergebenheit.

Idealerweise bildet sich nach Verabschiedung einer neuen Verfassung und der Durchführung von Neuwahlen ein parlamentarisches System heraus, in dem der gewählte Premierminister die Regierungsgewalt ausübt und Yassir Arafat als Staatspräsident mit vorwiegend repräsentativen Aufgaben fungiert.

Das wäre ein eleganter Weg, um das Ende der Ära Arafat zu ermöglichen. Der 73-jährige Befreiungskämpfer könnte sein Gesicht wahren und die Entstehung des Staates Palästina von dieser Warte aus begleiten.

Allerdings ist fraglich, ob Arafat so ohne weiteres das Feld räumt. Gegenwärtig ist niemand in Sicht, der ihn von der Macht verdrängen will und genügend Rückhalt in der Bevölkerung genießt. Zwar fordern über neunzig Prozent der Palästinenser eine Reform der Arafat-Behörde, wie der Sozialwissenschaftler Khalil Shikaki in einer Meinungsumfrage im Juli 2002 festgestellt hat. Aber das heißt nicht unbedingt, dass sie auch Arafat persönlich sofort loswerden wollen. Das gilt vor allem dann, wenn Arafats Sturz lauthals von Amerika und Israel verlangt wird. Gewiss, Arafat hat auch bei seinem Volk erheblich an Ansehen verloren. Doch seine Verdienste als unermüdlicher Kämpfer für die Sache der Palästinenser sind nicht vergessen. Die Menschen protestieren gegen die Korruption und gegen die Willkür der Geheimdienste und anderer *Ordnungskräfte*. Sie wissen aber, dass Arafat selbst einen bescheidenen Lebensstil pflegt.

Sie brauchen Arbeit und Brot, um ihre Familien durchzubringen. Aus dem Westen importierte Reformen, die ihre Lebensverhältnisse nicht verbessern, interessieren sie nicht. Die meisten politischen Beobachter in Palästina glauben nicht, dass Arafats vom Westen gewünschter Rollenwechsel unmittelbar bevorsteht. Auch der Meinungsforscher Shikaki geht davon aus, dass Arafat erst weichen wird, wenn er eine Vereinbarung mit Israel unterschrieben und einen palästinensischen Staat proklamiert hat, wobei dieser auch ein Provisorium sein könnte.

Dieselbe Ansicht äußert der ägyptische Präsident Hosni Mubarak.

Wie dem auch sei, eins ist ganz klar: Alle Reformen werden fruchtlos bleiben ohne die konkrete Aussicht für die Palästinenser auf einen souveränen Staat. Der palästinensische Reformprozess hat nur eine Chance, wenn er begleitet wird von dem Abzug der israelischen Besatzungstruppen.

Sollte die Regierung Bush unter Reformen vor allem die Umgestaltung von Arafats Sicherheitsapparat unter Aufsicht des CIA verstehen, um künftig Selbstmordanschläge effektiver vereiteln zu können, ohne dass Israel dazu bewegt wird, einen Staat Palästina zu akzeptieren, dann wäre der Misserfolg dieser Politik vorprogrammiert.

Eins muss klar sein: Israel ist aufgrund der Verfolgung und der Vernichtung der europäischen Juden entstanden, und seine Existenz ist anzuerkennen. Punkt.

So unmissverständlich, wie der amerikanisch-palästinensische Intellektuelle Edward W. Said das betont,[126] so deutlich werden das die Araber bekräftigen müssen, wenn Frieden im Nahen Osten einkehren soll.

Doch klar muss auch sein: Die Israelis haben ihren Staat, das übrige Palästina gehört dem palästinensischen Volk.

Der Weg dorthin führt nur weiter, wenn Israel seine Sonderstellung aufgibt und anerkennt, dass die Palästinenser dasselbe Recht auf staatliche Existenz haben, das die Juden für sich in Anspruch nehmen. Wenn es Frieden geben soll, müssen alle die bitteren Konsequenzen aus der Geschichte ziehen: Die Araber, die akzeptieren müssen, dass Haifa und Jaffa für sie endgültig verloren sind. Und die Israelis, die anerkennen müssen, dass bei Gründung des Staates Israel ein großer Teil der arabischen Bevölkerung vertrieben wurde.

Israelis und Palästinenser sind dazu verurteilt, nebeneinander zu leben. Daraus sind die notwendigen Konsequenzen zu ziehen. Die Konfliktparteien müssen ihre Maximalpositionen aufgeben und sich von ideologisch verbrämten Ausschließlichkeitsansprüchen verabschieden.

Damit aus dem Kampf um das Land und das Lebenselixier Wasser eine friedliche Koexistenz werden kann, müssen bestimmte Voraussetzungen erfüllt sein.

Israel verlangt die Garantie, als jüdischer Staat in anerkannten und sicheren Grenzen leben zu können. Das ist sein gutes, sein fundamentales Recht.

Die beste Sicherheitsgarantie für Israel ist ein lebensfähiger

Staat Palästina an seiner Seite. Das heißt: »Land für Frieden«. Und das bedeutet, die Siegermacht Israel, die aufgrund ihrer vielfachen Überlegenheit den Palästinensern die Friedensbedingungen diktieren könnte, muss sich aus Gründen der Vernunft zurücknehmen.

Israel muss darauf verzichten, auf Dauer die Oberaufsicht über die Palästinenser zu beanspruchen – sonst gibt es keinen Frieden. Wenn der bestimmende Teil der politischen Klasse in Israel darauf beharren sollte, dass die Sicherheit ihres Staates nur auf Kosten des Selbstbestimmungsrechts der Palästinenser herzustellen sei, ist der Frieden ausgeschlossen. In diesem Fall wird es unmöglich bleiben, Stabilität im Nahen Osten herzustellen. Eine Integration Israels in die Region wäre auf Dauer unmöglich.

Es ist ein Gebot der Vernunft und der Moral für das starke Israel, das historische Unrecht an den Palästinensern zu mindern. Der israelische Historiker und Publizist Gadi Taub schreibt: »Zionismus als nationale Überzeugung beruht nicht auf einem einzigartigen Recht der Juden auf das Heilige Land, sondern auf dem universalen Recht aller Ethnien auf Selbstbestimmung, wie unsere Unabhängigkeitserklärung unmissverständlich feststellt.«[127]

Das Recht aber ist nicht teilbar. Daraus folgt, die Palästinenser haben dasselbe universale Recht auf Selbstbestimmung. Da sie rechtlich auf derselben Stufe stehen wie die Juden, ist es ungerechtfertigt, wenn eine israelische Regierung ihnen ein »großzügiges Angebot« macht, das ihrem Selbstbestimmungsrecht nicht angemessen ist. Es geht nicht um Großzügigkeit, sondern um Recht. Wenn israelische Politiker die Palästinenser wie mittelalterliche Lehensempfänger behandeln, indem sie ihnen ein Stück Land *gewähren*, dann ist das anachronistisch und rechtswidrig.

Doch ein Recht bedarf der Durchsetzung und das kann nach Lage der Dinge in Palästina nur geschehen, wenn Amerika seine Verantwortung für den Frieden im Nahen Osten tatsächlich erfüllt. Auch Europa muss sein, wenn auch sehr viel geringeres Gewicht und die ihm zur Verfügung stehenden Mittel konsequent einsetzen. Natürlich kann das nur gelingen, wenn die Europäer in der Palästina-Frage mit einer Stimme sprechen. Dazu müssen vor allem die Deutschen und die Briten beitragen.

Der Verlauf der Intifada hat gezeigt, dass die Konfliktparteien nicht in der Lage sind, aus eigener Kraft den Kreislauf der Gewalt zu durchbrechen. Auf dem *Schlachtfeld Palästina*, wo entsetzliche Bluttaten zwischen Individualterror und Staatsterror die Herzen der Menschen vergiften, hat sich die Einsicht des israelischen Historikers Gadi Taub noch nicht durchgesetzt: »Ein echter Zionist weiß, dass die beiden nationalen Bewegungen moralisch ebenso sehr wie durch die Umstände aneinander gefesselt sind. Ohne Israel gäbe es kein Palästina, und ohne Palästina wird es kein Israel geben, nur ein Bosnien für beide. Beide werden ihre moralischen Rechte verlieren, wenn sie versuchen, den anderen zu vernichten, beide werden einen permanenten Bürgerkrieg nicht überleben.«[128]

Ohne Intervention des Westens ist der Palästina-Konflikt nicht zu lösen. Das ist eine Tatsache. Israel ist abhängig von Amerika, und die Palästinenser sind abhängig von den Europäern. Ohne nachhaltigen Druck auf die Konfliktparteien gibt es keine Chance auf einen tragfähigen Frieden. Der ist nur erreichbar, wenn die Ursachen des Konflikts beseitigt werden. Die Hauptursache ist die israelische Besatzung der palästinensischen Gebiete und die fortdauernde Siedlungspolitik.

Auf palästinensischer Seite geht es um die Eindämmung der destruktiven Kräfte von Hamas und der anderen islamistischen Gruppen, die schon in den 90er Jahren ein gefährliches Hindernis für die Politik des Ausgleichs darstellten. Hier müssen vor allem die Finanzquellen der Islamisten aus den konservativen arabischen Golfstaaten ausgetrocknet werden. Wer auch immer dem palästinensischen Kabinett vorsteht, muss darauf verpflichtet werden, den Terror zu bekämpfen. In den staatlich kontrollierten Massenmedien und in den Schulen dürfen keine Hassgefühle geschürt werden. Hetzreden und die Aufstachelung zur Gewalt dürfen nicht über die offiziellen Sender verbreitet werden.

Wenn die Demokratie in Palästina eine Chance haben soll, müssen die Kinder und Jugendlichen zum staatsbürgerlichen

Denken erzogen werden. »Kultur des Friedens« kann nur entstehen, wenn *die andere Seite* nicht dämonisiert wird. Die Auseinandersetzung über den Konflikt soll nicht unter den Teppich gekehrt werden. Aber sie darf sich nicht in hohlen Propaganda-Phrasen erschöpfen, die den Heranwachsenden ein völlig verzerrtes Bild von Israel und den Israelis vermittelt. Der Kampf für die Selbstbestimmung muss politisch auf eine realistische Grundlage gestellt werden. Man kann nicht die Zwei-Staaten-Lösung nach außen propagieren und nach innen den Anspruch auf das historische Palästina vom Mittelmeer bis zum Jordan aufrechterhalten. Wer immer in Palästina regiert, muss den Mut haben, den Menschen die Wahrheit zu sagen. Wer seine Position dazu missbraucht, falsche Hoffnungen zu wecken, muss unverzüglich mit politischen und finanziellen Sanktionen rechnen.

Abkehr von der Sonderrolle

Die Spielregeln zur Herstellung des Friedens im Nahen Osten müssen für alle gleich sein. Das heißt, Israel muss im völkerrechtlichen Sinne dieselbe Rechtstreue üben, die es von seinen arabischen Nachbarn einfordert, wenn es um die Anerkennung des jüdischen Staates in anerkannten und sicheren Grenzen geht.

In der Praxis bedeutet das, Israelis und Araber müssen bei ihrem Verhalten an demselben international anerkannten Maßstab gemessen werden. Wenn wir Arafat verurteilen, weil er dem Terror nicht Einhalt geboten und die Menschenrechte und das Völkerrecht verletzt hat, dann müssen wir auch Sharon wegen seiner brutalen und unverhältnismäßigen Gewaltaktionen gegen die arabische Zivilbevölkerung in aller Schärfe kritisieren. Das Messen mit zweierlei Maß muss ein Ende haben.

Was auf der arabischen Seite objektiv verurteilenswert und zu ahnden ist, kann auf der israelischen Seite nicht mit dem Recht auf Selbstverteidigung entschuldigt werden, wenn es objektiv verurteilenswert und zu ahnden ist.

Solange israelische Regierungen, die vorsätzlich und systematisch das humanitäre Völkerrecht und die Menschenrechte verletzen, nicht mit empfindlichen Sanktionen rechnen müssen, werden sie fortfahren in ihrem Tun. Es genügt eben nicht, den illegalen Siedlungsbau zu kritisieren, wie die Europäer das bisher getan haben. Denn die Kritik blieb immer folgenlos, weil sich alle israelischen Regierungen einfach darüber hinweggesetzt haben. Obwohl die Siedlungen eines der größten Hindernisse für den Frieden sind, konnten sich die Europäer nicht dazu durchringen, daraus praktische Konsequenzen zu ziehen. Das hat mit dazu beigetragen, dass der *Friedensprozess* auf absurde Weise scheitern musste.

Solange Israel sich ungestraft über verbindliche Beschlüsse des UN-Sicherheitsrates hinwegsetzen kann, glaubt es sich mit einem Freibrief ausgestattet.

Wenn der Frieden im Nahen Osten eine Chance haben soll, dann muss auch Israel lernen, sich an die internationalen Regeln zu halten. Tut es das nicht, muss es mit Folgen rechnen. Die Europäer haben nicht die Machtmittel der USA. Aber sie verfügen in der Handelspolitik über Instrumente, die Israel spürbar treffen können. Europa muss die Siedlungspolitik zum Prüfstein für den israelischen Friedenswillen machen. Wenn Israel den Siedlungsbau weiter vorantreibt, muss es künftig mit Sanktionen rechnen. Und hier sollte Deutschland mit den anderen Europäern an einem Strang ziehen. Gerade, weil die Sicherheit Israels eine Priorität deutscher Außenpolitik ist.

Eine Sonderrolle für Israel schadet dem Frieden.

Nur Amerika kann Frieden bringen

Nach seinem Amtsantritt im Januar 2001 wollte George W. Bush vom Palästina-Konflikt wenig wissen. Das Bush-Team handelte nach der Devise: »Wir können nicht viel ausrichten, solange die Konfliktparteien selbst nicht friedensbereit sind« und legte mehr oder weniger die Hände in den Schoß. Man tat so, als bekämpften sich hier zwei ebenbürtige Gegner.

Die Asymmetrie im Kräfteverhältnis zwischen Israel, der viertstärksten Militärmacht der Welt, dem Staat, der prinzipiell die ganze westliche Welt auf seiner Seite hat, und den mit Handfeuerwaffen ausgestatteten Palästinensern, die nur halbherzig von den arabischen Potentaten unterstützt werden, übersah Bush geflissentlich. Darin folgte er seinen drei Vorgängern – Bill Clinton, George Bush sen. und Ronald Reagan –, die allesamt vorgaben, als *ehrliche Makler* im Nahost-Konflikt zu vermitteln. In Wahrheit ergriffen sie jedoch Partei und standen bei allen substantiellen Fragen stets auf der Seite Israels.

Das historische Unrecht, das der Westen dem palästinensischen Volk angetan hat, interessiert in Washington herzlich wenig. Das universale Recht auf Selbstbestimmung, das die Palästinenser in Anspruch nehmen, wird dort als lästige Angelegenheit betrachtet. Aber ganz übergehen kann Amerika es auch nicht. Die USA müssen gewisse Rücksichten auf ihre arabischen Verbündeten nehmen; außerdem spielen ihre geostrategischen Pläne am Persisch-Arabischen Golf dabei eine Rolle. Die Regierung Bush will Saddam Hussein und sein Regime stürzen. Dafür braucht Amerika militärisch betrachtet die Zustimmung der Türkei und die Kooperation der Araber.

Amerika und Saddam Hussein

Einige der rechtskonservativen Falken in Washington würden am liebsten sobald wie möglich einen Krieg führen, um Saddam den Garaus zu machen. Der stellvertretende Verteidigungsminister Paul Wolfowitz wollte schon kurz nach dem 11. September 2001 losschlagen, aber Präsident Bush erteilte ihm eine Absage. Damals brauchte Bush die Araber für seine Anti-Terror-Koalition gegen die Taliban und Osama Bin Laden. Ein amerikanischer Krieg gegen den Irak hätte die Massen in den arabischen und den islamischen Ländern gegen ihre Regimes auf die Straßen getrieben.

In den Augen der Araber waren die USA dafür verantwortlich, dass die Bevölkerung im Irak unter großen Entbehrun-

gen litt, weil Washington darauf bestand, die UN-Wirtschafts-
sanktionen gegen Bagdad aufrechtzuerhalten, obwohl sie dem
Regime kaum schadeten, aber die Menschen im Lande ins
Elend stürzten. Hinzu kam, dass sich die anti-amerikanische
Stimmung in der arabischen Welt ohnehin schon dem Siede-
punkt näherte.

Täglich sahen die Araber im Fernsehen, wie die israelische Besatzungsmacht mit aller Härte gegen die unterlegenen Palästinenser vorging. Für die Unterdrückung des palästinensischen
Freiheitswillens durch Israel gab es nach ihrer Ansicht nur einen Schuldigen: die USA als Schutzmacht und Waffenlieferant
Israels.

Und wie steht es heute mit dem Irak, nach dem Fall der Taliban und der Dezimierung der Terrortruppe von Osama Bin
Laden?

Die Schlacht in Afghanistan ist für Amerika noch nicht ganz
geschlagen; die von den USA eingesetzte Übergangsregierung
Karzei hat das Land nicht im Griff, und die amerikanischen
Militäroperationen am Hindukusch sind nicht abgeschlossen.
Auch die Lage in Pakistan ist instabil, sie erfordert ebenfalls
die langfristige Aufmerksamkeit der Amerikaner.

Der *Krieg gegen den Terror* ist also für die USA dort noch
nicht beendet. Die Region, in der sich die Amerikaner auf
Dauer einrichten wollen, ist längst noch nicht befriedet. Doch
Amerika ist entschlossen, den mit Hilfe von Osama Bin Laden und den Taliban gewonnenen strategischen Vorteil nicht
wieder aus der Hand zu geben. Der Energiereichtum in Zentralasien und die Nähe zu China, dem potentiell gefährlichen
Rivalen der Zukunft, sind Grund genug, das Gebiet zu einer
amerikanischen Einflusszone zu machen.

Das heißt jedoch nicht, dass die Strategen in Washington den
Persisch-Arabischen Golf deshalb aus den Augen lassen. Unverändert besteht Amerika auf dem Sturz von Saddam.

Warum? Ist er gefährlich für seine Nachbarn, bedroht er die
USA?

Den irakischen Herrscher hatte das Bush-Team schon während des Präsidentschaftswahlkampfes im Visier. Damals hieß
es, der junge Bush wolle das nachholen, was sein Vater am

Ende des Golfkrieges 1991 versäumt hatte. Nicht vergessen ist auch, dass Saddams Geheimdienstschergen 1993 einen Mordanschlag auf Bush senior unternahmen.

Nach dem 11. September machten die Hardliner in Washington Saddam zeitweise zum Komplicen der Al-Qaida-Terroristen. Doch diese Version ließ sich nicht halten, weil es dafür keine Beweise gab. Schließlich hieß es, ein Krieg gegen Saddam sei notwendig, weil dieser im Besitz von chemischen und biologischen Waffen sei.

Im Sommer 2002 entbrannte innerhalb der verschiedenen Fraktionen in der US-Regierung ein Streit darüber, ob, wann und wie ein Krieg gegen Saddam geführt werden solle. Für Paul Wolfowitz, den Vizechef des Pentagon, kommt nach wie vor nur eine militärische Lösung des Problems in Frage:»Präsident Bush hat deutlich gemacht, wie gefährlich das gegenwärtige Regime für die Vereinigten Staaten ist; es stellt eine Gefahr dar, mit der wir nicht unbegrenzt leben können«[129], sagte er am 14. Juli 2002 in Istanbul. Der außenpolitische Ausschuss des US-Senats führte wenig später Anhörungen zum Thema Irak durch.

Wie gefährlich ist der Irak unter Saddam? Schiebt man das Säbelgerassel aus Washington einmal beiseite, bleibt, nüchtern betrachtet, die Feststellung, dass alle Nachbarn dem Regime in Bagdad unverändert misstrauen. Doch sie fürchten sich nicht vor einem drohenden Angriff durch den Irak. Selbst Israel sieht wenig Anlass zur Beunruhigung, weil der Irak heute nur noch einen Bruchteil seiner früheren Massenvernichtungswaffen besitzt, wie der Nahostexperte Volker Perthes von der Stiftung für Wissenschaft und Politik in Berlin feststellt.[130]

Israelische Wissenschaftler kommen zu dem Ergebnis, dass es unwahrscheinlich sei, dass Saddam unter den gegebenen Bedingungen die Produktion von Massenvernichtungswaffen im großen Stil wieder aufnehmen könne. In Israel befürchtet man eher, dass Bagdad mit Panik auf einen Angriff der USA reagieren könne.[131] Das heißt, Saddam könnte seine letzten sieben oder zwölf versteckten Scud-Raketen mit chemischen Sprengköpfen ausstatten und auf Ziele in Israel, Saudi-Arabien oder

Kuwait lenken – ein *worst case scenario*, in dem Saddam kurz vor seinem sicheren Untergang noch einen Vernichtungsschlag gegen seine Feinde führen würde. Dabei würde er in Kauf nehmen, dass Israel, wie angedroht, mit einer Atombombe antworten würde.

Der Bundesnachrichtendienst hat im Januar 2002 in einem vertraulichen Bericht[132] angegeben, Bagdad habe »nuklearrelevante Basischemikalien« eingekauft. In »drei bis fünf Jahren« könne der Irak bei der Entwicklung nuklearer Waffen wieder den Stand von 1990 erreichen. Zu der Frage, ob die Informationen des BND tatsächlich zutreffen, äußern sich Experten zurückhaltend.[133]

Bekannt ist, dass der Irak in begrenztem Maße über chemische und biologische Kampfmittel verfügt, allerdings nicht mehr über eine kampfbereite Luftwaffe.

Die konkrete Gefahr, die von Saddam und seinem Regime ausgeht, bleibt äußerst umstritten. Ohne Zweifel hat Saddam seinen alten Ehrgeiz, den Irak zur Vormacht in der Golfregion zu machen, nicht aufgegeben. Wenn er könnte, würde er dies vielleicht auch wieder mit Gewalt versuchen. Doch dafür fehlen ihm bis auf weiteres die Mittel. Außerdem ist die Präsenz amerikanischer Truppen in Kuwait, Saudi-Arabien und anderen Golfstaaten eine wirksame Abschreckung. Die Zwangsabrüstung durch die Vereinten Nationen und das insgesamt erfolgreiche UN-Rüstungsembargo haben bewirkt, dass der Erfinder der *Mutter aller Schlachten* in Bagdad zur Zeit die Machtverhältnisse am Golf nicht zu seinen Gunsten verändern kann. Die Eindämmungspolitik gegen das Regime war also nicht ohne Erfolg.

Dennoch will Amerika Saddams Sturz, notfalls durch einen Krieg, wie Präsident Bush im August 2002 noch einmal bekräftigt hat. Auf welche Rechtsgrundlage sich die USA dabei stützen, hat er allerdings verschwiegen. Die Vereinten Nationen will das Bush-Team offensichtlich nicht einbeziehen, obwohl der Sicherheitsrat nach dem Willen der internationalen Gemeinschaft ausschließlich dafür verantwortlich ist, präventive Polizeiaufgaben wahrzunehmen.[134] Amerika, das als westliche Führungsmacht zur Rechtstreue verpflichtet ist, muss dem Völkerrecht denselben Respekt erweisen, den es bei anderen Staaten einfordert. Wenn Washington sich so ohne weiteres über das Gewaltverbot der modernen Völkerrechtsordnung hinwegsetzt, stellt es diese Ordnung als solche in Frage. Und das könnte zur Folge haben, dass in die internationalen Beziehungen Willkür und Unberechenbarkeit einziehen.[135]

Unabhängig davon, für wie gefährlich man Saddam heute hält, stellt sich jedoch die Frage, ob die USA bedacht haben, was im Irak geschieht, wenn Saddam von der Macht entfernt wird. Die arabischen Staaten fürchten einen Zerfall des irakischen Zentralstaates und den Ausbruch eines Bürgerkrieges mit erheblichen Gefahren für die Stabilität der gesamten Region. Für die arabischen Herrscher wäre es eine Katastrophe, wenn neben dem Palästina-Konflikt ein zweiter Konfliktherd am Golf entstünde, der ihre Existenz bedrohen könnte. »Wir müssen hier sehr vorsichtig sein, sehr, sehr vorsichtig. Nur, wenn die Menschen wissen, da ist etwas Konkretes, habe ich keine Angst vor der öffentlichen Meinung«, sagte der ägyptische Präsident Mubarak im März 2002. Das Königshaus in Saudi-Arabien kämpft zu Hause gegen eine Welle antiamerikanischer Ressentiments an, und König Abdallah II. von Jordanien sieht mit Sorge den wütenden Protesten seiner Untertanen entgegen.

Die arabischen und islamischen Herrscher sind sehr beunruhigt, dass es im Falle eines Krieges viele Opfer unter der Zivilbevölkerung geben könnte. Das wäre Wasser auf die Mühlen der radikalen Islamisten, für die es dann ein Leichtes wäre, die Massen zu mobilisieren. Der Hass in der arabischen Welt auf Amerika würde einen neuen Höhepunkt erreichen, und alle proamerikanischen Führer in der arabischen Welt wären gezwungen, auf Distanz zu den USA zu gehen.

Auch in Washington, in Ankara und in den Hauptstädten Europas gibt es gewichtige Stimmen, die davor warnen, im Irak in ein militärisches Abenteuer zu schlittern, ohne genau zu wissen, welche Ordnung an die Stelle des Saddam-Regimes treten soll. Richard Murphy, der ehemalige Staatssekretär für den Nahen Osten im amerikanischen Außenministerium, hat die Bush-Regierung eindringlich davor gewarnt, einen Krieg gegen Saddam zu beginnen, ohne vorher auf systematische Weise die Folgen bedacht zu haben.[136]

Wer tritt an Saddams Stelle? Wer regiert den Irak, ein Land mit enormen inneren Gegensätzen zwischen Schiiten und Sunniten, zwischen Arabern und Kurden? Was wird aus der Armee, die vorher unter Saddam gedient hat?

Eine *pax americana* im Irak bedeutet, die Verantwortung für den Wiederaufbau der Infrastruktur und der Wirtschaft und vor allem für das neu zu schaffende politische System zu übernehmen. Das kostet viel Geld und erfordert ein langfristiges militärisches Engagement.

Es ist sehr fraglich, ob die Kriegsfraktion in der Bush-Regierung sich darüber viele Gedanken gemacht hat. Es herrscht eher der Eindruck vor, dass Wolfowitz und Rumsfeld im Pentagon davon ausgehen, dass der Krieg zwangsläufig ein pro-amerikanisches Regime hervorbringen werde, weil es praktisch gar keine andere Möglichkeit gebe.[137]

Politische Beobachter in Washington deuten an, hinter der Haltung in der Irak-Frage könne sich eine neue aggressive Außenpolitik der USA verbergen.[138] Diese Politik beruhe auf einer schon in der Endphase der ersten Bush-Administration unter dem damaligen Pentagonchef Dick Cheney entwickelten Doktrin, die die amerikanische Führungsrolle in der Welt nach dem Zusammenbruch des Sowjetreichs definiere. Danach sei es das vitale Interesse der USA, die alleinige globale Führungsmacht zu sein und vor allem zu bleiben. Diese *neue Weltordnung* müsse Amerika gestalten, indem es den Rest der Welt von sich aus *forme* und nicht erst auf Entwicklungen *reagiere*. Zu diesem Zweck müsse Amerika die *Zone der Demokratie* prägen und erweitern.

Das ließe vermuten, dass sich die Bush-Regierung über alle arabischen und türkischen Bedenken hinwegsetzen könnte, wenn sie entschlossen wäre, Krieg gegen den Irak zu führen. Eine amerikanische Invasion des Irak hätte jedoch eine enorme Auswirkung auf die inneren Angelegenheiten aller großen Staaten im Nahen und Mittleren Osten: Türkei, Saudi-Arabien, Ägypten und Iran. Die gesamte Region wäre also davon betroffen.

Die Regierung Bush war schon aufgrund der Zuspitzung im Palästina-Konflikt mit Rücksicht auf ihre arabischen Partner gezwungen, sich gegen ihren Willen hier direkt zu engagieren. Es spräche also einiges dafür, dass Präsident Bush die Stabilität der wichtigsten amerikanischen Verbündeten im arabischen Lager nicht riskieren würde, nur um Saddam Hussein zu stürzen. Noch sind aber die Würfel in Washington nicht gefallen.

Den Rückhalt der Araber für ein massives Vorgehen gegen Saddam könnte George W. Bush jedenfalls am ehesten erlangen, wenn er sich in Palästina schnell und tatkräftig für einen tragfähigen Frieden einsetzt. Wenn die Araber sehen können, dass das Los der Palästinenser sich im Alltag verbessert und ihre Rechte mehr und mehr respektiert werden, weil Washington seinen Einfluss dafür geltend gemacht hat, werden sie beginnen, Amerika in einem anderen Licht zu sehen.

Doch es reicht nicht aus, wenn die USA sich in der Palästina-Frage nur soweit engagieren, wie es nötig erscheint, um ihre arabischen Partner einigermaßen zu beruhigen. Frieden wird es im Gelobten Land nur geben, wenn Amerika es auch wirklich will und seine ganze Macht dafür in die Waagschale wirft. Nur Amerika hat die Kraft, den Einfluss und die Autorität, um in Palästina einen dauerhaften Frieden zu stiften. Hoffen wir, dass Amerika, das moderne Rom, seine historische Verantwortung wahrnimmt.

Braun, Stefan, »Duell Zweier Freunde. Die USA und Israel bei der Friedenssuche im Nahen Osten«, Lit Verlag, Münster 1999 (Braun)

Enderlin, Charles, »Le Rêve brisé. Histoire de l'échéc du processus de paix au Proche-Orient 1995–2002«, Fayard, Paris 2002 (Enderlin)

Flapan, Simcha, »Die Geburt Israels. Mythos und Wirklichkeit«, Knesebeck & Schuler, München 1988 (Flapan)

Glasneck, Johannes und Angelika Timm, »ISRAEL. Die Geschichte des Staates seit seiner Gründung«, 2., durchges. und erw. Auflage, Bouvier Verlag, Bonn 1994 (Glasneck/ Timm)

Mejcher, Helmut und Alexander Schölch (Hg.), »Die Palästina-Frage 1917–1948. Historische Ursprünge und internationale Dimensionen eines Nationenkonflikts, Ferdinand Schöningh, Paderborn 1981 (Mejcher/Schölch)

Nusseibeh, Sari und Mark A. Heller, »No Trumpets, No Drums. A Two-State Settlement of the Israeli-Palestinian Conflict«, I. B.Tauris, London 1991 (Nusseibeh/Heller)

Said, Edward W., »Peace and its Discontents. Essays on Palestine in the Middle East Peace Process«, Vintage Books, New York 1996 (Said 1996)

Said, Edward W., »Das Ende des Friedensprozesses. Oslo und danach«, Berlin-Verlag, Berlin 2001 (Said 2001)

Talbott, Strobe und Nayan Chanda (Hg.), »Das Zeitalter des Terrors. Amerika und die Welt nach dem 11. September«, Propyläen Verlag, München – Berlin 2002 (Talbott/Chanda)

Watzal, Ludwig, »Friedensfeinde. Der Konflikt zwischen Israel und Palästina in Geschichte und Gegenwart«, Aufbau Taschenbuch Verlag, Berlin 1998 (Watzal)

Yorke, Valerie, »Domestic Politics and Regional Security. Jordan, Syria and Israel«, published for The International Institute for Strategic Studies by Gower, Aldershot, England, 1988 (Yorke)

Zimmermann, Moshe, »Wende in Israel. Zwischen Nation und Religion«, Aufbau Taschenbuch Verlag, Berlin 1996 (Zimmermann)

Zuckermann, Moshe, »Zweierlei Holocaust. Der Holocaust in den politischen Kulturen Israels und Deutschlands«, 2. unveränd. Auflage, Wallstein-Verlag, Göttingen 1999 (Zuckermann)

ANMERKUNGEN

1 Interview Deutschlandfunk 12.5.2002
2 Moshe Zimmermann, »Süddeutsche Zeitung«, 14.10.2000
3 ebenda
4 ebenda
5 vgl. »Frankfurter Allgemeine Zeitung«, 3.4.2002: »Wo die Toten unbeerdigt bleiben«; »Haaretz«, 20.3.2002: »The army has changed«; www.gush-shalom.org
6 vgl. www.gush-shalom.org: »report on nablus«; Human Rights Watch, »Jenin: IDF Military Operations«, New York, Mai 2002; »The Guardian«, 18.3.2002: »Innocent draw Breath as dust of war settles«
7 Rede in Washington, Mai 2002
8 vgl. Human Rights Watch, »Jenin: IDF Military Operations, New York, Mai 2002; www.gush-shalom.org: »report on Nablus«
9 Norman Birnbaum, »Der Spiegel« 9/2002
10 Mejcher/Schölch, S. 39
11 ebenda
12 ebenda
13 ebenda
14 ebenda, S. 30
15 ebenda, S. 45
16 ebenda, S. 173
17 ebenda, S. 107
18 ebenda
19 ebenda
20 ebenda
21 Moshe Zimmermann, »Süddeutsche Zeitung«, a. a. O.
22 Nahum Goldmann, »The Jewish Paradox«, New York 1978, S. 90
23 Mejcher/Schölch, S. 208/209
24 Glasneck/Timm, S. 52
25 vgl. Menachim Begin, »The Revolt«, London 1951, S. 163 ff. Begin schrieb in seinen Erinnerungen, dass die »Legende von Deir Yassin« sechs Bataillone wert gewesen wäre. Ludwig Watzal, »Friedensfeinde«. S. 22

26 Watzal, S. 22
27 Glasneck/Timm, S. 52
28 Mejcher/Schölch, S. 45
29 Nahum Goldmann, »The Jewish Paradox«, S. 88
30 Nahum Goldmann, »Staatsmann ohne Staat«, Köln/Berlin 1984,
   S. 387
31 Watzal, S. 21
32 ebenda
33 »Welt am Sonntag«, 26.5.2002
34 »Frankfurter Allgemeine Zeitung«, 11.5.2002
35 ebenda
36 ebenda
37 ebenda
38 ebenda
39 ebenda
40 »Frankfurter Allgemeine Sonntagszeitung«, 26.5.2002,
   E. Eppler, früherer Minister für Entwicklungspolitik (SPD)
41 Watzal, S. 233
42 Schreiben vom 25.5.2002
43 Karl Lamers, »Frankfurter Allgemeine Sonntagszeitung«,
   3.2.2002
44 Berthold Kohler, »Frankfurter Allgemeine Zeitung«, 1.6.2002
45 Heinz Berggruen, »Frankfurter Allgemeine Zeitung«, 26.6.2002
46 Berthold Kohler, ebenda
47 Stefan Reinecke/Eberhard Seidel, taz, 25.5.2002
48 Salomon Korn, »Frankfurter Allgemeine Zeitung«, 6.5.2002
49 ebenda
50 ebenda
51 Judith und Reiner Bernstein, München, 26.5.2002
52 Offer Shelach, »Yediot Aharanot«, 26.6.2002
53 z. B. Khalil Shikaki, Direktor des Palästinensischen Zentrums für
   Politik und Umfrageforschung in Ramallah
54 vgl. dtv-Brockhaus-Lexikon unter »Terror«: »… gewalttätige
   Form des polit. Machtkampfes, ausgeübt einmal v. a. von diktator.
   Reg. zur Aufrechterhaltung ihrer Herrschaft (Staats-T.), zum anderen von extremist. Kleingruppen oder Einzelpersonen zum
   Sturz der bestehenden Staats- und Gesellschaftsordnung«.
55 Colin Powell, zitiert in »Washington Post«, 02.04.2002
56 Uri Avneri, 8.6.2002, in www.gush-shalom.org
57 »Frankfurter Allgemeine Zeitung«, 17.5.2002
58 Verena Lueken, »Frankfurter Allgemeine Zeitung«, 17.5.2002
59 ebenda
60 Allison Mitchell, »The New York Times«, 22.4.2002
61 »Der Spiegel«, 27.2.2002
62 Braun, S. 76

63 ebenda
64 Jimmy Carter, »The New York Times«, 22.4.2002
65 Yorke, S. 208
66 ebenda, S. 211
67 ebenda, S. 214
68 Global Exchange; Jewish Library; AIPAC; USAID
69 Norman Birnbaum, »Der Spiegel«, 9/2002
70 Zuckermann, S. 181
71 Zuckermann, »Zweierlei Holocaust«, Göttingen 1999
72 siehe auch: Zuckermann, S. 18 ff.
73 ebenda, S. 21
74 ebenda, S. 22
75 Israelischer Historiker und Journalist
76 »Voices from the Conflict«, BBC News
77 »Haaretz«, 16.7.2002
78 www.betselem.org
79 »Washington Times«, 5.6.2001
80 »Haaretz«, 21.7.2002
81 Ze'ev Schiff, »Haaretz«, 28.6.2002
82 ebenda
83 ebenda
84 ebenda
85 Uri Avneri, Deutschlandfunk, »Informationen am Morgen«,
   26.7.2002
86 Arnon Sofer, »Newsweek«, New York, 12.8.2001
87 Parteikongreß des Likud, 12.5.2002, BBC News
88 ebenda
89 Anthony Lewis, »The New York Times«, 2.6.2001
90 ebenda
91 ebenda
92 ebenda
93 Noam Chomsky, »The solution is the problem«, »The Guardian«,
   11.5.2002
94 »Haaretz«, »The army has changed«, 20.3.2002
95 »Haaretz«, »The war's seventh day«, 3.3.2002
96 »Yedioth Aharonoth«, 9.4.2002
97 »International Herald Tribune«, 9.5.2002
98 Human Rights Watch, »Jenin: IDF Military Operations«, New
   York, Mai 2002
99 Amos Harel, »Haaretz«, 23.6.2002
100 »Voices from the conflict«, BBC News
101 Khalil Shikaki, Direktor des Palästinensischen Zentrums für Poli-
    tik und Umfrageforschung in Ramallah; »Los Angeles Times«,
    17.6.2001
102 ebenda

103 »Voices from the conflict«, BBC News
104 Sara Roy, Journal for Critical Studies of the Middle East, Nr. 17, 2000 (KAS/Auslandsinformationen 3/2)
105 ebenda
106 ebenda
107 ebenda
108 Robert Fisk, »The Independent«, 26.6.2002
109 ebenda
110 Sara Roy, a. a. O.
111 ebenda
112 ebenda
113 ebenda
114 »The New York Review of Books«, 13.6.2002
115 Robert Malley and Hussein Agha, »The New York Review of Books«, 9.8.2001
116 Deborah Sontag, »The New York Times«, »A Special Report. Quest for Mideast Peace: How and why it failed«, 26.7.2001
117 Charles Enderlin, »Le Rêve brisé«, Paris 2002; Alian Gresh, »Le Monde diplomatique«, 12.7.2002
118 Yossi Beilin, »Das Tagebuch einer verwundeten Taube«
119 Deborah Sontag, a. a. O.
120 ebenda
121 ebenda
122 ebenda
123 ebenda
124 ebenda
125 Alain Gresh, »Le Monde diplomatique«, 12.7.2002
126 Said 2001
127 »Frankfurter Allgemeine Zeitung«, 2.8.2002
128 ebenda
129 Hans von Sponeck, »The Guardian«, 22.7.2002
130 Volker Perthes und Jochen Buchsteiner, »Frankfurter Allgemeine Zeitung«, 24.2.2002; Hans von Sponeck, ebenda
131 ebenda
132 ebenda
133 ebenda
134 Pierre-Marie Dupuy und Christian Tomuschat, »Frankfurter Allgemeine Zeitung«, 31.7.2002
135 ebenda
136 BBC, Analysis: »After Saddam Hussein«; online
137 ebenda
138 Nicholas Lemann, »The Bush Administration may have a brand-new doctrine of power«, »The New Yorker«, 25.3.2002

REGISTER

225